KB179557

한민족과 동아시아세계

김승일

경지출판사
耕 智 出 版 社
Korea Wisdom China

〔차 례〕

머리말 ─────────────────────

　고도로 발달하고 있는 과학사회에서 왜 역사라고 하는 문제가 중요성을 갖는지에 대해서는 많은 사람들이 주장하고 있는 중요 논제의 하나이다. 그러면서도 현실적으로 우리는 역사를 비롯한 인문과학분야에 대해 소홀히 하고 있음을 누구나 또한 공감하는 일이다. 그러한 결과에서 비롯되는지는 몰라도 오늘날의 현실은 도덕성의 상실, 윤리의식의 실종, 이기주의의 극치, 인권 유린, 경제적 가치만의 추구, 정신가치의 천시 등 인류사회에 있어서 매우 위험한 요소들이 아주 높은 수위에 이르고 있음을 볼 수 있다. 아마도 21세기를 시작하는 지금의 상황이 그 최고조에 달하고 있는 시점이 아닌가 하는 생각이 들 정도다.

　하지만 이러한 문제를 어떻게 해결해야 할지 그 해결점을 찾기란 그리 쉬운 일은 아니다. 그런 차원에서 하나의 방법을 제시한다면 역시 우리들이 겪어 온 과거사실을 근거로 하여 현재의 우리의 실정을 과거에 비추어 보면서 우리의 미래를 판단해 보는 것이 가장 타당성 있는 방법이 아닐까 한다.

그러기 위해서는 무엇보다도 우리 스스로를 되돌아 볼 수 있는 그런 역사서들이 많이 등장해야 할 필요가 있다. 그러나 이런 역사서들이 너무 역사의 본질만을 추구하는 학문적 성격의 책들이어서는 곤란하다. 왜냐하면 이러한 책들은 일반인들에게 있어서 이해와 전달이라는 측면에서 한계성을 가져다주기 때문에, 역사의 역할이라고 할 수 있는 현실과 미래 문제에 대한 여러 사람들의 지혜의 제공을 이끌어 내는 역할을 제대로 할 수 없을지도 모르기 때문이다. 따라서 현재의 우리가 어떻게 해서 지금에 이르게 되었고, 또 현재의 우리는 과연 어떤 위치에 있는지를 투영해 볼 수 있도록 내용을 쉽게 설명한 역사서들이 앞으로 계속해서 등장해야 할 필요가 있다고 본다.

그러나 지금 우리 주변에 나와 있는 역사서를 한번 둘러보면 과연 이러한 인식을 가지는데 도움이 될 수 있는 역사서가 얼마나 될까 하는 의심이 들지 않을 수 없다. 왜냐하면 거의 모든 역사서들이 흥미를 유발시키는 데만 중점을 두고 쓰여지는 경우가 허다하기 때문이다. 책을 읽는 요인 중에서 흥미를 느끼게 하는 요소는 물론 중요하다. 그러나 너무 흥미 위주로만 책을 쓰게 되면 우리가 살아가는데 필요한 지혜나 창조성을 이끌어낼 수 있는 그런 지적 인식의 토대를 형성해 주기가 어렵기 때문에, 실제로 이 세상을 살아나가는 데는 별 도움이 되지 않는다.

따라서 이러한 지적 인식의 토대를 확대시키기 위해서 올바른 역사관을 심어줄 수 있는 역사서들의 대량 출판이 필요시되고 있는 것이 현재의 실정이라고 하겠다. 그러한 역사서의 하나로써 바로 우리만의 역사를 우리만의 시각으로 보는 기왕의 역사관에 의해 쓰여진 그런 책이 아니라, 우리와 함께 역사적으로 병존해 왔던 주변국의 역사와 연계시키면서 우리의 역사를 객관적으로 바라볼 수 있는 그런 역사서를 들 수 있을 것이다.

그럼에도 불구하고 대체로 우리가 접할 수 있는 역사서들은 이러한 면을 등한시 한 채 기술함으로써, 내용상 역사적 사실을 부풀려서 기술하는 점도 있었고, 또 왜 그러한 역사적 사실이 등장하게 됐는지에 대해서 충분한 설명을 못해주고 있는 실정이다. 그러한 역사적 시각의 한계 때문에 우리가 현재 외치고 있는 국제화 내지 세계화라고 하는 의미가 제대로 이해되지 못한 채, 그저 외국으로 여행이나 가거나 혹은 외국어를 공부해야 하는 정도로만 이해하는 사람들이 계속해서 생겨나는 것은 아닌지 모르겠다. 그렇기 때문에 이러한 역사적 시각의 확대를 통한 세계화·국제화를 이루는 것도 우리에게는 무엇보다도 중요한 일이 되는 것이고, 이러한 시각에 의한 연구서가 더욱 요구되는 것도 이러한 필요성 때문이다.

이 책은 이러한 점을 염두에 두고 고대이래 현대까지 우리가 어떤 역사적 환경 속에서 살아왔는가를 각 세기마다 한반도와 그 주변지역 국가와의 연관 관계 속에서 펼쳐졌던 우리의 역사를 되돌아보려는 데 그 주안점을 두었다.

　다만 이해를 구하고 싶은 것은 이 연구의 형식이 통사적인 성격을 띠고 있기 때문에 전체 범위가 너무 방대하여서 각각의 주제를 좀더 소상히 다루는 데는 지면상의 제한으로 생략한 면이 많아 시기별 주변국과의 관계를 좀 더 명확히 하지 못했다는 점이다. 그렇지만 한국사의 이해에 있어서 새로운 시도라는 점에 그 의의를 두고 싶고, 또 그 동안 우리가 미진하다고 여겼던 우리 역사의 대외적인 전개 과정을 전체사적으로 이해하는 측면에서는 독자들에게 어느 정도 만족감을 줄 수 있지 않겠는가 하는 기대에서 위안을 삼고자 한다.

2016년 1월

지은이 씀

제1장
한반도의 국제적 계기

제1장
한반도의 국제적 계기

1) 동아시아세계에 대한 이해

　동아시아지역이란 중국에서 기원하는 문화적 제요소를 공유했던 근대이전의 소세계(小世界=中華世界)를 말한다. 오늘날 우리가 인식하고 있는 범지구적 세계란 근대 이후부터 우리에게 정립된 인식이지, 그 이전에는 지역적으로 여러 개의 소세계가 병존하면서 생성하고 소멸하던 그런 시기였다. 예를 들면 지중해세계, 이슬람세계, 유럽세계, 동아시아세계 등이 그것이었다. 물론 이들 세계는 실크로드와 같은 나름대로의 교류를 위한 통로가 있기는 했지만, 오늘날과 같은 그런 전체적 차원의 교류는 아니었기 때문에, 이들 각 소세계는 자신들만의 지역 속에서 하나의 작은 세계를 이루며 역사를 진행해왔다.

이러한 소세계는 각 지역별로 자신들만이 공유하는 문화적 특징을 가지고 있었다. 동아시아 소세계도 이를 규정짓는 공통적 문화요소를 가지고 있었는데, 그 대표적인 것을 들면 한자·율령제(律令制)·유교사상·대승불교(大乘佛敎) 등 네 가지를 들 수 있다[1].

동아시아 소세계가 이러한 공통 문화요소를 가지게 된 것은, 중국을 중심으로 하여 그 주변에 포진되어 있던 주변 국가들이 우수한 문화를 형성하고 있던 중국 문화를 받아들여 민족국가로서의 기틀을 다지려 했기 때문이었다.

물론 이렇게 된 데에는 조공(朝貢)과 책봉(冊封)이라는 제도를 수단으로 중국이 주변국가와의 정치적 관계를 통제 유지하려 했던 데서 찾을 수 있는데, 이 제도의 전달수단인 문서외교(文書外交)에 사용된 글자가 한자였기에 이것이 주변국에 전달되었고, 이와 더불어 다양한 문화가 전해들어 옴으로써 나타난 현상이라고 하겠다. 이러한 한자의 전래에 의해서 한자문화권이 형성되었고, 이에 대한 민족적 자각에서 각국에서는 자국 글자의 필요성을 느끼게 되어, 예를 들면 조선의 한글, 일본의 가나, 베트남의 추·놈, 여진문자, 몽고문자, 거란문자 등이 만들어지게 되지만 중국 문화를 바탕으로 문화가 형성되었기 때문에 공통문화가 자연스럽게 성립되었다[2].

---

1) 岩波講座『世界歷史』第4卷, 古代4, 岩波書店, 1970, 399쪽.

율령제란 국가의 법체계이자 정치체계를 말하는 것으로 형벌규정(律)과 국가기구 혹은 국민에 대한 조세와 토지제도 등을 규정한 령(令)을 합하여 율령제라 하는데, 이것 역시 중국을 기원으로 하고 있다.

유교사상은 동아시아세계의 이데올로기만이 아니라 각국의 정치이념 및 가족도덕을 규제한 사상체계로써 작용하였고, 불교는 인도의 것이지만 중국을 거쳐 새롭게 정립되고, 전파되는 과정에서 한역(漢語)으로 번역된 불전(佛典)이 그 역힐을 수행했기에 중국에서 정립된 대승불교가 그 축이 되었으며, 대승불교를 받아들인 국가마다 거국적 차원에서 이를 지원하고 통치이념으로써 이용하여 국가불교적 성격을 띠게 되는 공통적 성격을 띠게 되었다3).

이러한 네 가지 공통적 문화요소를 띤 나라들이 모여 만들어진 세계가 바로 동아시아세계인데, 대체로 이 세계가 가리키는 지역적 범위는 중국, 한국, 일본, 베트남 및 몽골고원과 티벳고원 중간의 서북 회랑(迴廊)지대와 동부의 제 지역을 포함하는 지역이였다4).

그렇기 때문에 동아시아지역에 소속된 주변국가들의 성립

---

2) 세계문자연구회 저, 김승일 역 『세계의 문자』 범우사, 1997, 참조.
3) 마츠오카 세이코 저, 김승일·박관선 역 『정보의 역사를 읽는다』 넥서스, 199 211~217쪽.
4) 金鳳珍, 「近代における東アジア地域秩序の再構築」 (加藤祐三, 編著 『近代日本と東アジア』, 筑摩書房, 1995) 39쪽 도표 참조.
   岩波講座 『世界歷史』 第4卷, 古代4, 岩波書店, 1970, 398쪽.

과 전개는 중국문화권 안에서 영향을 받으며 성장한 하나의 소세계였음을 알 수 있다. 따라서 중국문화권내의 각국사를 연구할 때는 반드시 서로간에 연계되어 작용했던 내적인 관계구조를 이해하면서 자국의 역사를 보아야 한다. 만일 이러한 내적 관계구조를 이해하지 못하고 일정한 지역의 역사만을 보게된다면, 그것은 역사의 한 단면만을 보게 되어 그 사실성이 호도되거나 혹은 왜곡될 수 있다는 점에 주의해야 한다.

그렇다고 중국을 위시한 주변국가들에게 독자적인 문화적 특성이 없었다고 생각해서는 안 된다. 오히려 선진문화였던 중국의 문화를 받아들여 자신들의 독립적 정권을 창출하는 데에 기여할 수 있도록 필요한 제문화의 요소를 얻어내는 기회로 이용했기 때문이었다. 이를 바탕으로 자신들만의 고유한 문화를 창출해 나감으로써, 민족적인 독특한 문화를 형성하여 민족국가로서의 틀을 다져나갈 수가 있었다.

동아시아세계는 전체적인 모습이 그대로 영속되어져 온 듯이 보이지만, 실질적으로는 다른 소세계와 달리 자체적인 성쇠가 변화무쌍하게 이루어졌던 아주 역동적인 세계였다. 대략 기원전후를 통해서 이 소세계는 정립되었는데, 10세기를 전후(唐宋交替期)해서 한번 해체되었다가 그 후 새로운 국제교류 시스템을 가지는 세계로 재생되었고, 그러다가 17세기 중엽(明淸交替期)에 이르러서는 완전히 새로운 형태로 바뀌게 되는데 이를 역사에서는 화이변태(華夷變態)라고 한다. 이러한 화이변태에 의해 동아시아 각국의 상호 협조체제도 변질되어, 결국은 근대화의 시작과 더불어 구미 열강의 지배를 받으며 오늘에 이르게된 것이다. 물론 그 이전까지의 시기는 동아시아세계가 여러 소세계 중에서도 가장 힘있고 발달된 문화로 세계적인 흐름을 주도해 왔었다고 해도 과언이 아니다. 그러다 산업혁명에 기반을둔 서구사회의 급성장 파워에 동아시아세계가 제대로 대처하지못함으로써 오늘날까지 종속화나 다름없는 고통의 굴레에서 벗어나지 못하고 있는 것이다. 그러나 그 결과야 어쨌든 간에 이러한 역사적 전개과정의 추이와 관련해서 동아시아 각국의 문화는 발생되었고, 또 하나의 역사적 존재로서 이런 추이에 대응하면서 발전해 왔던 것이다. 따라서 이런 동아시아세계가 갖고있는 질서특성인 공동협력적 성격은, 미래 세계의 안정과 평화를 위한 인류 공동의 「미래상」을 제시할 수 있는 중요한 면모를 내포하고 있다는 데에 중요성이 있음을 주지해야 한다[5].

2) 동아시아세계의 성립조건

한국의 역사를 동아시아 속에서 이해하려고 할 때 먼저「정치구조로서의 동아시아세계」란 어떤 구조인가를 파악하지

---

5) 天兒慧 『アジアの21世紀 - 歷史的轉換の位相』紀伊國屋書店, 1998, 參照. 峨山社會福祉事業財團 『21世紀의 挑戰, 東洋倫理의 應答』峨山社會福祉事業財團, 1998 참조.

않으면 안 된다. 그리고 그것이 각각의 시대에 한국과 어떻게 관련지어져 있었는가를 파악해야 한다.

　동아시아세계의 정치적 구도는 그 이념으로부터 추적할 수 있다. 그 대표적 이념이란 바로 중화사상(中華思想) 혹은 화이사상(華夷思想)이라고 하는「분리적 논리」와 왕화사상(王化思想)이라고 하는「결합적 논리」로 이루어진 이념을 말한다6). 중화사상이란 중국이 천하의 중심이고, 유일하게 뛰어난 존재라고 하는 의식으로 중국인들이 자신을 중심으로 그 주변 민족을 이적(夷狄)으로 생각하는 가운데 나타난 사상이다. 이들은 주변 사위(四圍)를 동이(東夷)·서융(西戎)·남만(南蠻)·북적(北狄)으로 나누어 화(華)와 이(夷)를 구별하였다. 이러한 화이의 구별기준은, 인종차별이나 국가구조의 내와 외와 같은 차별이 아니라,「예(禮)」라고 하는 관념에서 나온 구별이다.「예」는 인간의 행위 전반을 규율하는 규범형식으로 개인적으로는 부자 형제간의 질서이며, 집단적으로는 향당(鄕黨)과 국가의 질서인 것이다. 따라서 이 예를 기준으로 중화와 이적이 구별되었던 것이다.

　즉 예를 구비하고 있는지, 예로서 행동하는지, 예가 몸에 배어있는지 등을 기준으로 차이를 두었다. 중국인들은 이적에게는 이런 예가 절대로 없다고 하는 생각에서 이러한 구별을 했던 것인데, 실질적으로는 맹자가 말했듯이 중국과 주변 민족을 분리시키려는 논리에서 비롯된 것이다. 그러나 이런 사상만으로

---

6) 앞의 책 9) 35~36쪽.

중국과 주변국가간에 정치적 관계를 맺기에는 많은 한계가 있기에 중국인들은 또 다른 논리를 동원하여 그 결점을 보강함으로써 자신들의 정치적 체계를 지켜올 수 있었는데, 바로 결합의 논리인 왕화사상이 그것이다.

　왕화사상이란 중국의 군주(王, 天子)는 덕(德)이 있는 성인이기 때문에 덕을 가진 군주는 그 덕력(德力)으로 주변인물을 불러모아 그 덕을 주변에 미치게 한다는 사상이다. 이는 전자의 힘에 의한 지배논리에 대해 덕을 베풂으로서 지배력을 넓히려는 아량의 논리라고 하겠다. 그 결과 예를 모르는 주변국가들은 중국이 추구하는 바를 쫓아 예를 다루게 되었고, 그런 가운데 이적민족이 자연스럽게 중국에 귀화하게 되었던 것이다. 바로 이 두 가지 논리에 의해 중국의 지배질서가 나타나게 되었다.

　그러나 이러한 이념은 하나의 질서를 형성하는데 사상적 기초는 되지만, 실질적 형태를 구체화를 위해서는 어떤 일정한 제도가 설정되어 그 속에 이들 이념이 침투되면서 주변으로 확산되어져야 하기 때문에, 일정한 제도를 중국인들은 시행착오를 통해 구체화시켜 나갔다.

　그 일정한 제도의 출발점이 바로 봉건제(封建制)이다. 고대 중국의 대외관계 형태는 현재의 국제관계처럼 상호평등 원칙에 입각하여 이루어진 것이 아니라, 중국 황제가 천하의 주재자가 되어 중국 국내의 정치기구가 국외에 대해 확연(擴延)하는 형식으로 표현되었는데, 봉건제가 바로 그 전형인 것이다. 이는 황

제의 직접적 통치가 아니라 주변 인물을 타 지역에 보내 그곳
을 자주적으로 통치케 하여 조공과 책봉의 형식을 빌어 그들을
간접적으로 지배하는 형태였다.

그러나 모순이 심화되어 춘추전국(春秋戰國) 전시대 동안
동란이 끊이질 않자, 진시황이 등장하여 천하를 통일하면서 이
제 직접 통치제도인 군현제(郡縣制)를 실시했는데, 이는 중앙에
서 관리를 파견하여 지방을 직접 지배하는 형식이었다. 그러나
이 군현제도 넓은 동아시아세계를 모두 직접 지배할 수가 없었
기 때문에 모든 문제를 해결할 수는 없었다. 따라서 직접지배에
들어있지 않은 주변 국가를 통치하는데는 무리가 따랐고, 그로
인해 진나라도 얼마 못 가서 멸망하고 한(漢)나라가 그 뒤를 이
었던 것이다.

한나라는 이러한 모순을 잘 알고 있었기에 군현제를 수정
한 보완책으로 군국제(郡國制)를 실시하였다. 이는 군현제와 봉
건제의 특성을 살린 제도라고 하겠는데, 황제 일족이나 공신에
게 왕과 후(侯)라는 작위와 국(國)이라고 불리는 봉지(封地)를
주어 통치케 한 봉건제의 부분적 부활을 의미하는 제도였다. 이
를 주변국가에 적용하여 주변국가 수장(首長)에게 후라는 작위
를 주어 중국황제와 군신관계(君臣關係)를 맺게 하여 이들을 통
치케 한 것이니, 이후 이 제도의 이념이 바탕이 되어 동아시아
세계가 성립되어 갔던 것이다[7].

---

7) 西嶋定生, 『日本歷史の國際環境』 東京大學出版會, 1992, 20~21쪽

3) 한반도와 동아시아세계

한국의 역사도 이러한 동아시아세계 속에서 전개되었다. 그것은 우리 나라가 동아시아세계 각국의 공통적 문화현상이라고 할 수 있는 한자를 사용하고 있다는 점에서 쉽게 알 수 있다. 그렇기 때문에 우리의 역사를 단순히 우리 안에서만 볼 것이 아니라 동아시아세계 속에서 우리의 역사를 이해해야만 정확한 이해가 가능하게 되는 것이다. 물론 동질의 문화라 하더라도 우리가 그것을 받아들이는 방법이나 받아들인 후 우리에게 맞도록 변형시킨 것이 얼마든지 있기 때문에, 이들 공통된 문화를 도외시하자는 의견도 있을 법 하지만, 그것은 잘못된 생각이다.

예를 들어 우리 문화의 특징을 가장 잘 나타내고 있는 김치문화도 사실은 다른 주변국에 이미 있어 왔던 것을 거기에 고춧가루를 넣어 우리 고유의 김치를 만들었을 뿐이다. 그리고 그 고추라는 것도 중국과 일본을 통해 들어왔다는 점을 감안한다면, 역시 주변과의 문화교류가 없었다면 우리의 김치문화도 생겨나지 않았다는 사실을 생각해야만 할 것이다.

따라서 우리의 문화라고 해서 한국 내에서만 이해하려는 것은 당연히 무리가 아닐 수 없다. 다시 말해 순 한국적 문화현상이라 할지라도 동아시아 전체 안에서 우리의 것을 생각하는 것이 객관성이 있는 시각이 아닐까 한다. 역사 또한 마찬가지로 우리의 역사라고 해서 우리의 시간과 공간에서만 생각해서는 안 된다는 것을 유념해야 할 것이다.

한편, 주지하는 바와 같이 동아시아 문화는 거의가 중국에서 만들어져 중국의 위대한 문화를 만들어냈으며, 그로 말미암아 중국이 동아시아세계의 축이 되어 역사를 진행시켜 왔기 때문에, 동아시아세계의 형성과 추이도 중국을 중심으로 해서 이해되어야 한다. 따라서 이 문화권 속에서 자라온 한국은 중국역사를 이해하지 못하고서는 우리가 걸어온 객관적인 역사적 전개과정을 이해할 수가 없는 것이다8). 역대이래 수많은 사신과 유학생들이 중국의 역사와 문화를 이해하기 위해서 중국을 향해갔던 것도 바로 그런 이유였다. 이러한 사실은 주변에 있는 일본, 베트남 등 동아시아 세계에 속하는 모든 나라들의 상황에서도 이해할 수 있을 것이다.

그런데 여기서 중요한 것은 이처럼 중국 문화가 동아시아세계의 중심축이 된 것은 그 문화의 우수성에서 비롯된 점도 있지만, 실은 중국 왕조가 자신들의 권위를 중심으로 이 세계를 형성시켰기 때문인데, 그 중요한 수단이 바로 조공과 책봉체제의 수립이었다9). 이 체제는 바로 동아시아세계의 국제정치체제를 운용하는 기본이었고, 이 체제가 배후에서 뒷받침됨으로써

---

8) 西嶋定生, 『中國史を學ぶということ - わたくしと古代史 -』吉川弘文館, 1995, 參照.
9) 堀敏一, 『中國と古代東アジア世界 - 中華的世界と諸民族』 岩波書店, 1993. 37~60쪽.

중화문화권이 동아시아세계를 형성하게 되었던 것이다. 그렇기 때문에 한국사 자체의 세계사적 이해를 위해서는 중국사에 대한 이해가 필수 불가결한 것이다.

최근 동아시아지역에서 심심찮게 들먹여지고 있는「동아시아 자유무역지대」주창론이나, 태평양연안 국가의「아시아·태평양 경제협력」10), 일본의「엔블럭경제권」,「황해경제권」11), 「환일본해경제권」12) 등 직접적이지는 않지만 한·중·일 삼국을 중심으로 한 동아시아 협력 문제를 제기하는 소리가 들려오고 있다. 아직 여러 가지 제약조건이 많아 실질적으로 그러한 협조가 이루어질 지에 대한 의구심이 많은 건 사실이지만, 세계적인 추세에 대한 동아시아 각국의 개별적 대응이 이제 한계점에 서있다는 것을 스스로 느끼고 있음을 대변하는 현상이 아닐까 한다. 사실 미국의 감당할 수 없는 정치적·경제적·군사적 횡포, 이와 더불어서 서서히 자신들의 위력을 세상에 내보이려하고 있는 EU의 통상 압력 등은 이제 동아시아 각국이 공동으로 느낄 정도로 그 심각성이 더해가고 있다.

따라서 이러한 세계적 정세 하에서 이제는 속마음을 터놓고 동아시아의 협력을 위한 구체적 시도를 나타낼 시기가 아닌

---

10) 環太平洋協力日本委員會 編 『21世紀の太平洋協力 - 現狀と課題』時事通信社, 昭和63 참조.
11) 1980년대부터 日本 九州地域에 설치되어 있는 아시아협력위원회에서 주창하고 있는 테제
12) 金田一郎, 『環日本海經濟圈 - その構想と現實』 NHKブックス, 1997, 참조

가 여겨진다. 이러한 시대적 요구에 답하기 위한 가장 기본적인 문제해결 방법으로서, 동아시아 세계의 협력이 왜 필요한지, 동아시아 세계의 협력을 위한 구체적 방법에는 어떤 것이 있는지, 또 현재의 국제관계에서 동아시아협력이 반드시 이루어져야만 하는 당위성 등에 대한 사전 이해가 필수적이라고 생각한다.

그렇기 때문에 이러한 제문제에 접근하기 위해서는 먼저 동아시아세계가 어떤 세계인지, 그리고 어떤 역사적 과정과 전개를 통해서 오늘에까지 이르게 되었는지 등에 대한 논의부터 시작되어야 한다.

이러한 시각을 가지고 이 책에서는 각 시기별로 한국의 역사가 주변국가들과 어떻게 연계되면서 전개되어 왔는가를 밝혀 앞으로 동아시아의 협력을 반드시 이끌어내는데 필요한 역사적 요소가 무엇인가를 제시하고자 한다.

제2장
동아시아세계의 형성과 전개(1-8세기)

제2장
동아시아세계의 형성과 전개(1-8세기)

1. 중국의 이민족 지배체제하의 고조선

1) 중국의 이민족 지배체제의 원형

중국을 통일한 진나라의 광대한 영역 내에는 여러 소수민족들이 포함되고 있었고, 이들은 군현제에 의해 직접적으로 다스려졌다. 그러나 영역이외에도 많은 소수민족들이 살고 있었는데 중국 외측에 있는 소수민족들 중에는 때로 중국에 저항하는 세력도 있었다. 이러한 제민족들 가운데 가장 완강하게 중국에 대항해온 민족은 흉노(匈奴)였다. 흉노는 오늘날의 몽골 고원에서 생활하던 유목민이었는데, 이들은 오늘날 몽고인이나 터키인들의 직접적인 조상이다.

이들이 거주하는 초원(스텝)은 중국 내륙을 관통하고 있을 뿐만 아니라 서방지역까지 연결되어 있어 정보의 유입이 아주 빨랐다. 그래서 이들은 중국의 영향을 받기 전에 이미 서방의 오리엔탈 문화를 받아들여 아주 일찍부터 고대국가를 형성하고 있었기에 그들의 저항은 그저 단순한 형태는 아니었다.

기원전 318년에는 한(韓)·위(魏)·조(趙)·연(燕)·제(齊)가 흉노를 끌어들여 진나라에 대항한 기록도 있지만[1], 조·연·진 삼국은 국경이 흉노와 접하고 있었기 때문에 이들을 방어하기 위해 성벽을 쌓지 않으면 안되었다.

흉노의 처음 근거지는 내몽고의 오르도스 지역이었는데, 진시황제가 중국을 통일하자 몽염(蒙恬)이라는 장군을 파견하여 흉노를 고비사막 북쪽으로 쫓아냈다. 그리고 그들의 습격을 막기 위해 이들 성벽들을 기초로 하여 동은 요동(遼東)으로부터 서는 임조(臨洮: 甘肅省 東南)에 이르는 만리장성을 쌓기에 이른다. 이러한 만리장성이 갖는 의미는 여러 가지로 설명될 수 있는데, 일반적인 설명으로는 중국 민족의 힘을 나타낸 위대한 상징물이라고 표현할 수 있지만, 실은 중국인들의 힘의 한계를 표현한 것이라고도 할 수 있다.

중국민족의 세력은 주(周)나라의 봉건제도가 붕괴된 후 서

---

1) 『史記』 秦本紀

서히 확장되어 갔는데 이러한 영역의 확대는 만리장성에 와서 멈추었다. 하지만 중국이 더 이상 영역을 확대하지 않고 이 지역에서 멈추게 되는 것은 우연이 아닌 중국 나름대로의 계산에 의한 것이었는데 만리장성의 남쪽은 농업지대인데 반해 북쪽은 초원지대로서 유목지역이었기 때문에 중국인들은 영토확장을 농업이 가능한 지역까지만 했던 것이다. 이러한 확장은 결국 자연적·생활적 조건이 전연 다른 지역에까지 다다르게 되었고, 그리하여 마침내 유목민인 흉노족과 맞부딪치게 된 것이다.

그러나 이에 대해 남방지역은 농경을 할 수 있는 곳이 연해에까지 펼쳐져 있어 이미 이 시기에 오늘날의 국경과 같은 넓은 지역을 자신들의 영역으로 확정해 놓고 있었던 것이다. 이들 지역은 농경에 적당했기 때문에 소수민족들이 여기 저기 흩어져 살고 있어 이 지역을 평정하는 데는 많은 힘이 들지 않아 이 지역에 대한 통일을 쉽게 해나갈 수가 있었던 것이다.

이후에도 중국 북쪽으로의 영역확대는 이루어지지 않았고 대신 농업이 가능한 지역인 동북쪽으로 세력이 확대되어 한반도 각국과 갈등이 빚어지게 되었으며, 결국 한무제(漢武帝)때 이 지역에 한사군(漢四郡)이 설치되는 것도 이러한 농업지역에 대한 중국인들의 의지가 표현된 것이라고 할 수 있다.

이러한 영토의 확대와 더불어서 이들 영토내의 소수민족들에 대한 통치제도의 확립은 진나라의 멸망으로부터 시작되었다. 진나라의 운명이 겨우 15년에 그치자 각지에서 군웅들이 일어났고 그 영향은 주변에도 미쳐 주변 이민족들도 새로운 움직임을 시작했는데, 그 대표적인 것이 흉노의 모둔선우(冒頓單于)가 나타나 몽골고원을 통일한 일이었다.

한나라에서는 이들의 세력이 더 이상 확대되면 자신들에게 불리해질 것을 염려하여 이들을 정복하기 위해 한의 고조(高祖) 유방(劉邦)이 공격을 했지만 오히려 포위되고 말아 이들에게 많은 물건을 바치고 간신히 풀려날 수 있었다. 유방은 장안(長安)으로 돌아온 이후 다시는 흉노에 대한 정복을 계획하지 않았고 오히려 공주(皇女)를 선우의 비(妃)로 차출해서 보내고, 황제와 선우(單于: 흉노의 수장 칭호)사이에 형제의 약속을 했으며, 많은 물품을 보내 화목을 도모하는 등 유화정책을 펴게되었다. 그러다 한고조 이후 잠시 유화정책은 중단됐지만, 문제(文帝)와 경제(景帝)때에는 이들과의 국경에 무역장(關市)을 개설하는 등 유화정책은 계속 실시되었다.

이처럼 초기 중국과 흉노의 관계는 거의 대등한 관계임과 동시에 또한 적이기도 했던 것이다. 그런 가운데 한무제 때에 이르러 국력이 강해지자 흉노에 대한 공격이 다시 시작되었다. 더구나 기원전 121년 흉노 내에서 내분이 일어나 흉노의 곤사왕(昆邪王)이 휴도왕(休屠王)을 죽이고 4만여 부하를 이끌고 한나라에 투항해 오는 일이 일어났다. 그로 인해 지금의 감숙성(甘肅省)지역이 한나라 것이 되었고, 서역(西域)과의 교통로가 열리게 되었다. 한무제는 여기에 무위(武威)·장액(張掖)·주천

(酒泉)·돈황(敦煌) 등 하서(河西) 4군을 설치했고 이로 인해 장성도 서쪽으로 연장되었다. 곤사왕이 데리고 투항한 4만여 무리를 거의 북방 영토 내에 거주시키고 이들을 관리하기 위해 오속국(五屬國)을 두었고, 속국도위(屬國都尉)이하 관인을 두었다.

사실 속국제도는 소수민족을 통치하기 위해 진나라 때 두었던 속방제(屬邦制)를 계승한 것이었다. 이를 주관하기 위해 중앙에다 전속국(典屬國)이라는 관청을 두어 통치케 한 시기가 속국제도가 정비된 시기로 볼 수 있다.

이때 흉노와 더불어 한을 괴롭힌 민족이 있었는데 티베트 근처에 있던 서강(西羌)이었다. 이들은 흉노와 연락을 취하면서 연합하여 한을 괴롭혔는데 하서 4군의 설치로 이런 연락이 끊기게 되어 서강의 위세가 위축되자, 기원전 60년 한나라는 서강의 반란을 평정하고 이를 관리하기 위해 금성속국(金城屬國)을 두었다. 그러다 후에 이곳에 파강(破羌)·안이(安夷)·윤가(允街) 등 3현을 두었는데, 이는 이민족을 다스리기 위해 군현을 설치하기도 했음을 보여주는 것이다.

그런데 여기서 알아두어야 할 것은 군현과 속국의 지배가 달랐다는 점이다. 즉 속국의 장관은 도위(都尉)로서 이 직위는 원래 진나라 때 군에 두었던 위(尉)라는 무관이었다. 이것이 한나라 경제 때에 도위로 고쳐진 것이다. 그는 군의 태수(太守)를 도와 군사를 장악했다. 그러나 도위는 태수로부터 독립된 관부(官府)였기에 치소(治所)가 달랐다. 이 때문에 한나라에서는 각

군내의 소수민족을 다스리기 위해 동부도위·중부도위·남부도위·북부도위를 두었고, 혹은 지명을 이용하여 견수(肩水)도위·혼회(渾懷)도위 등을 두기도 하였다. 속국도위는 바로 이들 각부의 도위에서 발전한 것이다[2].

이상에서 알 수 있듯이 전한의 속국도위는 군내에 두어졌고, 일반의 군으로 치자면 군태수와 도위와의 관계와 같은 것이며, 군태수와는 협력관계에 있었다. 그러다가 후한에 이르면 속국은 군과 같은 위치가 되어 독립 행정구역으로 되었으며, 도위의 감찰을 받으며 소수민족의 자치구역으로서 독립하였다. 이처럼 속국이 군에 필적한다면 현에 상당하는 소수민족의 거주지가 도(道)였다[3]. 이는 진·전한·후한 모두에 있었다. 즉, 속국과 도는 중국 국내에 있던 소수민족의 거주지였고 특별행정구역이었던 것이다. 여기서는 한인 관리가 감찰을 담당했고 그 아래 각 민족의 수장을 통해서 일정한 자치가 행해졌다. 그리하여 제민족의 수장으로부터 한인 관리를 통해 호구(戶口) 파악이 진행되었고, 수장과의 약속에 의해서 이 지역 및 민족의 특산물이 세금을 대신해서 중국정부에 차출되었다[4].

일반적으로 이민족국가의 군주와 부족이 조공을 하러와 중국에 복종하게 되면 한나라에서는 이들을 외신(外臣)이라 했고,

---

2) 工藤元男 「睡虎地秦墓竹簡の屬邦律について」『東洋史研究』43-1, 1984 참조
3) 安作璋·熊鐵基,『秦漢官制史稿』, 齊魯書社, 1985, 「屬國都尉」 쪽.
4) 栗原朋信,「漢帝國周邊諸民族」,『秦漢史研究』, 吉川弘文館, 1960, 참조.

중국 국내의 왕족·제후·문무백관올 내신(內臣)이라 했다. 한나라의 국가구조는 이러한 내신과 외신으로 되어 있었던 것이다.

외신의 종속 형식은 한의 황제와 이민족의 군주·수장과의 사이에 군신관계를 맺는 형식으로 되어 있었다. 이때 서로간에 공격을 하지 않는다던가 적의 공격에 대해서는 원병을 보낸다던가 하는 등의 약속을 교환하게 된다. 그리고 군장자신이나 그 사절이 정기적으로 입조해야 했다. 한왕조의 내신과 민중에 대해서는 중국황제와 법의 지배가 미쳤지만, 외신에 대해서는 군장에 대해서만 황제의 지배가 미쳤던 것이다. 이민족의 민중은 군장을 매개로 해서 통치되어졌던 것이다. 그것은 그들 고유의 사회체제와 법습관이 그대로 보존되도록 하기 위했던 것임을 알 수 있다. 황제와 외신과의 사이에 이러한 군신관계의 모델은 주나라의 봉건제였다. 중국의 직접적인 영토에서는 봉건제 대신으로 군현제가 이루어져 있었던 것이나, 한나라에서는 봉건제의 유제로서 제후왕의 제도가 있었는데, 이를 군국제라고 하였다. 즉 직접 지배하는 영토 외의 군장에 대해서는 이 봉건제의 모델이 쉽게 적용되었던 것이다. 이러한 봉건제 하에서 군주는 신하를 책봉한다던가 혹은 봉책(封冊)한다던가 하는 식으로 불리었다. 이는 황제가 책서(冊書)에 상대에게 수여하는 관위·칭호 등이 쓰여 있었기 때문이었다. 이 칭호는 이민족 군장의 지위에 의해서 한나라에서는 왕·후·읍군(邑君)·읍장(邑長)이라 했고,

당나라에서는 왕·군왕 등으로 불리는 것이 많았다. 이렇게 하여 상대의 국내에서 그의 지배를 인정하게 되는 것이다. 이러한 이민족지배의 제도를 「책봉체제」라고 하였다[5].

2) 문서외교와 한자문화권의 형성

이러한 책봉제도의 정립으로 인해 책봉된 군주들은 이후 중국 황제에 대해 조공을 해야하는 의무를 지게되었다. 이 조공을 하러 오는 사자는 반드시 국서(國書)를 휴대해야 하는 것이 요구되었다. 진한시대 이후 중국 왕조내의 행정이 이미 문서행정이었던 것과 같이 당시의 외교도 모두가 문서외교로서 이루어졌기 때문이었다. 그 때문에 조공을 하러 오는 사자들은 반드시 그 군주로부터 중국황제에게 상표(上表)해야 하는 국서를 휴대하지 않으면 안되었고, 그리고 그 국서는 피책봉국의 군주가 중국황제에 대해서 제출하는 상표문이라는 것을 증거하기 위해 책봉 때에 수여된 인장(印章)으로 봉인하지 않으면 안되었다. 책봉관계를 설정할 때 책봉과 함께 인수(印綬)가 수여됐다고 하는 것의 의미는 바로 여기에 있었던 것이다.

그런데 이 경우 국내정치에 있어서 문서행정이 행하여졌던

---

5) 西嶋定生, 「6-8世紀の東アジア」 『岩波講座日本歷史』 古代 2, 1962, 참조.

것과 같이 국제정치에 있어서도 문서외교가 지장 없이 행해지게 된 것은 문자에 대한 지식과 문서작성 능력이 보급되었다는 것이 전제되어야 했다. 사실 이러한 일은 국내정치에서만 가능한 것이지 국제정치에서는 불가능한 일인 것이다. 왜냐하면 문자에 대한 지식과 문서작성능력이 그다지 쉬운 일은 아니었기 때문이다.

특히 당시에 문자를 가지고 있던 나라는 오직 한족밖에는 없었기 때문에 이러한 문서외교는 아주 어려웠던 것이다. 그러나 중국왕조와 주변국가간에 정치적 관계가 발생하자 이 문제를 해결하는 데는 오직 문서행정 밖에는 방법이 없었기 때문에 주변민족은 한자와 한문을 습득하지 않으면 안되게 되었다.

물론 이러한 한자와 한문을 배우는 것이 쉽지 않았던 관계로 주변 국가에서는 한족 중에서 자기나라로 건너온 사람이나 혹은 그들을 초빙해서 외교문서를 작성하는데 이용했을 것으로 본다. 그러는 사이 한자를 서서히 배우게 되고 이렇게 하여 문자가 없는 각 주변국에서는 한자라고 하는 문자가 공통적으로 생겨나게 되는 것이다. 결국 이것은 한자를 통한 일방적인 문화전파를 가져오게 되는 최대 원인이 되었다. 즉 한자의 전래와 더불어 이를 매개로 하는 중국문화가 광범위하게 수용되기 시작했던 것이다.

후대에 들어와 율령이 수용되는 것이나, 유교사상 및 불교사상이 수용되는 것도 모두가 한자를 매개로 해서 이루어지게 되는 것이다. 이렇게 되어 중국의 문화가 수용되고 나아가 이를 소화하게 되면서 이제 한반도를 중심한 모든 주변국들에게 초기 공통적 문화적 특성을 갖는 동일문화가 형성되게 되었으니, 바로 한자문화권의 형성이 그것이다.

3) 고조선 흥망의 역사적 성격

그러나 한반도에서는 이러한 중국과의 정치적 관계를 맺기 이전에 이미 고조선이라고 하는 나라가 건국되어 있었다. 고조선에 관한 역사는 신화로서 정사(正史)가 아닌 야사(野史)인 『삼국유사(三國遺事)』나 『동국통감(東國通鑑)』에 전해져 내려오고 있어, 이에 대한 실체의 규명이 아직 확실하게 되어 있지는 않지만, 이에 대한 정확한 구명을 위해 많은 연구와 노력이 행해지고 있다. 이들 서적의 기록에 의하면 단군이 나라를 세우는 시기는 기원전 2333년이라고 하고 있다. 물론 이는 어디까지나 신화에 근거한 기록이기 때문에 역사를 과학이라고 하는 견지에서 본다면 믿을만한 것이 못되지만, 중국의 사서인 『사기(史記)』와 『전국책(戰國策)』에 나오는 고조선과 관련된 기사, 즉 "기원전 4~3세기에 조선이라는 나라의 지배자가 왕이라 칭하고, 중국의 연나라에 대항하며 세력을 확대했다"고 한 기사를 통해 고조선의 존재사실을 확인할 수 있다. 다시 말해 고조선은

늦어도 기원전 3세기 이전에는 존재했었다는 말인데, 정확한 건
국 연대는 아직 밝혀지지 않고 있다. 그러나 고조선의 멸망시기
만은 확실한 기록이 있어 알 수 있으니, 그 시기는 한무제에게
정복당한 해인 기원전 108년이다.

고조선을 과거에는 단군조선, 기자(箕子)조선, 위만(衛滿)조
선으로 구분하였는데, 기자조선은 주의 무왕(武王)이 기자를 조
선에 책봉하여 단군조선의 뒤를 잇게 했다는 설이 강한데 이는
중국인들이 한사군을 지배할 때 통치를 합리화하기 위해 조작
한 것으로 보고 우리 역사학계에서는 무시되고 있으며, 위만조
선은 한나라가 진나라를 통합할 때 연나라 왕의 부장이었던 위
만이, 천여 명의 부하를 이끌고 상투에 조선옷을 입고 당당하게
귀국한데다, 귀국 후에는 고조선의 준왕(準王)을 축출하고 "조
선"을 국호로 하여 나라를 세운 데다가, 토착민을 대거 등용시
켰다고 하는 기록으로 볼 때, 연나라에 살던 조선인이 아닌가
하여 단순히 고조선 내부의 정권교체로 보고, 지금은 이들 용어
를 쓰지 않는다[6]. 한편 고조선이라는 명칭은 『삼국유사』에 처
음 나오는데, 이는 단군신화에 나오는 위만조선과 구별하기 위
해 명명한 것이고, 지금은 이성계의 조선과 구별하기 위해 사용
되고 있다. 이러한 고조선의 멸망과정에 대한 지금까지의 설명
은 한나라 무제가 천자로서의 위엄을 떨치기 위해 고조선에 압
력을 넣어 조공을 바치라고 위협하는 것을, 고조선의 왕인 우거

---

6) 邊太燮, 『韓國史通論』, 三英社, 1992년, 63쪽.

왕(右渠王)이 이를 거절하면서 생긴 한나라와의 항쟁에서 패함으로써 멸망당했다는 설이 전부이다. 그리고 대국인 한나라에 끝까지 저항했던 고조선인들의 용맹성을 부각시키고 중국인들의 비열성을 강조하는데 할애하고 있다. 그러나 전쟁과정에서 고조선인들이 용맹스럽고 중국인들의 횡포만을 부각하는 식의 설명은 비객관적 시각을 만들 수 있기 때문에 지양되어야 한다고 본다. 따라서 이러한 문제점을 보완하기 위해서는 역시 당시 중국이 주변 소수민족에 대한 정책이 어떤 성격의 것이었는지를 염두에 두면서 파악해야 할 것이다.

위만이 조선을 건국할 때 그는 한나라의 외신이 될 것을 약속하였다. 그러나 고조선은 발달한 청동기문화를 바탕으로 상당한 세력을 형성하고 있었고, 중국인들이 '교만하고 사납다'라고 평할 만큼 강성한 국가였기에 쉽게 그들의 요구를 들어줄 리가 없었다. 동시에 흉노 뒤쪽에서 강력한 세력을 형성하고 있던 오손(烏孫)과 위만이 제휴하면서 한나라와 국교를 단절하였고, 동시에 외신으로서의 약속을 지키지 않게 되자, 한무제는 기원전 108년에 출병하여 위만을 멸망시켰다[7].

한무제는 초기에 고조선을 얕보고 약간의 군사를 보내는 바람에 오히려 고조선 군에 여러 차례 패배하여 창피를 당하자, 회유와 화의, 이간질을 시키는 책략을 통해 결국 고조선을 멸망

---

7) 堀敏一, 『中國と古代東アジア世界 - 中華的世界と諸民族』, 岩波書店, 1993, 78쪽.

시키고 그곳에 한사군을 세워 직접통치 지역으로 복속시켰다.

그런데 이보다 먼저 한은 요동군(遼東郡)을 이 지역에 두었기 때문에 동방에는 만리장성 북쪽까지 중국의 군현제가 미치고 있었다. 또 진·한 모두가 남방의 미개척지에도 군현을 두었기 때문에 농업지역인 한반도를 중심으로 이 지역에도 군현이 설치되게 되었다. 그러나 이 지역에 대한 한족의 진출은 이루어지지 않았고 점차 4군 중 낙랑군(樂浪郡)만이 남아 이들 지역의 제민족이 조공과 복종을 강요하는 창구로서의 역할을 하게 하였다. 후한 말에 요동지역에서 할거하던 공손씨(公孫氏)가 낙랑군 남쪽에 대방군(帶方郡)을 두는 것도 한반도 남부의 한족들의 움직임에 대응하기 위함이었다. 이후 한민족이 민족통일을 도모하여 이 지역에서 치열한 공방전을 벌이지만 한나라는 계속적으로 이 지역을 자신들의 영토로 편입시키려고 집요한 공격을 반복하게 되는 것으로 보아 이 지역에 대한 한나라의 집착을 엿볼 수가 있다. 이상에서 살펴본 바와 같이 고조선의 멸망이 단지 한무제 개인의 우월감 때문에, 이를 과시하기 위해 고조선을 공격했던 것이 아니라, 한나라의 동아시아질서 확립이라는 의도와 이에 반기를 들었던 고조선과의 저항에서 한사군이 설치되게 된 것임을 알 수 있다. 이를 보면 고조선은 자주국가로서의 독립성을 추구하려는 의욕이 강했던 민족국가였음을 알 수 있다. 그러나 전한 말에 이르러 고구려가 이미 왕에 봉해지는 것을 보면 외신으로서의 군신관계가 재차 성립되어져 있었음을 알 수 있다. 이는 다시 말해 책봉체제에 의해서 중국왕조와 주변국가 간의 정치적 관계가 점차 발전해 나가고 있었음을 의미한다고 할 수 있다. 이는 또한 책봉체제가 국제관계로서 작용하는데 필요한 주변민족들의 정치적 사회로의 성숙을 위한 조건이 이미 갖추어지기 시작했다는 사실을 의미한다고도 할 수 있다.

2. 동아시아세계의 정립(1-3세기)과 한반도의 고대국가

1) 동아시아세계의 형성과 전개

비록 진한시기를 거쳐 동아시아세계가 성립되기 위한 기초적 여건이 성숙되어 갔지만, 주변국가를 하나의 틀 속에 넣어 조화롭게 돌아가게 하기 위해서는 보다 넓게 적용되는 통치원리의 확립이 필요했다. 그것은 앞에서 설명한 「화이사상」과 「왕화사상」이 주변지역으로 확산되어 가기 위해서는 여전히 한계성이 있었기 때문이었다. 그 원인은 당시까지의 이들 이념은 중국내 한 국가를 통치하는데 필요했던 이념에 불과했지 주변국가를 포함한 공통이념으로까지는 아직 한계성을 지니고 있었던 것이다[8].

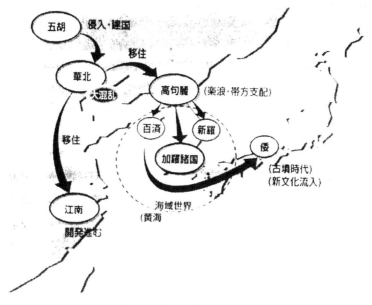

동아시아의 민족대이동

　비록 진시황 이후에 황제라는 칭호가 정식으로 등장하기는 했지만, 통치원리는 왕도(王道)를 주장하는 유교적 원리가 적용되고 있었고, 한무제 때 오경박사(五經博士)를 두고 통치이념에 대한 전반적인 정립을 추구했다고는 하지만, 한무제 때나 그 이후에도 국가의 제사나 정책이 왕도적 유교 차원에 의해 진행되었지, 황제 통치논리로서의 유교사상에 의해 이루어지지는 않았다는 점에서 이를 알 수 있다. 즉 유가의 교설(敎說)이 황제라고 하는 군주개념을 설명할 수 있게 되었을 때 유교의 국교화

---

8) 岩波講座, 『世界歷史』, 第4卷, 古代4, 1970, 405쪽.

(國敎化)가 이루어지고 국가 통치사상으로 되는 것인데, 아직 황제의 권위를 충분히 설명할 수 없는 이념으로서의 한계는 동아시아세계의 통치이념으로써 통용될 수 없었기 때문이었다.

한나라 초기인 혜제(惠帝)·문제(文帝)때부터 군국제가 실시되어 주변국 수장에 대해 관직을 부여함으로써 군신관계는 성립되어 갔다. 그리하여 중국내부에서는 「왕과 내신(內臣)」으로서의 관계가 확립되었고, 중국 주변국에서는 외번왕(外蕃王), 즉 조선왕 위만(衛滿), 남월왕(南越王) 조타(趙陀) 등과 같은 외신(外臣)들이 세워지게 된 것이다. 그러다 한무제 때에 이들 외번왕들이 자주 의무를 이행하지 않자 그는 주변의 번왕(蕃王)들을 멸망시키고 직접 통치를 시행하게 되었던 것이다. 그렇게 된 원인은 군현제를 강화한 데에 따른 반발에서 일어난 것으로, 경제(景帝)때 오초칠국난(吳楚七國亂)이 일어난 후 제후왕(諸侯王)의 세력을 억제시키는 왕국억손책(王國抑損策)이 중앙정부의 방침으로 된 이후 무제 때 이를 강화하면서 일어나게 되었다. 이렇게 한나라의 특징인 군국제가 와해되자 이민족이 반발하면서 동아시아세계의 형성은 좌절되고 말았던 것이다[9].

그러다가 전한 말, 유교가 부흥하면서 유교사상이 정책 중에 침투하여 유교사상 즉 왕화사상에 의한 중국정부의 회유책이 주변국에 취해졌고, 이에 의해 「조공」과 「책봉제도」가 본격적으로 100여 개국에 시행되어 동아시아세계의 틀이 정립되

---

9) 西嶋定生, 앞의 책 12), 21쪽.

어 갔다[10].

　그러나 유교의 예(禮)에 의해 국가제사가 이루어지면서 동아시아세계 통치이념으로써의 유교가 국교화되는 것은 신(新)나라를 세운 왕망(王莽)때부터였다. 그리고 이러한 전통은 청나라까지 계속되게 되었다.

　이처럼 유교의 국교화가 이루어지면서 중국왕조는 권위를 확립하게 되었고, 이에 근거하여 주변국 수장과의 사이에 정치적 관계가 형성되어 갔다. 따라서 고대 동아시아세계의 성립시기는 전한 말에서 왕망정권 멸망까지의 시기에서 이루어진 것으로 학계는 보고 있다. 이러한 것은 주변국에서 본격적으로 조공과 책봉을 하러왔다는 왕망의 상주문(上奏文)에서도 확인할 수 있다.

　그러나 신왕조의 왕망정권은 곧바로 파탄을 맞이하게 되어 고대 동아시아세계의 확립을 이루게 되기까지는 여전히 한계가 있었다. 즉 왕망이 천자에 실질적으로 오르는 기원 후 9년, 오위장(五威將) 왕기(王奇) 등을 사방에 파견하여 한 왕조가 주변 민족의 수장들에게 준 인수(印綬)를 신 왕조의 것으로 교환시키는 일을 시작하였다. 이 때 왕망의 신 왕조가 준 왕호(王號)를 모두 후(侯)로 격하시키자, 이에 주변 왕조가 반발하면서 중국의 통치권으로부터 이탈하려는 시도가 나타나기 시작했다[11].

---

10) 西嶋定生, 앞의 책 12) 23쪽.
11) 西嶋定生,『日本歷史의 國際環境』, 앞의 책, 26쪽.

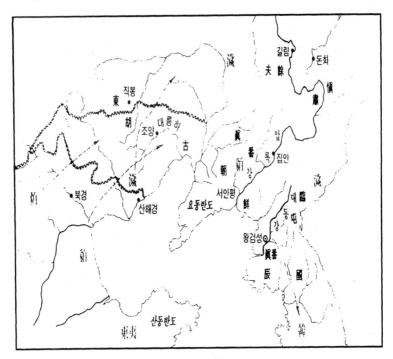

한예맥족의 분포도

특히 분노한 흉노(匈奴) 선우(單于)의 북방 침략에 대항하기 위해 왕망이 흉노토벌에 나섰지만 실패함으로서 커다란 정치적 타격을 입게되었다.

또 이 때 후로 봉해진 데 대해 고구려도 반발하자 고구려 공격을 위해 왕망은 엄우(嚴尤)에게 명령하여 고구려왕 추(騶)를 죽이고 그의 머리를 장안(長安)으로 이송해 갔으며, 동시에 고구려를 하구려(下句麗)로 국호를 변경시키는 등 극악한 횡포를 일삼았다. 그러자 부여(夫餘)·예맥(濊貊) 등도 고구려에 동조하여 반란을 일으키니, 왕망은 각 지역에서의 반란을 수습할 수 없는 상태에 이르게 되었다[12].

왕망정권은 대내적으로 국가의 제사의례를 정비하여 유교 국가의 기반을 만들기는 했으나, 대외적으로는 대외정책에서 중요한 왕화정책을 소홀히 하고 화이정책만을 추구하는 바람에 자신의 정권을 단명에 끝내버리고 말았다. 그렇기 때문에 신 왕조에서는 아직 고대 동아시아세계의 형성이 명확하게 나타나지 않았다고 할 수 있다.

신 왕조의 대내정책의 모순이 걷잡을 수 없게 되자 왕망은 반란군에 패사하고 말아 신 정권은 15년만에 몰락하고 군웅할거가 시작되었다.

이때 하북(河北)에 있던 광무제(光武帝) 유수(劉守)가 황제로 즉위하면서 낙양(洛陽)에 도읍을 정하고 중국을 재통일했는데, 그는 통일과 동시에 신나라 멸망의 단서가 된 대외정책을 수정하여 32년 하구려를 다시 고구려로 환원시키고,「후」라는 직위에서「왕」으로 책봉하였다. 그리고 30년에는 낙랑군이 후한에 귀순하여 후한의 직할군이 되면서 주변 제민족의 귀속이 시작되는데, 바로 이 시기가 동아시아세계가 정립되는 시기라고 볼 수 있다[13].

---

12) 西嶋定生, 앞의 책, 27~28쪽.
13) 西嶋定生, 앞의 책 12), 29~35쪽.

2) 중화질서의 구축에 저항하는 고구려

부여에서 탈출한 주몽이 도착한 지역은 기원전 4세기부터 철기문화가 보급되어 이를 바탕으로 한 소국들이 생겨나고 있던 지역이었다. 철기는 청동기보다 강하고 쉽게 만들 수 있어, 무기나 농기구 등을 만드는 데 자주 용이하여 정복국가로의 발전을 용이하게 하였는데, 그 대표적인 나라가 고구려였다. 고구려는 가장 먼저 독립된 고대국가로 성장·발전하게 됐고, 그 막강한 중국에 대응해 나갈 수 있는 국력의 축적도 이러한 철기문화의 발달에 근거하고 있었다.

바로 이 지역에서 태어난 무예에 능한 주몽이 주변지역의 각 세력을 정복하면서 자신의 독자세력을 꾸준히 성장시켜 나가면서 건립한 나라가 고구려였다. 고구려는 산악지대이기 때문에 군사적 요새로서 아주 적당했던 졸본(卒本)지방을 중심으로 세력을 확대해 나갔지만, 점차 평야지대를 찾아 주변 국가들을 정복해 나갔고, 제2대 유리왕(琉璃王)때는 통구(通口)에 있는 국내성(國內城)으로 도읍을 옮겨 점차 안정을 도모해 나가면서 대국가로써 성장해 나갔다.

고구려를 건립하는데 있어 최대의 난제는 한사군 문제를 해결하는 가운데 필연적으로 나타나게 된 중국과의 관계였다. 한사군은 중화질서를 체계화하기 시작한 한나라에 대해 독자적 문화권을 가지고 고대국가로서의 틀을 다져 나가던 고조선의 강력한 반발을 막기 위해 설치한 불행한 결과의 산물이었다. 즉 한나라 최고의 무력 통치자인 한무제가 자신의 막강한 군사력으로 동아시아세계에 대한 통치질서를 수립하려는데 대해 한반도의 고조선이 대항하자 나타났던 결과였다. 결국 한무제의 무력에 의해 짓밟혀야 했던 고조선은 한나라 군국제도의 외곽지역으로서 국(國)이라는 행정단위에 의한 간접 편입이 아니라, 군(郡)이라는 직접 통치대상으로 편입됐던 것이다[14]. 이는 그만큼 고조선이 다른 지역국가에 비해 독자성이 강했고, 중국이 쉽게 통제하기 어려웠다는 당시 고조선의 위력을 대변해 주는 사건이라고 볼 수 있다. 따라서 한사군의 한반도 내 설치는 당연한 것이었고, 그러한 설치는 오히려 우리 민족의 자각을 가져와 고구려라는 위대한 나라가 태동될 수 있었던 계기가 된 것으로 볼 수 있다.

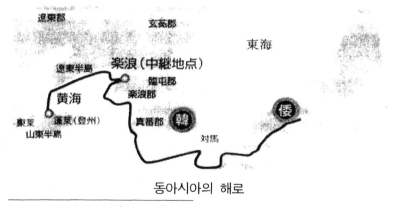

동아시아의 해로

---

14) 堀敏一, 앞의 책, 79쪽.

그렇기 때문에 비록 한반도 내에 한사군이 설치되기는 했지만 중국의 직접적인 지배체제인 군현통치에 반발한 고구려인의 저항에 의해 한사군의 초기 설치형태는 곧 변화를 맞이하게 되는데, 임둔군과 진번군이 설치된 지 26년 후인 기원전 82년에 폐지되어 낙랑군의 동부도위(東部都尉)·남부도위(南部都尉)에 편입되었다가 기원후 30년에 완전히 소멸된 것이었다. 한나라 동방정책의 요충지인 요동군(遼東郡)과 압록강 유역을 잇는 교통로를 확보하려고 설치했던 현도군도 고구려인의 저항으로 기원전 75년에 요동 방면으로 옮겨져 이름만 유지되고 있었다. 그러나 낙랑군만은 풍부한 자원과 문화적 발달로 명맥을 이어나가고 있었는데, 이러한 낙랑군의 성격에 대해 중국의 식민지였다는 주장도 있으나, 이미 주변의 다른 3군이 유명무실해져 있었던 사실에서 보면, 이는 고조선의 수도였던 평양지역을 중심으로 한 이 지역에 중국의 문화가 받아들여지면서 더 많은 발전이 이루어지자, 중국, 고구려 양국 모두에게 필요성이 인정되어 서로의 묵인 하에 공존되어진 것이라고 보는 것이 타당하다고 하겠다.

비록 한나라에서 군현을 통치하는 관리자들이 파견되어 직접적인 통치행위를 영위하고는 있었으나, 이미 주변에 있던 군들이 없어진데다가 한반도의 한가운데에 존재했던 낙랑군이 이들 관리들의 임의대로 통치되어졌다고는 생각할 수 없는 일이고, 다만 지배를 하는 쪽이나 받는 쪽이나 경제적·문화적인 필요에 의해 형식적인 정치적 관계만을 유지한 채 공생공존의 길을 찾았던 것이 아닌가 한다.

이러한 사실은 그 후 약화되어 가는 낙랑군의 기능을 회복하기 위해 중국측에서 노력을 하지만, 고구려의 저항에 의한 정치적 변화만을 태동시켜 오히려 자신들의 통치기반이 약화되어 가는 역사전개 과정을 보더라도, 낙랑군은 이미 중국의 한 지방조직으로서의 기능을 상실하고 있었음을 알 수 있다.

313년 고구려에 의해서 낙랑군이 복속되는 것으로 한사군은 완전히 소멸되게 되는데, 그때까지 정복국가로써 이름을 떨친 고구려의 심장부에서 그토록 오랫동안 중국의 지방정부 기능을 수행했다고 하는 사실은 쉽게 납득하기 어렵다는 말이다. 이는 다시 말해 낙랑의 문화적·경제적 기능이 오히려 고구려측에 상당히 많은 도움을 주고 있었기 때문에 고구려는 형식적으로 현체제를 유지시키면서 그 이점을 역이용해 오다가, 한계점에 다다르게 되자 복속시켰다고 보는 게 타당하다는 생각이다.

한나라가 한사군을 설치한데에는, 직접통치를 통해 정치적 안정과 중화질서를 확립하여 안정된 정권을 유지하려는 점이 외형적인 정책이었다면, 내면적인 정책은 당시 고조선이 중계무역을 통해 취하고 있던 경제적 이권을 차지하는데 있었다고 할 수 있다. 이는 후에 고구려가 대외적인 팽창을 통해 복속국으로부터 조공을 받아 가지고 경제력을 키우며 교역의 주도권을 잡았던 것과도 일맥상통하는 점이다. 이러한 교역의 범위는 홍안령(興安嶺)지역, 장강유역(長江流域), 일본열도 등 동아시아 전 지역에 해당했다. 이는 한나라에서 위나라까지 사용하던 화폐 오주전(五銖錢)이 집안(輯安) 등지에서 발견된 것에서도 알 수 있다.

　이러한 경제력을 바탕으로 주변 국가에 대해 외교적 관계를 능수 능란하게 유도해 나갈 수 있던 것도 고구려가 막강한 국력을 가질 수 있게 된 주요한 원인이었다. 특히 지리적 이점을 이용해서 황해의 해양활동을 활발히 할 수 있었고, 이를 통해 동아시아의 다중적(多衆的)이고도 방사상적(放射狀的)인 외교질서의 조정자로서 그 기능을 잘 담당해 나갔던 것이다.

　그러나 고구려는 『삼국지』 및 『후한서』 등에서 볼 수 있듯이, 북에는 부여(扶余), 동에는 옥저(沃沮), 남으로는 예(濊)·맥(貊) 등의 부족들에 의해 둘러싸여져 있었기 때문에 자연히 이들과 연합하거나 투쟁하면서 밀고 당기는 과정을 계속해야만 했다. 특히 후한과 위(魏)의 지배하에 있었던 현도성(玄菟城)과의 관계는 이러한 성격을 대변할 수 있을 정도로 아주 치열했다. 이러한 과정이 일어나기 시작한 시기는 대략 기원 후 1세기에서 244년 위의 관구검(毌丘儉)에 의해 수도인 환도성(丸都城)을 빼앗기는 3세기 중엽까지라고 할 수 있다15).

　이때까지 고구려가 어떻게 주변 국가들을 정복해 갔는지에

15) 朝鮮史硏究會編, 『朝鮮の歷史』, 三省堂, 1995, 47쪽

대해서는 중국측 사료만으로는 알 수가 없고, 한국측 사료인 『삼국사기』를 통해 대략적인 사실을 알 수 있다. 그 대략적인 사실이란 것도 실은 구체적인 정복과정이나 정복된 국가들의 위치, 그리고 어떤 부류의 국가들인지 등에 대해서는 잘 알 수가 없고, 다만 정복된 국가들의 이름정도만 알 수 있을 뿐이다. 여기에 나오는 국가들의 이름을 나열해 보면 다음과 같다, 먼저 기원전 36년에 불유국(沸流國)이 고구려에 항복해 왔다고 했고, 기원 후 74년에 주나국(朱那國)을 정복하기까지 행인국(荇人國)·개마국(蓋馬國)·구차국(句茶國)·갈사국(曷思國)·조나국(藻那國) 등을 복속했다고 하고 있다.

이러한 사실은 비록 그 구체적인 사실을 알 수가 없다 하더라도 고구려는 하나의 정치세력으로서 출발하는 순간부터 주변국에 대한 정복을 통해 발전해 갔다고 하는 사실을 의미해 준다고 할 수 있다.

고구려는 건국초기에는 해양활동이 두드러지지 않았지만 동예와 옥저를 복속시키면서 그들이 이용했던 해양루트를 통한 경제적, 군사적 활동에 관심을 기울이게 되었다. 이는 일본·한반도·중국을 연결하는 해양 중계루트가 압록강 하구라는 점을 파악하고, 교역상의 이점과 중국의 해양활동을 억제하기 위해 해양활동을 강화하게 되었던 것이다. 그것은 146년 고구려 태조가 서안평(西安平)을 공략했던 데서도 알 수 있다. 서안평 공략 이후 출해권을 갖게된 고구려는 삼국시대, 오호십육국시대(五胡

十六國時代) 등 중국이 4분 5열 되어 서로 쟁패를 겨루는 틈을 이용하여 이들 각국과 교역을 통한 막대한 경제적 이익을 누렸고, 동시에 국제적 관계를 통제할 수 있는 위치를 확보할 수 있었던 것이다.

이처럼 고구려가 요동까지 진출하였던 것은 해양전략에 의한 것이었는데, 이는 궁극적으로 발해만에 대한 영향력을 강화시킬 수 있었고, 산동반도로 연결되는 해로를 장악하여 외교권·해상권·교역권을 확보하기 위한 것이었다. 그러나 이러한 외형적인 전략이나 전술도 이를 내면에서 받쳐주는 문화적 요소가 가미되지 않으면 효과적인 결과를 가져올 수 없었던 것인데, 고구려는 이 점에 있어서도 충분히 대비하고 있었다. 그것은 낙랑문화를 바탕으로 한 주변 각 문화와의 접촉을 통해 종합적인 문화망을 구축하고 있었다는 사실이다. 즉 고구려는 만주와 연해주 일대의 수렵 삼림문화, 몽고 등 북방의 유목문화, 화북지역의 발달한 농경문화가 바탕이 된 한족문화, 해양을 통해 들어온 남방의 해양문화, 그리고 한반도 남부에서 생성된 한반도 남부문화 등 다양한 문화가 집결하는 중핵지대였기 때문에, 문화의 다양성에 의한 문화의 고도 발달은 이러한 기능을 담당할 수 있었던 뒷받침이 되어주었다. 이러한 것은 고구려의 고분에서 볼 수 있는 신비하고도 상징적인 주제를 합리적으로 표현한 기교와 정신, 그리고 그러한 표현이 가능할 수 있도록 배려한 현란한 색채 등에서도 볼 수 있다. 이러한 시대적 조류

에 맞는 제반여건의 구비는 고구려가 당시의 급변하는 국제질
서에 적응할 수 있는 융통성을 갖게 함으로써 당대 동아시아의
최대 강국으로 성장할 수 있었던 배경이 되었던 것이다.

3) 한반도 남부지역의 정세변화

고구려가 성장하고 있던 한반도 북부지역에 대해서 남부지
역에서는 마한·진한·변한이라는 세 개의 세력이 동·서·남
부를 장악하며 고대국가로서의 기본틀을 형성해가고 있었다. 이
시기를 소위 삼한시대(三韓時代)라고 부른다.

『삼국지』의 동이전을 보면 3세기 경 한반도의 남부지방에
대한 사항을 자세히 설명하고 있는데, 당시 이 지역에는 마한
(馬韓)에 54개, 진한(辰韓)에 12개, 변한(弁韓)에 12개의 소국가
들이 있었다고 한다. 이들 소국가들의 크기는 오늘날 군이나 면
단위 정도의 작은 나라들로, 규모는 작지만 독립된 형태로 체제
를 유지하고 있었다. 그러나 문화·경제가 발달하면서 생산력이
늘어나고 교역이 늘어나자 이에 따른 빈부의 차가 나타나 사회
적 계층분화가 일어났으며, 우수한 무기가 나타나 정복국가적
형태로 진전되어 주변 국가에 대한 무력적인 합병과 복속이 나
타나게 되었다.

이들 중에서 특히 주목을 받은 곳은 낙동강 중하류 지역의

비옥하고 넓은 평야지대였다. 이곳에는 여러 소국들로 나뉘어져 나름대로 발전해가고 있었는데, 이들 소국을 통틀어 변한이라 했다. 기원 전후에 해당하는 바로 이 때, 북방의 발달한 문화를 지닌 집단이 남하하여 변한지방의 소국가들을 통합하게 되는데 이 나라가 바로 가야(伽倻)이다.

이들 가야에는 6개의 소국가가 형성되었는데, 김해의 금관가야(金冠伽倻), 고령(高靈)의 대가야(大伽倻), 함안(咸安)의 아라가야(阿羅伽倻), 고성(固城)의 소가야(小伽倻), 성주(星州)의 성산가야(星山伽倻), 함창(咸昌)의 고령가야(古寧伽倻)가 그것이다.

그러나 가야지역에서는 세력이 강대한 국가가 복속시킨 소국을 완전히 자국으로 흡수하여 통치할 만큼의 제도적 정비나 경제적·사회적 능력을 갖지 못하고 있었기 때문에, 다만 복속된 약소국들이 강대국에 일정한 공물을 바치는 형식으로 대체되어 정치적 주도권만이 인정된 연맹체 국가로 존재하면서 각 소국들은 여전히 독립적인 체제를 유지하고 있었다.

그러나 가야지방에서 이들 국가가 연맹체국가로서 기능하게 되기 시작하는 시기에 대해서는 아직 명확히 증명되고 있지 않다. 다만 이들 지역의 6개국에서 초창기 맹주지위에 있던 나라는 김수로왕이 통치하던 김해지역의 금관가야였다는 사실만을 그들의 건국설화나 당시의 경제발전, 또 해양에 진출할 수 있던 지리적 상황 등을 통해 추측할 수 있을 뿐이다.

금관가야는 낙동강 하류에 자리잡고 있어서 해상교통이 편리한데다가, 이 지방에는 철이 많이 나서 이 철을 중국과 일본에 판매하는 중계무역지로 발전하면서 해상강국이 되었다. 그들은 제주도를 중계무역지로 개발하였고, 일본 규슈(九州)지역에까지 진출하였다.

당시의 해상활동에 대한 구체적인 기록이 없어 정확한 설명을 하기는 어렵지만, 최근 재야사학자들이 말하고 있는 김수로왕의 7왕자가 일본 규슈 남부로 가서 결혼정책을 통해 그 지역의 실권을 장악하면서 일본 천황가의 시조가 되었다는 주장은, 규슈지역으로의 해상활동이 아주 활발하게 이루어지고 있었다는 사실을 뒷받침 해준다.

또 일반적으로 4세기경에 일본에 말이 전해졌다는 주장에 대해 이미 1세기경에 가야에서 일본에 말을 전해주었다고 하는 최근의 주장은, 그 시기적인 진실이야 어떻든 말을 실어 나를 수 있을 정도의 큰배로 일본지역을 드나들었다는 것은 해상왕국으로서의 기반이 충분히 갖추어져 있었음을 대변해 주는 것이라고 하겠다.

또 김수로왕의 부인인 허황옥이 인도의 아유타국에서 파사석탑(婆娑石塔)을 배에 싣고 가야지방으로 오자, 그녀를 왕비로 맞이하고 돌아가는 뱃사공 10명에게 쌀 10섬과 베 30필을 주어 보냈다고 하는 『삼국유사』의 기록을 보면, 비록 설화적인 요소가 다분하기는 하지만, 해상을 통한 일련의 활동이 상당히 활발하게 전개되고 있었다는 점을 충분히 예시해 주는 기록이라고 할 수 있을 것이다.

이러한 주위환경에 의한 금관가야의 맹주역할은 가야를 발전시키는 계기가 되어 5세기 초반까지는 상당한 지위를 갖추게 되었다. 그러나 5세기 전반에 들면서부터 신라가 급격히 성장하여 낙동강방면으로 세력을 뻗치자, 남해안의 소국들이 연맹에서 이탈하였고, 낙동강 동쪽의 소국들도 신라에 항복하게 되었다. 이러한 사태는 아직 완전한 집권체제를 갖추지 못하고 있던 금관가야에 커다란 충격을 주어 김해지역을 중심으로 했던 연맹체제는 와해되고 말았다. 그 대신 고령의 대가야를 중심으로 「후기 가야연맹체」가 성립되었다[16].

대가야는 중국 남조의 제(齊)나라에 사절을 보내는 등 대외적 활동을 전개하고, 내적으로는 각 지방의 음악을 우륵에게 가야금 12곡으로 정리하게 하는 등 소국가들 간의 문화적 이질감을 해소시켜 보다 단결된 체제를 갖추려고 노력했으나, 백제와 신라 양 강국사이에서의 발전에는 한계가 있을 수밖에 없었다.

554년 가야는 백제와 연합하여 신라 관산성을 공격했으나 패하게 되었고, 승리한 신라는 창녕까지 진출하여 대가야를 위협하게 되었다. 이러는 와중에서 532년에 금관가야가 신라에 투항하자 대가야도 562년에 신라장군 이사부에게 항복하여 가야

---

16) 김태식, 「5세기 후반 대가야의 발전에 대한 연구」, 『한국사론』 12, 서울대, 1985, 참조.

는 역사에서 종적을 감추게 되었다[17].

이렇게 가야가 멸망하게 되는 가장 큰 이유는 고대통일국가로의 전환이 시기적으로 늦어졌다는데 있었다. 즉 연맹체적인 국가형태 하에서의 대외적 활동은 언제나 한계성을 가져야 했기 때문에, 주변국의 변화에 쉽게 대응하지 못했다는데 있었던 것이다. 이러한 현상은 일본에서 야마타이국(耶馬台國)이 멸망해 가는 상황에서도 찾아볼 수 있다[18].

즉 규슈남부지방의 소국이었던 구나국(狗那國)이 점점 세력확대를 통해 발전해 나간데 대해, 수많은 소국가들에 의해 구성된 연맹체 국가였던 야마타이국이 효과적으로 구나국에 대응하지 못하고, 결국 남부지방에서 확실한 세력을 구축한 구나국에게 흡수·합병되면서, 이들에 의해 새롭게 야마토(大和)정권이 성립되는 것과 아주 유사하다는 점이다[19].

고구려·백제·신라 삼국도 초기에는 연맹체적 국가였으나, 맹주국들이 주변 소국을 완전 통합하여 강력한 직접통치를 함으로써 주변 상황에 즉시 대처할 수 있는 능력을 배양했던 데 반해, 가야는 중앙집권적 통치체제를 형성하는데 실패하여 정치적 독자성을 유지하지 못했고, 문화적 통합도 이룩하지 못함으

---

17) 朱甫暾, 「가야멸망문제에 대한 일 고찰 - 신라의 팽창과 관련하여 -」, 『경북사학』 4, 경북대, 1982, 참조.
18) 義江彰夫, 『歷史の曙から傳統社會の成熟へ』, 山川出版社, 1990, 57-70쪽 참조.
19) 앞의 책, 77-82쪽.

로서 주변 삼국과의 경쟁에서 실패했던 것이다.

그리하여 남부지역은 백제와 신라라는 두 개의 고대국가를 탄생시켜 이제 한반도 및 중국동북지역은 고구려·백제·신라로 나뉘어진 삼국시대를 맞이하게 되었다.

3. 삼국의 정립(4-6세기)과 동아시아세계와의 관계

1) 중화질서의 정립과 삼국의 대응

4세기초가 되면 중국은 5호 16국시대로 전환되어, 중국 북부는 거의가 이들 5호 민족들에 의해 유린되기 시작했다. 이러한 사태로의 변화는 중국왕조가 그 동안 취해왔던 동방 각국에 대한 압력이 없어지는 계기가 되었다. 이 틈을 탄 고구려는 점점 강대해져서 한반도 북부로 들어오게 되어 313년에는 낙랑군을 멸망시킴으로서 한반도에서의 주도권을 잡게되었고, 이어 대방군을 멸망시켰다. 이 때에 발맞추어 한반도의 남부지역에서도 백제와 신라가 4세기 중엽부터 후반에 걸쳐서 고대국가의 틀을 형성하게 되었다. 그리하여 한반도에서는 고구려·백제·신라 삼국에 의한 정립의 상태가 나타나게 되었던 것이다. 당시 일본에서는 야마타이국이 멸망하고 새로운 야마토 정권이 나타나 일본열도가 통일을 맞이하는 시기로 접어들고 있었다.

그러나 동아시아의 전반적인 변화상황을 좀더 자세히 알기에는 필요한 자료가 너무나 없어서 아직 그 구체적인 상황이 알려지지는 않고 있다. 이는 중국 내에서의 혼란으로 말미암아 중국 측에서 사료정리가 제대로 이루어지지 않고 있는데 그 원인이 있다고 여겨진다.

그러나 삼국 중에서 가장 먼저 국가적 틀을 완성하고 자신의 영역을 확보하려고 노력하고 있던 고구려는 중국과 육지로 연접해 있는데다가, 고구려의 성장을 억제시키려고 한 중국측의 의도에 의해 고구려는 언제나 중국의 정세변화에 따른 국제분쟁의 와중으로 휘말려 들어가곤 했다.

고구려는 건국시점으로부터 계산해서 약 300년 간 정복을 통해 영토를 확대해 나갔고, 또 이를 통해 얻어지는 수입으로 재정을 충당하며 국가적 체제정비를 모색해 나갔다. 그러다가 244년 위의 관구검에게 수도인 환도성을 빼앗기자 한동안 그 충격에서 벗어나지 못하게 되었다. 이러한 침체 상황은 장기간 계속되었고 과거와 같은 왕성한 국력을 회복하기까지는 많은 시간을 필요로 하게 되었다. 그러나 4세기에 들어서면서 고구려의 회복세는 눈에 띠게 빨라졌고, 이에 의한 국력의 신장은 다시금 지배영역을 확대하는 충분한 능력을 가질 수 있게 되었다. 바로 이러한 획기적인 계기를 가져왔던 사건은 다름 아닌 313년의 낙랑군 복속과 314년 대방군의 정복이었다[20].

그러다가 4세기에 들어서면서 중국내의 혼란이 가중되자 고구려는 이를 틈타 한반도 북부에 대한 영토확장을 시작하였다. 그러나 여전히 중국의 각국들은 고구려에 대해 경계심을 항상 가지고 있었기에 이 일도 그리 쉬운 일 만은 아니었다. 왜냐하면 고구려의 배후지역인 요동지방에는 원래 이 지역을 영유하고 있던 진(晉)나라의 부장(部將)이 있었고, 요서지방에는 선비족(鮮卑族)의 제세력이 있었기 때문에, 이들과 고구려 사이에는 자연히 요동지역에 대한 지배권을 차지하기 위한 쟁탈전이 벌어지게 되었다.

당시 선비족들의 제세력 중에서 모용외(慕容廆)가 나타나 연왕(燕王)이라 칭하면서 다른 선비 제세력을 복속시켜 전연(前燕)을 세워 고구려를 침공하였고, 결국 고구려는 342년에 수도였던 환도성을 함락당하고, 그들의 요구를 듣지 않으면 안되게 되었다[21]. 이에 앞서 고구려가 336년과 343년 두 차례에 걸쳐 동진(東晉)에 사신을 파견한 것도 이러한 국제관계의 위기상황에 대처하기 위한 방편이었다[22].

그러나 이처럼 동진에 대한 조공과 그들로부터의 책봉을 통해 관계를 돈독히 했지만, 전연의 무력에 대항할 수 없게 된 고구려는, 352년 모용준(慕容儁: 慕容廆의 손자, 慕容皝의 아들)

---

20) 西嶋定生著, 李成市編 『古代東アジアと日本』, 岩波現代文庫, 2000년, 38-39쪽.
21) 池內宏 「晉代の遼東」『滿鮮史硏究』上世編, 祖國社, 1931, 參照.
22) 앞의 책, 42-43쪽.

이 동진과의 책봉관계를 끊고 황제로 즉위하게 되자 동진과의 관계를 단념하고 전연으로부터 책봉을 받게 되었다. 그러나 이러한 관계는 고구려가 최초의 책봉 이후 한 번도 조공을 하지 않았던 점으로 미루어 보아 전연의 강제적인 요구에 의해 관계가 맺어졌음을 알 수 있다[23].

이러는 가운데 전연은 370년 전진(前秦)의 왕 부견(符堅)에게 멸망당하고 만다. 그러나 전진도 곧 후연(後燕)의 모용수(慕容垂)에게 반격을 받아 퇴각하고 만다. 모용수가 죽자 그의 아들인 모용보(慕容寶)는 광개토대왕에게 책봉을 시도하나 고구려는 이를 받아들이지 않고 오히려 독자 연호(年號)를 정해 독립의 의지를 강하게 표시했다. 이처럼 고구려와 모용씨와의 줄다리기는 북연(北燕)정권이 들어서면서 약해지다가 결국 북위(北魏)의 공격을 받고 멸망하고 말았다[24]. 당시 북연의 황제가 고구려로 망명을 해오는 것도 역사의 아이러니라 하지 않을 수 없다.

이러한 틈새를 노리고 있던 고구려는 광개토왕의 아들 장수왕(長壽王)대에 이르러 요동일대에 대해 세력을 뻗치기 시작하여 명실상부한 독립왕국으로서의 기틀을 다지게 됐고, 이러한 강력한 국가체제는 당나라시기까지 지속되었다[25].

---

23) 江畑武, 「4-6世紀の朝鮮三國と日本 - 中國との冊封をめぐって」『朝鮮史硏究會論文集四, 1968』, 참조.
24) 千寬宇, 「廣開土王碑文 재론」, 『全海宗博士華甲紀念史學論叢』, 一潮閣, 1979, 참조.

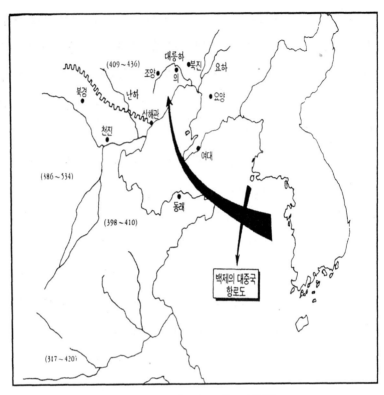

백제의 중국대륙(요서) 진출경로

고구려가 북방에서 고군분투하는 동안 남쪽에 있던 신라와 백제도 고대국가로서의 체제를 갖추어 가며, 한편으로는 자신들의 국가적 지위를 인정받기 위해 중국에 조공을 하기 시작했다. 신라는 6세기에 들어 정식으로 중국의 남북조에 조공하게 되나, 『태평어람(太平御覽)』의 기사를 보면 4세기 후반에 이미 전진의

25) 徐永大 「고구려 평양천도의 동기 - 왕권 및 중앙집권적 지배체제의 강화과정과 관련하여 -」『한국문화』2, 서울대, 1981, 참조.

왕 부견에게 조공을 하였다는 기록을 볼 수 있는데, 이에 대해서는 상대적으로 이미 막강한 국력을 가지고 있던 고구려가 조공을 하는 편에 부탁해서 조공을 했거나, 아니면 고구려 사신을 따라가서 같이 조공했다는 주장 등으로 미루어 보아, 건국초기에는 고구려에 의지해서 조공을 했던 것이 분명하다고 볼 수 있다[26]. 그러나 그 이후로는 독자적인 사신을 파견했을 가능성도 전연 도외시 할 수 없다.

백제는 371년에 평양을 함락하고 고구려의 고국원왕(故國原王)을 전사시킨 적이 있는데, 바로 그 이듬해인 372년에 근초고왕(近肖古王)이 동진에 사신을 파견하는 것을 볼 수 있다. 이는 바로 중국 왕조의 권위를 빌려서 백제의 독립을 확실하게 공인받으려는 목적에서 파견한 것이라 할 수 있고, 이러한 백제의 요구를 동진에서도 받아들여 사신을 파견하여 백제왕에게 장군과 태수(太守)의 직을 책봉해 주게 되었다[27]. 그러나 직접 왕으로 책봉했다는 주장도 있으나, 아직 확인할 수는 없고, 다만 384년에 진사왕(辰斯王)의 세자인 서휘(余暉: 후의 阿莘王)를 백제왕으로 봉하는 것은 확실하다.

이렇게 중국과의 관계를 돈독히 하여 자신들의 독립국가로서의 인정을 국제적으로 공인받는 노력 외에, 백제는 고구려의

---

26) 內藤湖南, 「新羅眞興王巡境碑考」『讀史叢錄』, 弘文堂, 1939, 全集第7卷, 筑摩書房, 參照.

27) 山尾幸久 『日本古代王權形成史論』 岩波書店, 1983, 5章 倭王權と東アジア, 參照.

수도를 함락시킨 자신들의 우위를 계속 유지시키기 위해 왜(倭)와의 유대관계를 돈독히 하려 했다[28]. 그러한 제스쳐로서 일본에 보내진 것이 바로 칠지도(七支刀)였다[29].

칠지도

칠지도의 성격에 대한 의견은 분분하지만, 당시의 정황을 자세히 살펴보면 이는 어디까지나 그동안 관계를 돈독히 해온 왜에게 다시 한번 과거의 관계를 되새기자는 친분의 의지로 보낸 것으로밖에는 생각할 수가 없다.

이처럼 5세기에서 6세기에 걸친 동아시아의 국제질서는 고구려의 대중국 정책과 국력이 아직 약했던 신라의 위기의식에 기초한 고구려와의 친선관계 유지정책 등에 의해 북조 - 고구려 - 신라를 잇는 라인과 남조 - 백제 - 왜를 잇는 라인으로 대치되는 형상을 이루게 되었다[30].

이처럼 삼국이 정립되기까지에는 한반도 내에서의 세력균형만으로 끝난 것이 아니라, 자신들의 불안정한 힘의 균형을 메우기 위해 중국 남북조와 왜와의 관계를 통해 자신의 미약한 부분을 보완해 나가면서 고대국가로서의 독립을 형성해 나갔었

---

28) 武田幸男, 『高句麗史と東アジア』, 岩波書店, 1989, 135쪽.
29) 칠지도의 7가지 칼날은 김수로왕의 7왕자를 의미하는 것으로 해석하여, 과거 이들에 의해 세워진 大和政權과 백제와의 돈독한 우의를 이 7개의 칼날로서 의미한 것이라 보는 것이다.
30) 小倉芳彦, 「中國古代の質-その機能の變化を中心として」, 『中國古代政治思想研究』, 靑木書店, 1970, 參照

음을 알 수 있다. 이는 바로 동아시아 질서의 새로운 변화를 유도하는 국면으로 전개되어 갔던 것을 의미하는 것이다.

2) 책봉의 효용과 동아시아세계의 안정

현재건 과거건 전쟁을 하거나, 지배를 하거나 할 때는 어떤 명목이 필요하다. 즉 대의명분이라는 것이 필요하다는 말이다. 특히 고대 동아시아세계의 각국은 국제사회에서 통할 수 있는 대의명분을 얻기 위해 중국왕조의 이름을 빌리지 않으면 안되었다. 삼국시대가 형성되어 서로간에 쟁탈전이 이루어지고 있을 때 중국은 남북조로 갈려 대립하고 있었기 때문에, 주변국에 대해서 직접적인 통치를 할 수가 없었다. 따라서 이들 주변국들에 대해 통치할 수 있던 방법으로는 책봉체제를 통해 간섭하는 일 외에는 방법이 없었다. 상대적으로 중국의 주변 각국들도 국제질서에 적응하기 위해서는 이 제도에 의지하는 수밖에 없었기 때문에 앞다투어 이 책봉체제 속으로 들어가려 했다. 이는 다시 말해 오늘날의 국제법에 의해 모든 나라가 국제적으로 공인되는 것과 같은 것으로, 나름대로의 규제력을 가지고 있었다.

따라서 중국측에서 볼 때는, 이러한 국제법과 같은 기능을 하는 동아시아질서를 통해 자신들이 주도권을 잡으면서 체제를 유지해 갈 수 있었기 때문에, 자신들의 이해관계와 직접적으로 연계되지 않는 한은 쉽게 주변국들이 요구하는 대로 책봉을 해 주었다. 즉 책봉이라는 것은 서로의 이해관계가 상호간에 존재했을 때 맺어졌던 것이었다. 따라서 이러한 책봉관계를 맺는데 대한 조건은 시대에 따라 변화될 수밖에 없었고, 이를 이용한 상대국간의 대립 또한 치열했던 것이다.

예를 들면, 5세기초에 왜가 중국 남조의 송나라에게 「백제, 신라, 마한, 진한, 변한」을 통솔한다는 의미의 도독(都督)이라는 직위를 내려줄 것을 요구하자, 송나라는 왜와의 관계를 그다지 중시하지는 않았으나, 그들과의 관계를 또한 원하지 않았던 것도 아니었으므로, 왜에게 백제를 빼고 대신 가라(加羅=가야)를 포함한 「도독육국제군사(都督六國諸軍事)」라는 직위를 하사했던 일이 있다[31].

이처럼 외국의 요구에 대해, 자신들에게 입공(入貢)하고 있는데다가 왜보다는 훨씬 높게 평가하고 있던 백제를 제외시키고 대신 가라를 집어넣었던 것은 바로 외교관계에서의 이해관계 정도가 이러한 국제질서의 체제를 유지하는 척도였음을 설명해 주는 것이다. 신라가 여기에 포함됐던 것은 아직 송나라와 관계를 가지고 있었지 않았기 때문에 신라지역까지를 포함하는 지배권을 인정해 주었다고 볼 수 있다.

이처럼 책봉이라는 것은 요구한 나라의 안대로 국제사회에 그대로 적용됐던 것은 아니고, 당사국간의 이해관계를 최대한

---

31) 『宋書』 夷蠻傳.

조율하는 가운데서 나타났던 것이다. 이러한 책봉을 받은 왜에서는 그 후에도 계속해서 백제를 포함하는 7국에 대한 지배권을 중국 측에 요구하나, 중국 측이 자신들의 지배권을 침범하지 않는 한 자신들과의 관계가 더욱 돈독했던 백제를 그 범위에 넣어줄 리가 없었던 것이다.

그렇다면 왜는 왜 그러한 요구를 반복했던 것인가? 이에 대한 해답은 한반도 남부에 대한 패권 쟁탈과 관계가 있었다고도 하나, 실은 자신들 내부에서의 정권을 확고히 하기 위한 하나의 방법으로서 그러한 직위를 요구했던 것이다. 즉 중국 황제가 중화적 세계 안에서의 권위를 유지하기 위해서는 이적(夷狄)으로부터의 조공을 통해 중화(中華)와 이적을 포함한 세계국가(天下)의 주인이 되지 않으면 안됐던 것과 같이, 주변 각국도 군주권이 성립되면서 자신들 자국 내에서의 권위를 확고히 하기 위해, 또 자신들 국가의 군주로서 확인받기 위해, 중국 황제의 권위유지법을 모델로 하여 받아들이려 했던 것이다. 따라서 이들 제국에서는 중화사상을 받아들이고, 자신을 중국에 종속시켜 자신들 국내에서의 군주적 권위를 창출하려고 했던 것이다[32].

예를 들면 광개토왕비에서 '백제와 신라는 예전에는 속인이

---

32) 酒寄雅志, 「古代東アジア諸國の國際意識 - 中華思想を中心として」, 『歷史學研究別策特輯, 『東アジア世界の再編と民衆意識 - 1983年度歷史學研究會大會報告』, 靑木書店, 參照.

어서, 조공을 하러 왔었다'라든가, 또는 신라 왕에 대해 '동이(東夷)의 왕'이라고 하는 표현 등은 바로 이러한 자신들의 권위를 나타내려고 했었음을 말해주고 있다[33]. 또 백제와 왜와의 관계도 단지 연대하고 있던 관계가 아니라, 중화적 세계의 복속관계가 양자간에 강하게 요청되고 있었던 것임을 알 수 있다.

광개토왕비

　이렇게 중국으로부터 부여된 관호(官號)는 책봉을 받은 피책봉국의 국내질서에도 많은 영향을 주었다. 예를 들어 백제의 개로왕은 백제국의 신하 11명에게 나름대로 관직을 부여한 후 이를 중국 남조의 송나라에 정식으로 임명해 줄 것을 요구하였다. 이들 11명 가운데 8명은 왕족이었는데, 이처럼 왕족을 임명하는 것은 백제정치의 특징이기도 했다. 이는 바로 국왕 주변의 인물이었음을 알려주는 것으로, 이처럼 최측근의 인물들을 중국 측에 의뢰하여 중국으로부터 정식으로 임명되는 것을 요구하였던 것이다.

　이러한 사실은 송(宋)나라 다음의 제(齊)나라에 대해서도 마찬가지였는데, 그 예를 보면, 백제의 동성왕(東城王)이 표(表)를 올려 4인의 신하에 대해 임명을 해줄 것을 요청하였다. 이 중에서도 왕족은 3명이나 되었다. 대체로 이들에게 부여된 직명

---

33) 武田幸男, 「5-6世紀東アジア史の一視點 - 高句麗中原碑から新羅赤城碑へ」, 『東アジアにおける 日本古代史講座』四, 學生社, 1980, 參照.

은 백제측에서 요구한대로 이루어지기도 했으나, 중국측 입장에서 자신들의 대외관계에 악영향이 미치는 경우가 될 때는 자신들 마음대로 직명을 바꾸기도 하였다. 그러나 이들의 직명은 모두가 중국측 고유의 관위(官位)와 관직이었다. 이는 또 자신들이 반드시 지배하고 있는 지역에 해당하는 곳의 관직이었다[34].

이를 종합해서 볼 때, 백제의 경우 중국왕조로부터 임명되기를 요청했던 관료들은 왕족·중앙귀족·궁정관료 등이었다. 당시 국내 각 지방의 군(郡) 장관이 임명된 적은 없었던 것이다.

이처럼 자국의 관료를 임명함에 있어서도 중국으로부터 정식 임명되기를 요청했던 것은 아직 중국과 같은 관위제도가 이루어지지 않고 있었다는 사실도 말해준다. 그러나 시대가 지나면서 왕권이 성장해 나갔고, 이를 더욱 강화시키기 위해서는 왕과 그 주변의 귀족과 관료들의 상하구분과 이들의 통속관계(統屬關係)를 명확히 해야할 필요성이 있었기 때문에, 아직 확실한 관위제도가 성립되어 있지 않았던 삼국에서는 중국측에 정식 임명을 요청하여 자신들의 지위를 확고히 하려했던 것으로 보아야 할 것이다[35].

물론 삼국 각자에 고유의 신분제도가 있기는 했지만, 이 제

---

34) 梁起錫, 「熊津時代의 백제지배층연구 - 왕권강화 정책과 관련하여 -」, 『史學志』 14, 단국대, 1980, 참조.
35) 堀敏一, 앞의 책, 159-160쪽.

도는 씨족제·부족제와 관계되기 쉬웠기 때문에 새로운 왕권을 정점으로 해서 관료제적 신분제도를 재편성하기 위해서는 중국적인 관료제도를 만들지 않으면 안되었던 것이다.

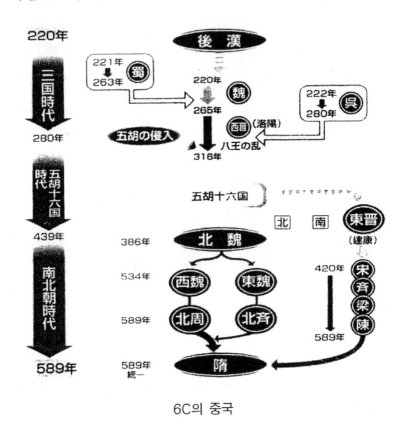

6C의 중국

그러나 이러한 제도가 체계적으로 정비되는 것은 6세기 전후였기 때문에, 그 이전 시기에는 이러한 책봉을 통해 중국측으로부터 정식 임명을 받음으로서 자신들의 권위를 나타내고 신분적 고하의 질서를 나타내어 자신의 정권을 지키는 수단으로서 이용했던 것이다. 다시 말해 이들 삼국이 아직 신분제도·관위제도가 충분히 기능을 하기 전에는 중국 왕조의 관위가 그대로 각국의 왕과 귀족·관료간의 신분관계를 표시하는데 중요한 역할을 했다는 것이다[36]. 그러나 중국의 주변 국가들 중에서 가장 문화적으로 발전하고 있던 삼국 각국에서는 이러한 중국식 관료제·신분제를 일본처럼 그대로 모든 것을 받아들이지는 않았고 아주 필요한 일부만을 받아들였음을 참고했으면 한다.

3) 삼국과 주변국과의 문화교류

이전부터 한반도지역과 주변국과의 문화교류는 있어 왔지만, 삼국시대에 이르면 그러한 문화교류는 정치적으로 그리고 공식적으로 이루어지게 되고, 나아가 이전의 단편적이고 무의식적인 면에서의 교류와는 전혀 다른 양상을 띠게 된다. 따라서 전래되는 문화의 수준은 그 이전과는 전혀 다른 차원의 고급문화였다. 이러한 고급문화란 생활에 필요한 일상적인 것보다는 당시 지식계층이나 국가 권력계층에서의 정치적 특권의식을 강화하기 위한 차원에서 이루어졌기 때문에 우선은 정신적인 문

---

36) 金庠基, 「熊津時代에 있어서의 백제의 대륙관계」, 『무령왕릉』, 문화재관리국, 1973, 참조.

화가 그 주종을 이루었다. 이러한 대표적인 것이 바로 한자문화의 전래이다. 이 문화는 낙랑시대 때에 전래되게 되고 이는 다시 4세기 후반 경에 백제를 통해 왜에 전해지게 된다.

낙랑에 들어온 한자문화가 삼국으로 전파되게 되는 것은 낙랑과 대방이 멸망하자 그곳에 살던 사람들이 남으로 내려오게 되면서 전해졌을 가능성이 크고, 이와 동시에 이들이 갖고 있던 수준 높은 공예기술도 아울러 전해지면서 삼국에 많은 영향을 미쳤다. 그리고 이들 일부는 일본으로 건너갔기에 일본에도 또한 동일한 문화가 전달됐던 것이다. 이처럼 4세기에 이르면 한문화를 바탕으로 한 우리의 고대문화가 확고한 기반을 잡게 되었으며, 이러한 기반 위에서 4세기 후반에 불교가 들어오자 한국의 고대문화는 더 일층 획기적인 발전을 하게 되는 것이다[37].

한반도 문화에 미친 중국 문화의 영향에 대해 불교문화를 예로 하여 살펴보면 다음과 같다. 우선 고구려 고분벽화에서 보이는 중국 육조식의 목조 건축양식이 나타나게 되었는데, 이러한 건축물로는 목탑을 중심으로 하는 가람배치 형식이나, 인도에서 시작된 석굴사원이 중앙아시아를 거쳐 중국에 들어온 것을 우리 나라에서는 화강암으로 인해 석굴파기가 어려워 마애석불이나 석굴암과 같은 돌로 쌓는 석굴형식으로 나타낸 것 등

---

37) 黃有福, 陳景富 저, 權五哲 역, 『한·중불교문화 교류사』, 까치, 1995, 15-20쪽.

이 그것이다. 한편 삼국시대의 불상도 북위 불상의 영향을 받아 통일신라시대나 그 이후의 불상과는 전혀 다른 중국양식을 그 대로 답습하는 형식으로 나타났다[38].

6세기 들어서부터는 북조(北朝)의 후기 양식인 미륵반가상이 많이 나타나는데 우리 나라에서는 6세기말 경부터 나타나고 있다. 이후 수·당시대로 들어가면 중국과 삼국과의 문화교류는 더욱 극성하여 전 분야에 걸쳐 고른 문화적 교류가 이루어졌는데, 예를 들면 금속공예품의 중국 문양이 우리 나라의 모든 곳에 응용되어 제작되었던데서도 이를 알 수 있다.

이처럼 고대 우리 문화의 모든 분야에 미친 중국문화의 영향은 우리가 생각했던 이상으로 엄청난 영향을 주었으며, 특히 이러한 영향은 청동기시대까지 북방계의 비중국적 전통색채를 띠고 있던 우리 문화를 서서히 바꾸어 놓아, 기원전후의 과도시기부터는 중국적 형식으로 급속히 변하도록 하여 이를 바탕으로 한 우리의 고대문화가 잉태되었던 것이다.

삼국시대의 문화가 중국 문화에 의존했던 것처럼, 고분(古墳)시대(300~552)와 아스카(飛鳥: 552~645)시대의 일본인들은 삼국을 통해 중국문화를 받아들였다. 일반적으로 중국의 문화를 받아들인 경로는 중국으로부터 직접 받아들인 경우보다는 거의가 한반도를 경유하여 받아들였음을 일본학자들은 비공식적으로 인정하면서도 공식적인 경우에는 이를 부인하는 이중성을

---

38) 황수영, 『한국의 불교미술』, 현대불교신서, 동국대부설 역경원, 1978.

견지하고 있는 것이 요즘의 일반적 현상이다[39]. 더구나 이러한 왜곡된 이론을 바탕으로 교육을 하고 있기 때문에 일본이 쉽게 주변나라와 교감을 갖지 못하고 지탄을 받고 있다는 사실을 일본은 인지해야 할 것이다.

한반도에서 일본으로의 문화이전은 신석기시대부터 시작됐으나 본격적인 이전은 청동기시대 후기부터였다. 즉 한반도에서 건너간 청동기·철기인들은 일본의 긴 신석기시대를 끝나게 하고 금속문화인 야요이(彌生)문화를 일으키는 주인공이 됐으며, 이들처럼 한반도로부터 일본으로의 이주자는 고분시대까지 계속됐다는 것이 현재 사학계의 정설이다.

이처럼 고분시대에 일본으로 건너간 한반도인들은 야요이문화를 무너뜨리고 신라의 토기를 보급시키거나 한국식의 관(冠)·귀고리·무기 등을 중부 일본에서 유행시켰고, 규슈지역에서 나타난 벽화고분도 고구려에서 백제와 가야를 통해 일본에 전해진 묘제형식이었다.

이와 같은 고급 문화를 소유한 주인공들이 일본에 건너가 사회적 주도권을 잡게되는 것은 당연한 일이며, 특히 말이나 갑옷, 혹은 발달된 무기를 함께 지니고 있었으므로, 당시 일본사회에서 실질권력자가 되는 것은 용이한 일이어서 천황가의 선조가 됐다거나, 야마토 정권의 실세가 되어 후에 나타나는 한반도 내에서의 삼국대립 상황에 대해 외연적인 힘을 작용케 했다

---

39) 변태섭, 『한국사통론』, 삼영사, 1988, 121-122쪽.

는 설은 대체적으로 설득력 있게 주장되고 있다.

6세기에 이르면 백제는 고구려에 대한 대비책으로 일본과의 관계를 더욱 중시했고, 그에 따라 백제문화가 대량으로 일본에 전해졌으며, 일부의 일본문화도 역수입되는 경향도 나타났다.

552년에 백제 성왕은 불경과 금동석가여래상을 일본에 보내 일본불교의 터전을 이루게 했고, 왕인 등 박사를 보내 한자를 전해주거나 새로운 지식을 보급시켜 일본이 고대 중앙집권 국가로서 체계를 갖추는데 커다란 역할을 하였다. 588년에는 일본에 사원을 세우기 위해 백제에서 승려와 여러 건축기술자를 보내기도 했다. 이러한 백제의 영향은 일본 문화의 전반에 걸쳐 그대로 나타나는데, 일본 초기의 불상들이 대부분이 백제계통이라는 사실은 그 좋은 예이다[40]. 7세기 이후부터는 일본문화의 특성이 서서히 대두되다가 10세기경부터는 본격적인 일본문화의 특성이 나타나지만, 그러한 가운데서도 한국적인 특징이 여전히 남아 있었던 사실은 그만큼 한반도로부터 이전된 문화적 영향이 대단히 컸었음을 알려준다.

이상에서 살펴본 바와 같이 동아시아 문화는 그 주류인 중국문화가 각 주변지역에 전래되게 되었고, 이를 받아들인 각 지역에서는 이 문화를 바탕으로 자신의 독자적 문화를 이루어 나갔던 것이므로, 그 저변에 깔려 있는 문화적 공통성의 특징을

---

40) 李弘稙, 「일본에 전수된 백제문화」, 『한국사상』 9, 한국사상연구회, 1968, 참조.

인식해서 앞으로는 더욱 동아시아 각국의 문화교류가 활성화되어 공동적인 발전을 추구하는 방향으로 지향돼 나가야 할 것이다.

4. 중화세계대제국과 삼국의 국제관계(7-8세기)

1) 수(隋)의 대야망과 삼국의 대응

중국 역사에서 대분열시대였던 남북조시대는 북조에서 수나라가 흥기하여 남조 최후의 나라인 진(陳)을 병합시키면서 그 대단원의 막을 내리게 된다. 그리하여 중국은 재차 통일의 시대를 맞이하게 됐으나, 수왕조가 단명하는 바람에 그 역사적 의의가 사실 도외시되고 있다. 그러나 그 뒤를 이어 나타난 당나라가 세계적인 대국가로써 역사상에서 크게 취급되는 것을 보면, 이전 왕조인 수나라가 이룩한 수많은 업적이 바탕이 되지 않고서는 불가능했다는 사실을 증명해주는 것이 아닌가 한다.

즉 수나라는 대운하를 만들어 오래도록 분단되어 왔던 남과 북을 연결시켜 놓음으로써 중국 전역을 고르게 발달시킬 수 있는 계기를 만들어 주었고, 진한이래 인정해오던 지방의 유력자에 의한 자치체제를 변화시켜, 관료제도를 정비하고 과거를

처음으로 실시하여 중앙집권체제를 강화했다. 그래서 이전시대
부터 시행되어 온 율령제는 이러한 집권적 관료제를 운영하기
위해 수왕조에 의해 개정되었고, 이것이 당나라에 계승되면서
주변국가에도 영향을 미치게 되어 당에 문화적으로 정치적으로
예속되게 만들었던 것이다[41].

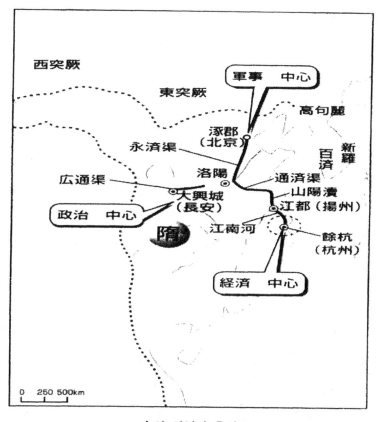

수의 영역과 운하

---

41) 宮崎市定『大唐帝國』, 河出書房新社, 1987, 297-319쪽.

한편 진한제국시대에는 북방의 흉노정도가 중국에 대항을 했었지만, 남북조시대를 거치는 동안에는 많은 민족들이 흥기하여 그 일부는 중국 내로 들어와 나라를 건설하기도 하였다. 이처럼 각각 다른 여러 민족으로 구성된 주변 제국가들이 있었는데, 수당의 건국자들은 이들을 중국 중심으로 통합시켜 동아시아 전체를 이끄는 대제국을 형성했던 것이다.

이처럼 수나라의 역사적 업적은 정치·경제면에서 두드러져 얼마든지 대제국화 될 수 있는 밑바탕을 조성하기는 했으나, 이를 체계화시키지 못하고 단지 확대시키는데 그쳤기에 수나라의 운명은 곧 단축되고 말았던 것이다. 그러나 그 뒤를 이은 당나라는 그 지배방식을 체계화시킴으로서 거대한 제국을 장기간 영위할 수 있었기에, 이를 뒷받침 할 수 있도록 그 기초작업을 해놓았던 수나라에 대한 평가는 새로운 차원에서 재시도 돼야 할 것이다. 특히 수나라의 멸망이 한반도에서의 삼국대립정세와 밀접하게 관계되는 사건이었기에, 수나라에 대한 평가는 한중관계사적 각도에서 새롭게 평가돼야 할 것이다[42].

수나라가 일어나 중국을 재통일하는 동안 수나라와 직접 연계되어 있던 고구려는 한반도에서 백제·신라와 대립하고 있었다. 따라서 삼국 각국에서는 중국을 통일한 수나라가 등장하자마자 한반도 정세에 큰 영향을 줄 것으로 보고 그 첫해(581년)에 입조해서 책봉을 받는 등 친근함을 표시했다. 그러나 이

---

42) 앞의 책.

들이 받은 책봉의 관위(官位)는 동일하지 않았는데, 백제왕 창(昌=威德王)에게는 중국 관위의 종 3품에 해당하는 상개부의동삼사·대방군공·백제왕(上開府儀同三司·帶方郡公·百濟王)에 봉해졌고, 고구려왕 탕(湯=平原王)에게는 정 3품에 해당하는 대장군·요동군공·고구려왕(大將軍·遼東君公·高句麗王)에 봉해졌다. 이는 수나라가 삼국 중 가장 강대국인 고구려를 더 중시하였음을 알게 해준다[43].

그러나 고구려와 백제는 수나라를 의식하지 않고 이전부터 관계를 맺고 있던 진(陳)나라에도 조공을 계속하고 있었다. 특히 고구려는 남북조시대부터 남북조 모두와 외교관계를 맺고 있었기에, 수나라에게는 건국 첫 해에 입조하고는 곧 수나라와의 관계를 청산하고 진나라와의 관계에 매진하였다[44].

백제도 첫 해와 그 다음 해에 걸쳐 2번 입조하지만, 곧 진에 조공을 바쳐 그 관계를 지속하려 했다. 이는 수나라를 그다지 중시하지 않았다는 말이기도 한데 그 원인에 대해서는 정확히 밝혀지지 않고 있다. 그러나 진나라가 수나라에게 멸망하자 이들 두 나라는 위협을 느끼지 않을 수 없었다.

따라서 그 해에 백제는 수나라의 전함(戰艦)이 제주도에 표착하자 이를 곧 정중하게 송환해주고, 진을 평정한 축하의 메세

---

43) 西嶋定生 著, 李成市 編 『古代東アジア世界と日本』, 岩波書店, 2000, 53-67쪽.
44) 앞의 책, 참조.

지를 보냈다. 이에 수문제는 백제왕의 마음을 이해한다고 하며 매년 조공을 하지 않아도 된다고 했고, 수에서 사신을 파견해 주겠다는 약속을 하기도 하였다.

그러나 고구려는 백제와는 반대로 수가 진나라를 평정하자 이를 크게 두려워하여 병사를 단련시키고 군량을 축적하는 등 수비를 강화하여 수에 대항하려 하였다. 그러자 수의 문제는 고구려가 계속해서 번신(蕃臣)으로서의 예를 지키지 않고 적대적 행동을 보이면, 왕위를 폐하고 수나라에서 관리를 직접 파견해서 다스리겠다고 위협하였다[45]. 이러한 분위기를 알게 된 고구려 탕왕은 진사(陳謝)하려고 했으나 곧 서거하고 말았다. 그 후 탕왕의 아들 원(元=영양왕)이 계승하여 왕위에 오르자, 수나라는 백제와 동급인 종3품 상개부의동삼사(上開府儀同三司)라는 작위를 주어 책봉하였다. 이처럼 수나라가 영양왕에게 준 직위를 백제정도로 낮춰서 준 것은, 고구려 탕왕이 취했던 행동에 대해 불만이 강했음을 대변하는 것이라고 볼 수 있다. 이처럼 화해국면으로 갈 수 있던 상황이 탕왕의 죽음으로 인해 양국간의 위기감은 다시 이전상태로 돌아가게 되었다.

이러한 사실에서 알 수 있는 것은 수나라의 한반도 정책이 삼국 각국에 따라 달랐다는 사실이다. 수나라는 고구려가 영토적으로 접해있는 데다가 약간의 분쟁도 일어나고 있었고, 더구나 고구려 주변에 말갈(靺鞨)·거란(契丹) 등과 사이에는 돌궐

45) 末松保和, 『任那興亡史』, 1949, 245-261쪽.

(突厥)이 있어 이들이 서로 제휴하지나 않을까 경계했던 데 대해, 백제는 고립되어 있었기 때문에 수나라는 초기단계에서 백제를 중시하지 않았던 것이다. 신라는 594년에야 수나라에 조공하여 신라왕은 상개부·낙랑군공·신라왕(上開府·洛浪郡公·新羅王)으로 책봉되었고46), 이후에도 계속해서 조공을 하지만, 이러한 사실이 『삼국사기』에만 기록되어 있고 중국측 기록에는 없는 것으로 보아 신라도 그다지 중시하지 않았음을 알 수 있다.

그러나 고구려·돌궐·중국왕조 사이에서 동요하고 있던 말갈과 거란에 고구려가 압박을 가하자 수나라는 이를 계속해서 비난해왔는데, 결국 598년에 고구려가 말갈의 군대를 거느리고 요서지방에 쳐들어오자 전쟁이 시작되었던 것이다47). 당시 고구려와 돌궐이 접촉하고 있었고, 수나라에 대한 주변민족의 군사동맹이 체결됐다고 하는 점은, 사료상의 증거가 없는 점으로 보아 단정하기 어렵고, 다만 수왕조와 고구려와의 대립은 쌍방간의 힘의 조절을 위한 조정과정에서 폭발하여 전쟁이 일어났다고 보는 것이 타당할 것으로 본다48).

고구려의 이러한 행동에 화가 난 수나라 문제는 586년 2월

---

46) 『隋書』, 「新羅傳」
47) 『隋書』 「高麗傳」
48) 고구려의 요서 침입에 대한 원인은 명확하지 않으나, 고구려에 복종하고 있던 거란부족이 586년 고구려를 배반하고 수에 귀속해 가자 고구려가 이를 탈환하려고 한 데서 비롯된 것이 아닌가 생각된다. 『隋書』, 「高麗傳」

에 한왕량(漢王諒)을 원수로 삼아 수륙군 30만을 데리고 고구려를 토벌하라는 전쟁을 일으켰다. 그러는 한편 6월에는 고구려왕의 관직을 박탈했다[49]. 그러나 이 원정군은 병참이 제대로 준비가 되지 않은데다가 질병이 돌아 십중팔구가 죽거나 병들어 랴오허(遼河)지역에 이르러 회군할 수밖에 없어 제1차 원정은 싱겁게 끝나고 말았다. 또 위기를 모면한 고구려는 철저 항전보다는 사신을 보내 사죄의 예를 취하는 게 앞으로의 안정에 유리하다고 보고 회군하는 수문제의 체면을 세워주기 위해 진사단(陳謝團)을 파견하였다[50].

한편 이러한 과정에서 백제는 막강한 상대국인 고구려의 예봉을 꺾기 위해 수나라의 고구려 침공기회를 놓치지 않고 사신을 수나라에 보내 수군의 길 안내를 자청하지만 수는 이를 거절하였다[51]. 이에 대한 앙갚음으로 고구려는 수나라가 회군하자마자 백제국경을 침범하였다. 이는 결과적으로 중국에서의 통일왕조의 출현이 한반도 내에서의 대결상황을 더욱 치열하게 해주었음을 알 수 있다.

수문제의 뒤를 이은 양제(煬帝)는 중화세계의 실현을 위해

---

49) 『隋書』 「高祖紀」
50) 이 사죄의 상표문에는 "遼東糞土의 臣元……" 등이 쓰여져 있었다. 그러나 고구려는 비록 진사단을 파견하는 등 전쟁의 마무리를 조용히 처리하려 했지만, 신하로써 당연히 올려야 하는 조공은 계속해서 바치지를 않아 수나라와의 관계는 여전히 앙금이 남게되었던 것이다. 『隋書』 「高麗傳」
51) 『隋書』 「百濟傳」

활발한 외교관계를 전개해 나갔다. 그런 외교관계의 일환으로 607년에 양제가 북방의 변경을 순시하다가 돌궐의 진지에서 묵게 되었는데, 그곳에서 그곳에 와 있던 고구려 사신을 보게 되는 사건이 일어났다. 양제는 돌궐에 대해서 우호적 관계를 갖고 있었기에 돌궐이 주변국을 종속시키는 것은 인정해 주었지만, 눈에 가시같은 고구려와 연락을 취하고 있다는 사실에는 커다란 충격을 받지 않을 수 없었던 것이다. 이러한 전후사정을 잘 알고 있던 수의 신하 배구(裵矩)가 충격을 받고 있던 양제에게 책(冊)을 올렸다[52].

이 **책**의 내용은 고구려 땅이 원래 중국의 영역인데다 고구려는 중국에 대항하는 신하답지 않은 나라이므로 돌궐처럼 위협을 가해 중국에 복종케하고 중국화하도록 해야 한다는 것이었다. 한마디로 중화의식에 바탕을 둔 대의명분론을 들어 양제를 부추겼던 것이다.

양제는 이러한 부추김에 판단력을 잃고 고구려에 신속히 내조하여 조공하라고 위협하게 되었다. 그러나 고구려는 이를 듣지 않고 오히려 말갈로 하여금 수나라의 영토를 공격하게 하니, 이것이 바로 제2차 수의 침공을 받게되는 원인이 되었던 것이다.

전쟁이 일어난 그 해에 백제는 두 번째로 사신을 수나라에 파견하는데, 이는 수양제가 돌궐에서 체제할 때 고구려 사자를

---

52) 『隋書』 「裵矩傳」

보았다는 사실을 알고 수나라를 부추겨 자신의 적대국인 고구려를 토벌케 하려는 청원을 제시하기 위함이었다. 수나라도 제1차 백제사신이 왔을 때 그들의 청원을 거절했던 것과는 달리 고구려를 공격해야겠다고 마음먹은 데다가, 백제가 고구려의 움직임에 대해 잘 알고 있을 것으로 생각하여 백제의 청을 받아들였다. 그리하여 611년 백제가 수나라에 고구려 침공시기를 묻자 사신을 파견하여 모의하기에 이르렀던 것이다. 이것은 백제 사자가 611년 2월 4일에 수나라에 도착하고, 고구려 침공을 명하는 수양제의 조서가 2월 26일에 내려진 사실에서도 확인될 수 있다[53]. 이를 보면 백제와 수가 고구려 침공을 위해 아주 밀접한 관계에 있었음을 알 수 있다.

한편 신라도 이 때 사자를 파견하여 출병할 것을 청하지만[54], 수나라가 2년이 지난 뒤에야 사자를 파견한 것을 보면, 수나라는 고구려 침공 당시 신라의 가세를 원치 않았던 듯하다.

결국 이러한 원인으로 3차례에 걸쳐 기도했던 수양제의 대고구려 침공은 고구려의 반격과 수나라 내의 반란[55], 그리고 민중의 대규모 저항 등에 의해 실패하고 말아 수나라의 조속한 멸망을 초래했던 것이다. 종합해서 볼 때 국내상황이 좋지 않음에도 불구하고 무모하게 고구려를 침공했던 것은, 이민족의 복

---

53) 『隋書』 「百濟傳」
54) 『삼국사기』 「진평왕 33년」
55) 수양제는 이 내란 중에 江都에서 살해되었다.

속이 황제의 권위에 아주 중요한 영향을 주는 중대문제였기에, 중국 황제의 권위에 대항한 고구려를 벌주려는 객관적 판단이 결여된 현실무시의 무모한 전쟁이었다고 할 수 있다.

2) 세계대제국 당(唐)에 대한 삼국의 대응

수나라가 멸망하고 당나라가 건국하자마자 한반도의 삼국은 앞다투어 사절을 보내 외교관계를 수립하고자 했다[56]. 당의 고조(高祖)는 수나라가 고구려와의 싸움에서 실패한 것을 교훈삼아 한반도의 삼국과 우호관계를 맺기를 원했다. 그리하여 포로를 교환하는 등 종전에 대한 처리를 결행하기에 이르렀다.

당시 당 고조의 대한반도관은 명분과 현실이 일치해야 한다는 인식을 갖고 있었다. 즉 그는 고구려가 수나라의 신하되기를 인정했으면서도 결국 수나라의 명을 어긴 사실에 많은 충격을 받았던 것이다[57]. 그리하여 그는 자국의 영토를 확실하게 지키고 백성의 생활을 안정시킨 다음, 그 국력으로써 주변국이 스스로 신하로써 칭해오도록 하겠다는 의지를 보였던 것이다. 이러한 현실적인 황제의 태도는 일반적인 중국 황제들과 비교할 때 아주 희귀한 일이었다. 따라서 이에 대해 반대론을 펴는 신

---

56) 『旧唐書』 「고려, 백제, 신라 各傳」
57) 당 고조는 이러한 충격에 의해 초기에는 고구려를 조공국에서 제외하기로 마음 먹을 정도였다.

하들도 꽤 있었는데, 이들의 주장은 예의 중화사상에 입각한 명분론이었다. 즉 요동땅은 고대로부터 자국 봉토 내에 있기 때문에 이들 지역에 있는 자들은 모두가 신하로서의 도리를 해야 마땅하다는 주장이었다. 다시 말해 고구려 땅은 원래 중국 땅이므로 고구려를 인정하여 그대로 둔다는 것은 중국과 이적과의 전통적 관계에 어긋나는 것이므로 중국의 위신에 커다란 손상이 간다는 것이었다. 결국 이러한 명분론은 수나라에서와 같이 당고조의 의지도 무너뜨리고 말아 현실적인 이익을 앞세우는 움직임을 시작하는 계기를 가져오게 하였다[58].

한편 한반도 내에서의 삼국의 대립도 그 열기가 점점 더 고조되어 당나라로 하여금 이에 간섭하지 않으면 안될 지경에까지 이르게 되었다. 그러나 아직은 이러한 한반도 내의 상황에 뚜렷한 입장을 세우지 못하고 있던 당은 삼국 모두가 일시에 외교적 관계수립을 원하자 하는 수 없이 삼국 모두를 책봉하기에 이르렀다[59]. 그러나 삼국이 입당하여 조공을 할 때는 서로간의 대립관계를 자기 쪽으로 유리하게 전개시키기 위해 당나라와 더욱 밀착된 관계를 유지하려는 계산에서 시작된 것이기 때문에, 당나라는 언젠가 어느 한 쪽에 손을 들어주지 않으면 안되었다.

---

58) 앞의 책 55), 68-69쪽.
59) 604년 당왕조는 책봉사를 삼국에 각각 파견하여 삼국 모두를 책봉했다.
　　『旧唐書』「高祖本紀」

642년 고구려에서는 서부대인연개소문(西部大人泉蓋蘇文)이 쿠테타를 일으켜 독재권력을 장악하고 신라에 대해 강경한 태도를 취하기 시작했다. 백제도 이러한 기회를 틈타 신라를 공격하기 시작하자 신라는 하는 수 없이 당나라에 매달릴 수밖에 없게 되었다. 이러한 상황에서 원래부터 고구려에 대해 경계심을 늦추지 않고 있던 당나라는 고구려의 세력이 더 이상 커지는 것을 원하지 않았기 때문에 신라의 요청을 들어주었다.

그리하여 당태종은 643년에 사농승상리현장(司農承相里玄奬)을 고구려에 파견해서 중단해 줄 것을 권고했다. 그러나 연개소문은 수나라가 고구려를 침입했을 때를 이용하여 신라가 고구려땅 5백리를 빼앗아갔다는 이유로 이를 거절했다. 이에 태종은 고구려 정벌을 결심하고 육지와 바다 두 길을 통해 병력 10만을 거느리고 고구려에 진공의 태세를 완료했다[60]. 이후 전쟁은 단기간 형식으로 계속적으로 이어져 당고종(唐高宗) 때까지 이어졌으나 당나라 측에서 볼 때 그 효과는 거의 거두지 못했다[61]. 그러자 이러한 침체상태는 신라의 협조가 부족해서라고 불만을 가지게 되었고, 나아가 신라에 대해 압력을 가하자 이를

---

60) 『旧唐書』「태조본기」
61) 당이 고구려를 침공하는 이유는 연개소문이 자신의 군주를 살해하고 최고의 자리에 올랐다고 하는 데에 대한 문책성 성격에 있었다. 이는 바로 중국이 책봉체제를 유지하는 데 있어서 필요한 藩國들의 질서 유지를 자신들의 책무로하여 중화질서를 바로잡으려 했던 중국인들의 사고를 엿보게 하는 것으로, 책봉체제가 갖는 국내적 의의를 표명하는 중요한 설명이다.

두려워한 신라내부에서는 분란이 일어나 내란이 일어나기도 했지만, 654년 태종무열왕 김춘추가 왕위에 올라 군권을 강화하고, 한편으로는 당의 복식을 착용하고 당의 연호를 사용하는 등 대당 친근태도를 취하는 정책을 유지하면서 이러한 어려움을 극복해 나갔다. 이러한 상황의 전개는 곧 당·신라 대 고구려·백제·왜로 연결되는 두 진영으로 나뉘어 대립하는 형세로 치닫게 되었다.

당고종은 660년에 신라의 요구를 받아들여 먼저 백제로 출병하였다. 당군은 백제왕을 포로로 잡은 다음 그 지역에 5개의 도독부와 37개주, 250현을 두었다[62]. 이러한 것은 중국의 대외 통치정책인 기미주체제(羈縻州體制)를 실현하려는 시도였으나 실효를 거두지는 못하였다. 그것은 일본의 지원을 받은 백제가 왕자인 풍(豊)을 중심으로 백제 유민의 봉기가 계속 일어난 데다가, 당이 고구려 정복을 위해 군대를 북방에 보낸 틈을 타 신라가 백제지역을 병합했기 때문이었다[63]. 그러나 고구려를 668년에 정복한 당은 고구려지역에 9도독부, 42주, 100개의 현을 두어 기미주를 통해 또 다시 고구려를 통치하려고 하였다[64]. 그러나 고구려에서도 신라의 지원을 받은 유민들의 저항이 그치지 않았다.

---

62) 『新唐書』 「백제전」
63) 앞의 책 55), 78-80쪽.
64) 池內宏, 「高句麗討伐の役に於ける唐軍の行動」 『滿鮮史硏究』, (上世第2冊), 377-386쪽.

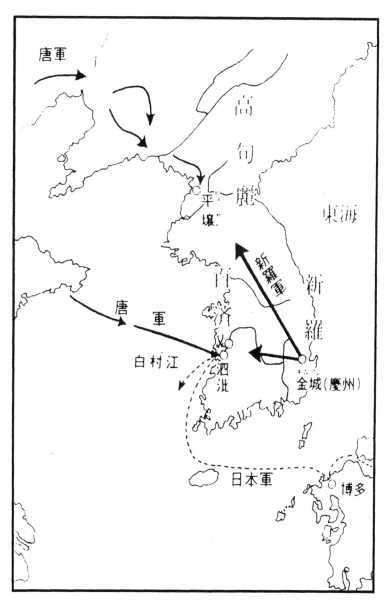

백제, 고구려 멸망

당은 이들을 제압한 후 신라를 문책하기 위해 군사를 일으키지만 의도대로 되지 않아 효과를 거두지 못하였다. 이는 전통적으로 중국이 한반도를 침략해 올 때 맞게되는 병참상의 전략 전술상의 문제를 해결하지 못한데서 온 결과였다. 신라는 이를 알고 그 다음 해에 당에 사죄하는 형식을 취해 군대를 돌리게 했고, 당은 676년에 안동도호부를 평양으로부터 철수시켜 요동으로 옮겼는데, 이는 당이 신라의 한반도 지배를 사실상 인정하는 것이 됐고, 한반도에 대한 포기를 선언한 것이었다[65].

이렇게 된 데에는 7세기 말 이후 거란의 반란과 이를 계기로 일어나는 발해의 건국에 의해 한반도 지배 의욕이 좌절된 것이고, 나아가 국력을 회복한 돌궐이 대항해오자 하는 수 없이 신라와 우호관계를 회복해야 했던 당시의 북방정세와도 깊은 관계가 있었다. 물론 이러한 주변정세 외에 각 지역 유민의 반란과 이를 이용한 신라왕권의 신장도

전성기의 발해

중요한 요인이었음을 간과해서는 안될 것이다.

---

65) 앞의 책, 55) 96-97쪽.

3) 삼국의 국제교류의 확대

한반도는 고대 동아시아교류의 루트인 실크로드의 동단에 있어 외형적으로는 그 연계가 가시화되지 않아 실크로드와는 그다지 관계가 없거나 그 영향이 그다지 크지 않았다고 간주되어 왔다. 그러나 고대 향가나 경주 지역의 여러 유물들을 통해서 서역인들이 한반도에까지 왔었다는 주장들을 생각하면 전연 관계가 없었다고는 할 수 없는 일이다. 이러한 역사적 사실을 인정케 해주는 것이 바로 육로와 해로로써 한반도까지 연결되어졌던 실크로드였다66).

먼저 육로의 경우를 살펴보면 다음과 같다. 육로의 실크로드는 대체로 2가지 루트가 있었는데, 바로 스텝로와 오나시스로였다. 스텝로는 한대(漢代) 이전까지는 동서교류의 주요 통로였다. 스텝은 그 어원자체의 뜻이 동서로 횡단한다는 의미인데, 그 지역은 대체로 유럽과 러시아의 동남부, 시베리아 서남부 등지에 펼쳐져 있는 초원지대였다. 이 길은 기원전 7세기경에 스키타이인들이 흑해에서 우랄산맥을 넘어 알타이지방으로 교역하는 가운데 알려지기 시작했다.

이 스텝로 주변에는 고대부터 유목민족의 문화를 비롯한 여러 갈래의 문화가 발생했고, 이 문화는 이 길을 통해 동서로

---

66) Enoki, K. & Matsuda, H. etc, Reserch in Japan in History of Eastern and Western Cultural Contacts, 1957, Tokyo.

전파되었다. 그 대표적인 것으로써 기원전 4천년에서 3천년 사이에 서아시아에서 채도문화가 중국을 위시한 동아시아에 전파됐고, 기원전 8세기 경 남러시아에서 발생한 스키타이문화가 몽고를 지나 중국 화북지방에 전해졌으며, B.C 4~3세기에는 몽고고원에서 스키타이문화를 바탕으로 성장된 흉노 기마유목민족문화가 화북을 거쳐 중국 동북지방을 지나 고조선과 한반도에까지 그 자취를 남길 수 있었던 것이다. 특히 한반도에 전해진 청동기, 철기 및 기마민족의 문화유물들은 바로 이 루트를 통해 들어온 것이라고 알려지고 있다[67].

오아시스로는 한반도와 서역을 연결해 주는 가장 근간이 되는 루트로, 불교문화가 바로 이 루트에 의해 전래되었으며, 서역문물의 대부분 또한 이 길에 의해 전해졌다. 오아시스로란 중앙아시아 사막에 드문드문 있는 오아시스를 이용하여 동서로 연결된 길을 말한다. 이 길은 고대부터 지금까지 거의 변함없이 이용되고 있을 만큼 큰 기복 없이 동서문화를 연결해 주는 가장 중요한 간선으로서 여전히 기능하고 있다. 이 루트는 다시 북로와 남로로 나뉘어지는데, 북로는 중국의 장안에서 파미르고원을 넘어 중앙아시아를 지나 콘스탄티노플에서 로마에까지 연결됐던 길이고, 남로는 중국 장안에서 돈황을 지나 인더스강 상류를 따라가다가 서행하여 파키스탄북부 및 이란고원 남단을

---

[67] 무함마드 깐수, 『신라·서역교류사』, 단국대학교출판부, 1992, 453-455쪽.

지나 이집트에까지 이르는 길이었다[68].

　이상에서 볼 수 있듯이 실크로드가 갖는 의미를 중국과 로마사이에서 이루어졌던 교역로로서만 한정짓는 경향이 뚜렷하지만, 실은 중국을 지나 한반도로 한반도에서 다시 일본으로까지 연결되는 육·해로가 있어 이 실크로드는 중국에서 끝나는 것이 아니라 한반도·일본에까지 연장되어 있었던 것이다[69]. 이는 삼국시대에 이미 서역문물이 한반도에 들어와 있었으며, 특히 중국과 한반도와의 끊임없는 교역은 이미 역사적 사실로써 긍정화되고 있는 것을 감안하면 실크로드가 한반도에까지 연결되어 있었음을 증거하고도 남음이 있다고 볼 수 있다.

　통일신라시대까지 중국과 한반도의 교통로는 육로와 해로 두개의 길이 있었다. 이들 루트는 시대의 변화에 따라 그 노정과 용도에도 다소의 변화가 있었지만, 줄곧 이용되어 왔음을 알 수 있다. 해로에 의해서는 중국의 동남해 연안으로 이어져 인도양을 거쳐 로마로까지 가는 남해로와 연결되었으며, 육로로는 장안에 연결되어 오아시스로와 연계되었던 것이다[70].

　이를 증명해 주는 대표적인 유물로서 명도전(明刀錢)이 있다. 이 명도전은 현재의 하북성에 근거하고 있던 연(燕)나라의 화폐인데, 화폐이기 때문에 당연히 교역수단으로 사용되었던 것

---

68) 앞의 책, 455-472쪽.
69) 深田久彌, 長澤和俊, 『シルクロ-ド - 過去と現在 - 』, 白永社, 1968, 41-43쪽.
70) 앞의 책, 79) 472-473쪽.

이고, 이에 따라 화폐의 출토지를 확인하면 바로 중국과 한반도의 교통로를 알 수 있는 것이다. 명도전이 출토된 지역을 따라 한중간의 육로를 연결해 보면, 연나라 수도에서 하북성의 승덕(承德)을 지나 요동반도 연안지역을 경유하여 압록강 중류에 있는 통구(通溝)에서 강계(江界)와 청천강상류의 영변, 그리고 다시 대동강 상류인 영원(寧遠)을 지나 평양에 이르는 노정이었다[71]. 이들 노정은 삼국시대에는 고구려가 장악하여 고구려만이 이용했고, 백제나 신라는 해로에만 의존해야 했다.

통일신라 시대의 한반도 상황

그러나 통일신라시대에 이르면 이 루트는 경주에서 추풍령을 넘어 한주(현 서울)를 지나 평양으로 이어져, 당과의 조공무역·숙위(宿衛)·유학 등 각 방면에서의 교류가 활발히 진행되어, 당시 세계적인 당나라 문화가 곧바로 전해짐으로써 실크로드의 풍성한 서역문화가 그대로 신라에까지 연결될 수 있었던 것이다[72].

한편 지금까지 실크로드 하면 대개 육로만을 생각했으나, 중세

---

71) 尹乃鉉, 『韓國古代史新論』, 일지사, 1986, 76-77쪽.
72) 앞의 책, 79) 481쪽.

에 이르면 조선술과 항해술이 발달하여 해로에 의한 동서문화 교류가 활발하게 진행되었음을 주지해야 할 것이다. 더구나 아랍상인들의 해상활동이 시작되는 중세에 들어서면 이 해로의 중요성은 더욱 부각되었고, 이를 통해 한반도에까지 해상루트가 연결되어졌던 것이다.

이 해로가 지나가는 해양으로는 지중해·홍해·아라비아해·인도양·서태평양(남지나해)을 포함하는 광대한 해상루트였다. 이 해로의 구체적 노정을 10세기를 기준하여 살펴보면 다음과 같다. 양주(揚州) - 광주 - 월남 동안 - 자바 - 수마트라 - 말래카해협 - 실론 - 인도 서안 - 페르시아만 - 바그다드 - 콘스탄티노플 - 로마에 이르는 길이었다[73]. 이러한 노정을 통해 보면 이 길 또한 육로와 마찬가지로 로마와 중국을 이어주는 해상실크로드였음을 알 수 있다.

대략 이 길을 통해 서방으로 수출된 물품이 주로 실크·칠기·도자기·향료·차등이었기에 '도자기로' 혹은 '향료로'라고도 불리어졌다[74]. 그러나 이 길의 노정이 중국에서 끝났던 것이 아니라, 한반도와 일본에까지 연결되었음을 알 수 있다.

통일신라시기까지 중국과 한반도와의 해로에는 두 가지 루트가 있었는데, 북방해로와 남방해로였다. 북방해로는 한반도의 서해안에서 요동반도 연안을 따라 발해를 지나 북중국 해안에

---

73) 앞의 책, 79) 507쪽.
74) 앞의 책.

이르거나, 또는 한반도 서해안에서 황해를 횡단하여 산동반도 연안에 이르는 길이고, 남해로는 한반도의 서남해안에서 남중국 해안으로 이어지는 길로 이 길 역시 연해로와 횡단로 두 길로 나눌 수 있었다. 연해로는 남중국 연해에서 북상해 산동반도를 지나 요동반도나 한반도 북부 일대와 연결되는 길이고, 횡단로 는 남중국 해안으로부터 동중국해나 황해를 횡단해 한반도 서 남해안으로 이어지는 길이었다.

이러한 해로는 8~9세기부터 서역인들이 한반도에 내왕하 는 통로가 되었고, 서역문물이 한반도로 유입되었으며, 한중간 의 교류도 이에 의해 활발히 진행되었다. 이러한 상황을 통해 해상의 실크로드가 중국 광주에서 끝난 것이 아니라 한반도와 일본에까지 연결되어져 있었다는 것을 알 수 있는 것이다.

제3장
동아시아세계의 변화와 신질서 확립(9-16세기)

제3장
동아시아세계의 변화와 신질서 확립(9-16세기)

1. 동아시아세계의 변모와 한반도의 대응

  1) 고대 동아시아세계 질서의 변화

    후한부터 시작된 고대 동아시아세계의 질서는 세계 최대의 국가로 성장했었던 당나라에 와서 가장 꽃을 피우게 된다. 후한 이후 중국은 내부적으로 많은 시련과 도전으로 인해 여러 나라로 분리되어 상쟁하기도 했지만, 그러는 가운데 당이라고 하는 거대한 군사제국이 나타나게 되었던 것이다. 당나라는 자신들의 영토확립과 통치범위를 확고히 하기 위해 고구려를 엄청난 군사를 동원해 많은 국력을 소비하면서도 결국 한반도를 점령하게 되는데[1], 이러한 것은 국력이 뒷받침되지 않으면 불가능한 것으로 그들의 국력이 얼마나 엄청났었던가를 간접적으로 보여준다고 하겠다.

이처럼 당나라는 중국 역대왕조 중에서 가장 문화가 발달했고, 정치적으로 안정됐으며, 국제적인 대외관계도 유럽에까지 미쳐 명실공히 당시대 세계최고의 대국가였다. 이러한 국력을 바탕으로 막강한 군사력도 가지게 됨으로써 그 이전시대보다도 더 강력하게 주변 국가들을 통제할 수 있었는데, 그 통제책을 기미정책이라고 한다. 기미정책이란 주변의 이민족(夷民族)들을 말에 재갈을 물리는 것이나, 소에 고삐를 뚫듯이 이민족을 강력히 지배했다는 것을 비유하는 말로, 이 정책의 성격에 대해서는 아직 많은 논란이 있다.

그러나 모든 역사가 그렇듯이 당나라도 결국은 멸망의 길을 걷지 않을 수 없었다. 당나라의 멸망은 그 내부적 혼란에서 기인됐는데, 그 직접적인 원인은 당 중기 이후 계속됐던 군벌할거 때문이었다. 즉 각지의 대소군벌들이 멋대로 정권을 세우고 자신의 세력을 정립시키려는 과정에서 계속적으로 흥망을 거듭하는 전쟁이 일어남으로써 그 막강했던 당나라도 멸망의 길을 걷지 않으면 안되었다.

이러한 당의 멸망은 막강한 국력을 바탕으로 동아시아질서

---

1) 黃仁宇 저, 홍광훈·홍순도 역 『巨視中國史』 까치, 1997, 169~172쪽.

를 유지해 왔던 종래의 중화질서체제가 성격적으로 바뀌게 됐음을 의미하는 것이고, 이는 곧 고대 동아시아질서의 해체를 의미하는 것이기도 했다. 이를 바꾸어 말하면 이제는 동아시아 각국이 중국왕조의 규제에서 벗어나 어느 정도는 자유스럽게 독자적인 길을 갈 수 있게 됐다는 의미이기도 했다. 그리하여 주변 각국에서는 독자적인 민족문화가 출현하게 되었던 것이다.

이처럼 군사력에 의지하여 중화세계를 이끌던 당나라가 멸망했다는 것은 이제 물리적 힘에 의한 동아시아질서 유지가 종언을 고했음을 의미하는 것이다. 다시 말해서 강력한 중국왕조의 멸망으로 동아시아세계는 구심적 존재가 없어져 고대 동아시아세계 역시 멸망하고 말았음을 의미하는 것이기도 했다. 그리하여 그 동안 막강한 당나라의 위세 하에서 당과 책봉관계를 맺고 있던 주변 나라들은 크게 변화하기 시작하였다.

예를 들면 통일신라의 경우 매년 당에게 조공을 하면서 자신들의 체제를 유지해 올 수 있었지만, 당이 쇠퇴하자 당에 의지해 있던 세력들의 지위가 크게 변하는 바람에 국내에서 동요가 일기 시작하면서 결국 국가 분열 상황이 계속되더니 결국에는 고려라는 새로운 왕조의 건국으로 나타났다.

통일신라와 경쟁하면서 한반도 북쪽을 지배하던 발해(渤海)는 서쪽에 거란족을 통일한 야율아보기(耶律阿保機)에 의해 멸망하고 말았다. 이로써 거란국이 중국 동북지역에 대한 지배가 시작되는데, 5대10국 중 5대국의 하나인 후진국(後晉國)이 거란에 신속(臣屬)되는 현상까지 나타났다. 이는 이적(夷狄)의 수장이 군주(君主)가 되어 중국왕조의 황제가 신하가 되는 역전현상을 의미하는 큰 사건이었다. 이러한 관계는 이후 송나라가 성립되면서도 계속되는데, 거란과 송 두 나라 모두가 황제를 칭하게 되자 송황제가 형(兄), 거란 황제가 제(弟)로 칭해지는 기현상으로 전개되기도 했던 것이다. 이후 여진족의 금(金)이 나타나면 여진의 황제가 백(伯), 송황제가 질(姪)이 되고, 남송시대가 되면 금나라 황제가 송나라 황제를 책봉해서 송은 금에 대해 신하로 칭하게 되는 등 당 이전의 국제 질서는 크게 동요되어 중국왕조가 동아시아 국제질서체제의 중심이라고 하는 상황이 무너져 버리고 말았던 것이다[2].

또 일본에서는 율령제가 흔들리며 각지에서 난이 일어나는데, 그 대표적 난이 타이라노마사카도(平將門) 난으로, 이 난을 계기로 막부세계(幕府世界)로 이전되었던 것이다[3]. 그러나 여기서 말하는 고대 동아시아질서의 해체라는 것은 지금까지의 정치적 국제질서가 와해됐다는 말이지, 동아시아세계의 질서구조 자체가 해체됐다는 의미는 아니다. 즉 이 질서구조가 새로운 성격과 내용으로 변질되게 됐다는 것을 의미하는 것이다. 이는 다시 말해 새로운 중화질서의 탄생을 의미하는 것이었다.

---

2) 西嶋定生, 앞의 책 12), 186~189쪽.
3) 義江彰夫, 『日本通史 1卷 - 歷史の曙から傳統社會の成熟へ』山川出版社, 1990. 175~179쪽。

그렇다면 이러한 변화는 어떤 모습으로의 전환을 의미하는 것일까? 그것은 당대 이후 발전해 온 경제력을 바탕으로 중국과 주변 각국간에 이전과 같은 정치적 네트워크가 아닌 경제적 네트워크가 생겨나, 이를 토대로 중국이 주변국가들을 통제할 수 있게 됐다는 말이다. 다시 말해 이제는 군사력을 바탕으로 한 주변국가에 대한 통제가 아닌 교역을 통해 주변국을 경제적으로 통솔하게 됐다는 의미이다. 이러한 구체적 상황은 송대에 들어서면 더욱 확연히 나타나게 되는데, 이는 다음 장을 참고하길 바란다.

2) 동아시아세계의 구질서 해체에 따른 한반도의 변화

이처럼 동아시아의 국제질서 변화는 주변 각국에 큰 영향을 미쳐 일본에서는 천황 중심의 중앙집권 체제에서 무사들을 중심으로 한 막부체제로의 전환을 서두르게 했고, 중국의 북방지역에서는 각 민족이 일어나 난립하는 상황으로 전개되어 갔으며, 한반도에서는 당과의 외교협력관계에 의해 정권을 확립해 오던 신라왕조가 그 의존력이 약화됨에 따라 왕실내부의 혼란이 조성됐고, 이는 반사적으로 지방 호족세력을 등장시키게 됨으로써, 이제 후삼국이 정립하게 되는 상황으로까지 이르게 됐던 것이다.

891년 신라 북부에서는 농민봉기가 일어나, 지금의 강원도 일대를 차지하게 되었다. 이 반란의 지도자 속에는 바로 신라의 왕자 궁예(弓裔)가 있었는데, 궁예는 47대 헌안왕(憲安王)의 아들로 태어났으나 자신이 왕으로 오를 수 없음을 알고는 왕궁을 도망쳐 세달사(世達寺)의 승려가 된 인물이다. 그는 세달사에 있는 동안 각지에서 농민반란이 일어나고 있다는 소식을 접하자 자신의 야망을 실현할 수 있는 기회가 올 가능성이 있음을 알고 그가 있던 곳에서 제일 가까운 지역에서 병을 일으키고 있던 기훤(箕萱)에게로 가 그의 휘하로 들어갔다. 그러나 얼마 지나지 않아 양길(梁吉)이라는 부장 밑으로 옮겨 전공을 세우면서 자신의 위치를 확립하게 되었는데, 이 때 전공을 세운 싸움이 891년의 농민반란이었다[4].

그는 태어날 때부터 이와 눈에서 이상한 빛을 발하고 있었는데, 이는 나라에 재앙을 가져올 인물이라 하여 유모에게 안겨 궁 밖에서 살도록 하였다. 그는 어릴 때 공부는 좋아하지 않았고, 노는데만 열중했는데, 이런 그에게 순박한 성품이 깃들리가 없었음은 당연하다. 그리고 이러한 성격은 자라나면서 자신의

---

4) 진성여왕 3년(889)부터 일어나기 시작한 민란은 전국에서 일어나기 시작했는데, 그 원인은 중앙정부의 지방 통제가 약화되어 주현의 조세가 수송되지 못하자 국가재정이 어려워지게 되었다. 그러자 여왕은 관리를 파견하여 조세를 독촉하니 이것이 민란의 배경이 되었던 것이다. 이들 민란을 草賊이라 했는데, 이들은 조세를 거부하고 떼를 지어 지방 관아를 습격하였다.

처지를 알게되자 자신의 처지를 그렇게 만들어 놓은 부왕에 대한 원한과 증오로 가득차게 되었다. 그는 승려가 돼서도 이러한 성격을 고치지 못하고 있다가 반란이 일어나자 곧바로 이 반란군을 토벌하는 군에 뛰어들어 자신의 입신의 기회를 노렸던 것이다.

궁예는 자신이 왕자라는 신분을 이용하며 각지에서 전승을 하는 동안 그의 이름은 곧바로 전국에 알려지게 됐고, 드디어는 자신이 주도권을 잡는 최후의 수단으로 그의 부장이었던 양길과 대적하게 되었는데, 결국 최후의 결전에서 승리함으로서 후고구려라는 국호의 나라를 건립하게 되었으니, 때는 901년이었다.

이에 대해 후백제는 892년에, 지금의 전주인 완주(完州)에서 견훤(甄萱)이 우두머리가 되어 농민봉기를 일으키면서 건립되었다. 견훤은 농민병과 함께 지금의 광주인 무진주(武珍州)를 습격하여 이를 탈환한 뒤 이곳에 후백제를 세웠다. 당시 신라 정권은 이처럼 각지에서 일어나는 농민반란을 진압할 수 있는 기력을 이미 상실하고 있었다.

이렇게 해서 세워진 후백제와 후고구려는 신라왕조의 무기력한 상황을 틈타 자신들이 주도권을 잡기 위해 일진일퇴를 거듭하면서 세력을 확대해 나가다가, 결국은 신라의 왕도인 경주를 습격할 정도로 그 세력이 커지게 되었다. 911년에 궁예는 국호를 태봉(泰封)이라 고치고 자신이 왕위에 올랐다.

그러나 원래부터 심성이 좋지 않던 그는 왕이 되자 자신의 권력에 도취되어 점점 악행을 저지르기 시작하더니, 후에는 아무 죄도 없는 부하들을 의심하여 공연히 참수하기에 이르자, 그의 신망은 급속히 떨어지게 되었다. 그러다가 918년 궁예의 부하였던 왕건(王建)이 이에 반기를 들게 됐고, 이미 신망을 잃은 궁예는 이에 대항할 수가 없어 평복으로 갈아입고 산으로 도망쳤지만, 곧 농민에게 발각되어 죽고 말았다.

왕건은 태봉의 국호를 고려라고 고치고 그 시조가 됐는데, 이는 스스로를 고구려의 후손이라 하여 자신의 정권탈취를 합리화시키기 위함이었다. 그리하여 그는 수도를 개성으로 옮기며 정식으로 고려라는 나라를 세우니 이 때가 918년이었다.

그런데 여기서 주목할 것은 당에 유학했던 학생이나 승려들이 고려 건국을 내부적으로 지원해줌으로서 가능할 수 있었다는 사실이다. 이들은 거의가 다 신분적인 한계에 의해 신라에서의 장래에 대한 비전이 없던 자들이었기에 이들 사이에는 이러한 신라사회의 모순에 반항하는 분위기가 만연했던 것이고, 나아가 당으로부터 귀국하자마자 반신라 세력을 형성하게 되어 고려를 건국하는 지지세력이 되었던 것이다. 이는 그들의 이해관계나 목적이 시대변화와 일치했다는 것을 의미하는 것으로 이들간에 맺어진 결속력은 아주 공고하였다. 동시에 그러한 단합된 마음으로 새로운 국가를 건설하여 자신들의 뜻을 펴보자는 열망도 가득하여 고려 건국에 최선을 다함과 동시에 고려가

건국한 이후에는 고려를 위해 많은 업적을 남기게 되는 것이었
다5).

고려의 통일

한편 이러한 이들의 의식은 호족들이 갖고 있던 신라사회
에 대한 이해관계와도 일치되는 것이어서 그들의 전폭적인 지

---

5) 이기백, 「신라골품제하의 유교적 정치이념」, 『신라시대의 국가불교와
유교』, 한국연구원, 1978.

원을 받을 수 있었고, 동시에 그들의 지략과 지혜를 충분히 활용할 수 있는 분위기가 조성될 수 있었다. 특히 강화만(江華灣) 지역을 기반으로 했던 왕건 같은 경우는 서해 해상의 제해권을 장악하면서 당과의 교역을 독점하다시피 하여 이 지역을 통해 당나라로 유학하러 떠나는 이들은 이미 왕건과 깊은 관계를 가지게 됨으로서, 이들이 귀국하여 왕건을 중심으로 지방 호족들의 분산된 세력을 하나로 규합하는데 큰 힘이 되었다[6].

이들이 지방 호족이나 일반 민중들을 효과적으로 집결시키는데 작용을 했던 또 하나의 요소에는 당나라에서 배워온 풍수도참사상(風水圖讖思想)이라는게 있었다. 당시 이 사상은 당나라에서도 아주 유행하고 있었기 때문에 당에 간 유학자나 선승들은 모두가 이 사상을 배우게됐던 것이다. 특히 남종선(南宗禪)은 이 풍수도참과 깊은 관계를 갖고 있었기 때문에 선승(禪僧)들의 경우는 이 사상에 대해 상당한 견해를 갖고 있던 사람들이 많았으며, 동시에 이는 선을 일반 민중에게 전파하는 중요 수단으로도 이용되었다. 그리고 이러한 사상을 정통사상에 합치시켜 고려왕조의 성립을 합리화시키는 역할을 하기도 했다[7].

예를 들어 왕건을 당나라 황제 계열에 연결시킨다거나, 왕건의 탄생과 고려의 건국을 풍수지리설에 연관시켜 민심을 유도한 것 등이 바로 그런 예이다.

---

6) 신형식, 「宿衛學生考」, 『역사교육』, 11, 12합집, 1969, 참조.
7) 崔柄憲, 「羅末麗初 禪宗의 社會的 性格」, 『사학연구』 25, 1975, 참조.

고려왕조 건국 이후에도 이러한 도참사상은 계속해서 모든 분야에 깊숙이 파고 들어가 온 국민의 정신생활에 큰 영향을 미치게 된다. 그러나 이것이 국가정치이념으로부터 퇴색하기 시작하는 것은 고려의 기초가 어느 정도 확립되기 시작하는 광종 때부터인데, 이 때부터는 선종의 세력이 왕실에서 멀어지고, 대신 교종세력이 다시 영향을 주기 시작하는데서 알 수 있다[8].

3) 중화질서적 통치방식의 변화와 민족문화의 출현

최고의 전성기를 구가하고 있던 당나라가 멸망하였음에도 중국의 경제는 계속해서 발전해갔다. 특히 송대에 이르면 양자강 하류지역의 델타지역으로 많은 이주민이 옮겨가면서 이 지역이 본격적으로 개발되기 시작했다. 천연적으로 토지가 비옥한 델타지역은 강수량도 풍부하여 그 단위당 생산량은 아주 높았다. 이것은 총생산량의 증대로 직결됐고, 이에 따라 잉여농산물은 시장에서 유통되었으며, 이에 의한 상품경제는 날로 발전하기 시작했다.

특히 북송시대에 들어오면 점성도(占城稻)라고 불리우는 남방계통의 조도(早稻) 품종이 양자강 하류지역에서부터 강서·절강·복건 등 방면으로 확산되어 수도(水稻)의 이기작(二期作)이

---

8) 金龍善,「光宗의 改革과 歸法寺」,『高麗光宗研究』, 一潮閣, 1981, 참조.

가능하게 되었다[9]. 또 새로운 작물로서 차(茶)가 본격적으로 재배되기 시작했고, 더구나 이는 정부에서 모든 생산과 판매를 관장했기 때문에 그 재배면적은 급격히 확산돼 나가기 시작했다. 한편 수공업 제품으로는 도자기·견직물·종이 등의 상품생산이 활발했고, 금·은·철·주석 등의 광물도 생산되었으며, 제염업도 정부의 통제하에 관장되었기에 급속도로 발전하게 되었다[10].

이들 생산물들은 지금까지는 소규모 자영사업으로 자급자족 내지 물물교환을 위해 조금씩 생산되었으나, 이것이 상품화되어 시장에 나가게 됨으로써 도시의 상업을 활성화시키는 구실을 하게 되었다. 그리하여 도시에서는 당나라까지 지속되어 오던 정기적인 형태에서 벗어나 이제는 자유스럽게 점포가 생겨나 매일 열리는 자유시장이 생겨났으며, 지방의 소규모 도시에도 이러한 성격의 점포가 생겨나 이제 상업은 그야말로 전국적으로 활성화 되게 되었다. 이러한 상품경제의 활성화는 곧 화폐의 수요를 확대시켰으며, 이를 통한 세금의 확충으로 국가재정도 한층 견고하게 되었다[11].

이러한 수요에 맞추어 국가에서는 화폐의 주조가 날로 증대되어 갔는데, 주조량은 11세기 후반에 이르면 10세기말경보다

---

9) 川勝守, 『明清江南農業經濟史硏究』, 東京大出版會, 1992, 1-4쪽.
10) 마크 엘빈 저, 이춘식 등 역 『中國歷史의 發展形態』 신서원, 1989, 119~123, 147~162쪽
11) 앞의 책, 120-122쪽.

무려 6배 이상이나 되게 되었다. 따라서 이에 대한 충당으로 교자(交子)라는 지폐가 나타나 보조화폐로서의 기능을 하게 되었다. 이 교자지폐는 남송시대가 되면 그 수요가 동전보다도 더 많이 유통되게 되었다[12]. 이러한 모든 상황은 바로 당시에 상품경제가 얼마나 활발하게 진행되고 있었나를 시사해 준다고 할 수 있다.

이러한 중국의 경제발전은 주변국에 대해 교역을 활발히 촉진시키는 계기를 가져다주었다. 이러한 교역의 범주는 거란과 서하(西夏)와의 육로를 이용한 교역, 고려와 일본과의 해로를 통한 교역, 그리고 역시 남해의 해로를 이용한 아라비아 상인들을 위주로 한 이슬람 상인들과의 교역까지 확대되었다.

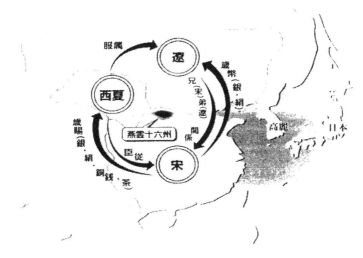

송, 요, 서하의 관계

---

12) 앞의 책, 157-162쪽.

이러한 교역상황은 당대 이전에는 없었던 드문 현상이었다. 물론 당대에도 이러한 교역이 이루어지지 않았던 것은 아니지만, 그러한 교역관계는 아디까지나 조공과 회사(回賜)라고 하는 형태에서만 이루어진 것이지 사무역에 의한 교역형태는 거의 없었다는 점이다. 그러나 당 멸망 후 5대10국을 지나 송에 이르게 되면 이러한 사무역의 발전은 그야말로 눈부시게 발전했다. 그리하여 당대까지의 국제적 정치질서는 이제 완전히 자취를 감추게 되었고, 대신 국제적인 교역관계에 의한 새로운 동아시아 질서체제가 탄생하게 됐던 것이다[13].

이러한 상황은 거란·서하와 송과의 긴장관계가 계속되는 가운데서도 교역의 중대성을 감안하여 여전히 국교가 지속되게 하는 기능도 하였다. 또 고려와 일본은 계속 조공을 시행하고 있었지만, 이제는 사무역이 이들 공무역보다도 훨씬 상회하는 상황이 되었다. 이는 바로 국제적 정치관계의 동아시아세계가 붕괴하는 대신에 경제적인 교역을 중심으로 한 동아시아세계가 새롭게 탄생되어 갔음을 의미하는 것이다.

한편 이러한 동아시아질서 체제의 근본적 변화는 주변 각 민족들로 하여금 독자성 및 자주성을 확립토록 하는 기회를 제공해 제민족의 문화가 출현하는 계기를 가져다주었던 것이다. 그러나 이러한 제민족 문화의 출현은 복잡하고 상당한 시간이 지나면서 서서히 정립되게 되었다.

---

13) 앞의 책, 224-225쪽.

당 말에 이르면 당나라의 문화는 많은 변용을 하게되고, 이는 그 후에 건국되는 송나라에 이르러서 그 양상이 완전히 변화되는 상황을 가져왔다. 예를 들면, 문학으로는 사육변려체(四六騈儷體)를 대신해서 고문체(古文體)가 존중되었고, 시에 대신해서 사(詞)가 유행되게 됐으며, 회화에서는 산수화·화조화(花鳥畵)와 더불어 수묵화가 나타났고, 도예부문에서는 삼채(三彩)를 대신해서 백자와 청자가 유행되게 되었다. 유학에서도 훈언고학(訓言古學)을 대신해서 절대적인 진리를 추구하는 이학(理學)이 나타났고, 불교에서는 유심적(唯心的)인 선종과 민중적인 정토종(淨土宗)이 중심이 되었으며, 도시를 중심으로 하여 일반 서민들의 생활이 나아지자 소설과 희곡 등 서민문화도 발달하게 되었다.

그러나 일반적으로 당나라 문화가 주변국가들에게 선망의 대상이 되어 모든 분야에서 신속하게 주변국에 전래됐던 것에 비해, 새로운 문화가 일시에 등장하는 송나라의 문화는 그 전래 양상이 당나라처럼 활발하지 못했다. 이는 바로 주변국가들이 당나라의 발달된 문화를 흡수하여 자기화하면서 이를 바탕으로 각자의 독특한 고유문화를 정립하게 됨으로써 새로운 문화에 대한 반입을 자신들의 잣대로 거르면서 수입하게 된 때문이 아니었나 생각된다.

이러한 경향을 잘 보여주는 것이 중국의 주변국가에서 각자의 새로운 문자를 개발하기 시작했다는 사실이다. 원래 한자는 중국뿐만이 아니라 동아시아 각국에서 공식적인 기록을 하는 주요 문자로서 이미 자리잡고 있었다. 그렇게 된 데에는 이 문자를 통해 불교·유교·율령제 등을 받아들여 이를 바탕으로 자신들의 위치를 확립시키고자 했기 때문이었다. 이처럼 한자를 사용하지 않던 나라에 한자가 전해져서 이를 통해 국제적 외교 관계를 돈독히 하고 이를 통해 받아들인 문화를 바탕으로 국가 체계를 완성했던 지역을 소위 한자문화권이라고 한다.

그러나 이 한자문화권에 속해 있던 나라들이 한자 그 자체로서 자신들의 언어를 표현하는 일상적인 문자로 사용하거나, 한자가 갖고 있는 특성을 통해 자국의 문화를 발전시킨다고 하는 차원에서 받아들였던 것은 아니었고, 다만 발달된 중국문화를 수용하는 도구로써, 혹은 중국이 중심이 된 국제질서체제 아래서 국제적 정치관계의 운영을 위해서는 이를 모르고서는 불가능했기 때문에 받아들였던 것이다.

그러나 당나라가 멸망하면서 그 동안 강력한 군사적인 국력을 바탕으로 동아시아세계를 이끌어 오던 중국이 이제 송나라에 들어오면서부터는 그러한 힘이 약화됐고, 대신 발달된 경제력에 의지하여 교역을 통해 주변국가를 지배하게 되는 형태로 변모하게 되었다. 이러한 변화는 직접적인 영향을 받아야 하던 시기에서 간접적 영향을 받는 시대로 이전되었음을 의미하는 것이다. 따라서 이제는 반드시 중국만을 중심으로 하는 국제 관계만이 중요한 것이 아니라, 주변국가와의 관계도 중요하게 되었다. 이러한 변화에 따라 지금까지 일반적으로 갖고 있던 중국으로부터의 문화를 받아들여 자신들의 정권을 강화시킨다고 하는 의식도 바뀌게 되어, 이제는 자신들의 생각을 쉽게 표현하여 국제적인 내실화를 꾀하는 것이 더 중요하다는 필요성을 느끼게 하였다. 이러한 의식을 갖게된 주변 각국에서는 독자적인 문자의 개발을 서두르게 됐던 것이다.

그리하여 10세기를 전후하여 중국의 주변국들에서는 자기들만의 문자를 창제하게 되었다. 예를 들면 가장 일찍이 만들어진 거란문자를 비롯하여 서하문자·여진문자·일본의 가나(仮名)문자 등이 있다. 이들 문자보다는 늦게 베트남의 추·놈(字口南)과 한글이 발명되게 되었다. 한국의 경우 자국 글자인 한글의 발명이 다른 지역보다 늦어지게 된 이유는 8세기경에 이미 설총이 이두(吏讀)라고 하는 글자를 만들어 사용했기 때문이었다. 즉 다른 지역 국가보다 2세기 정도 앞서서 통일신라는 이두를 개발하여 이들 다른 주변국가들보다는 자주적 문화를 일찍 정립함으로서 동아시아세계의 제2인자로서 독자적인 문화적 시스템을 창출할 수 있는 힘을 가지고 있었기 때문이었다[14]. 이두는 한자의 음을 이용해서 한국어를 표현하는 문자였는데, 이 이두와 한자가 병용 사용되어 한국어의 표현을 보다 쉽고 자유스럽게 할 수 있음으로 해서 관부(官府)와 일반에서 널리 사용하고 있었던 것이다.

---

14) 西嶋定生, 앞의 책 12), 192~193쪽.

이러한 이두문자에 대해 부정적인 역사적 평가도 있기는 하지만, 이두가 일본 가나문자의 근간이 됐고, 또 이를 통해 보다 한국적인 문화의 정립을 가져올 수 있었으며, 나아가 문화의 보편화를 촉진시킴으로서 우리 한민족문화를 형성시키는 시발점이 됐다는 점에서 이두에 대한 새로운 연구와 평가가 이루어져야 할 것이다.

2. 동아시아세계의 재편과 고려의 대응(13-14세기)

1) 동아시아의 질서변화에 대한 고려의 대응

고려가 후삼국의 분열을 통일해서 건국할 무렵인 10세기 초엽은 앞에서 말한 바와 같이 동아시아 국제질서에 커다란 변화가 있었던 시기였다. 이러한 변화시기에는 아무리 강국이라 할지라도 자국내의 문제가 산적해 있기 때문에 주변국에 대한 통제력이 그만큼 감소되게 되는 것이고, 이 틈을 탄 주변 국가들은 자신들의 처지에 따라 군사적으로 대항하던지 아니면 자신들 나름대로의 독자적인 발전을 모색하게 되는 것이다.

중국 동북쪽에서 흥기한 거란족은 발해를 멸망시키고 중국 내륙의 송을 압박하며 내려오기 시작했고, 일본은 모든 문호를 폐쇄하다시피 하며 모든 외국과의 교섭을 단절한 채 무사집권기로 향해 나가고 있었고, 한반도에서는 중국의 간섭을 피하면서 고려가 건국되어 나름대로의 독자적 노선을 걷고 있었다.

이러한 상황은 고려말기까지 계속 되었는데, 이는 중국이 비록 송에 의해 통일되었다고는 하나 거란족이 세운 요나라에 이어 여진족의 금나라가 곧 나타나 제3세력을 형성하면서 송을 압박했고, 후에는 몽고족에 의한 원나라가 등장하면서 송이 주변국에 대해 정치적으로 압박을 감당할 수 없는 상태로 이어졌기 때문이었다. 따라서 고려의 대외관계가 비록 독자적인 면을 완전히 떤 것은 아니었지만, 당대와 같은 정치적 제약은 받지 않았고, 주로 문화적인 측면에서의 교류가 강하게 진행되었으며, 정치적으로는 의례적인 조공관계만 이루어지게 됐던 것이다.

고려와 송과의 이러한 관계는 광종13년(906)부터 시작되었는데, 이러한 관계는 다른 북방민족의 압력에 의해 중단되기도 했지만, 우수한 문화에 대한 동경심이 강했던 고려는 틈만 나면 교류를 재개하면서 그 관계를 이어나갔다. 그러나 요나라·금나라·원나라가 흥기하여 간섭이 노골화되면, 그 때는 고려와 송과의 교류는 중단돼야 했다. 이처럼 북방에서 일어난 새로운 나라들의 압력이 컸다는 것은 그들과의 사절교환 횟수가 송나라보다 많았다는 사실로도 알 수 있다[15]. 따라서 고려의 대외관계라는 것은 당시 상황의 변화에 따른 자위수단으로 의례적인 측

15) 中朝關係通史編寫組, 『中朝關係通史』, 吉林人民出版社, 1996, 參照.

면이 많았음을 이를 통해서도 간접적으로 알 수 있다. 그러나 송과의 우호관계는 내면적으로 계속 이어져서 자신의 독자문화를 구축하는데 필요한 문화적 요인을 구체적으로 축적해 나갔고, 이러한 대외관계는 결국 고려만이 갖는 독특한 문화를 창출시켰던 것이다16).

또한 한편으로는 이러한 정치적 관계의 한계성을 극복하고 보다 실질적인 관계개선을 위해 상인들간의 교역관계를 활성화시키는데 중점을 뒀다. 그리하여 이들 상인그룹들은 정치적·외교적 교섭의 대리인 역할을 하는 기능을 하기도 했다. 이러한 상황을 대변해 주는 것이 고려의 도성인 개경에 이르는 예성강구(禮成江口)에 있던 벽란도(碧瀾渡)에 송·아라비아·일본 상인들이 수시로 모여들면서 국제항으로서 이름을 떨치게 됐던 것에서도 알 수 있다17).

그러나 고려에 대한 중국 북방민족의 침입은 고려초기부터 계속되어 고려의 발전을 저해하는 중요 원인이 되었다. 그러나 국가의 운명을 좌우하는 그들과의 일전을 고려는 나름대로 잘 헤쳐나가면서 발전을 하게 되는데, 그 첫번째 침입자는 거란이었다.

당의 멸망과 함께 동북지역에서 세력을 확대해간 거란족은 926년에 발해를 멸망시키고 그 세력을 이용해 946년에는 국호

---

16) 앞의 책, 178-190쪽.
17) 앞의 책, 182-183쪽.

를 요(遼)라고 하는 나라를 세웠다. 당시 후삼국을 통일하여 기반을 닦고 있던 고려는 건국 초부터 국교를 맺자고 청해 오는 요의 요구를 거절하고 요에 대해서는 경계를 강화하는 대신 5대10국의 혼란한 정국을 통일한 중국 내륙의 송과는 교류를 계속했다. 중국대륙으로 진출하려는 욕망을 불태우던 요나라는 자신들의 배후에서 진을 치고 있는 고려의 후환을 없애기 위해서 3차례에 걸친 대 고려 침략전쟁을 벌이게 됐던 것이다.

첫 번째 침입은 소손녕(蘇遜寧)이 이끄는 가운데 시작됐는데, 고려에서는 서희(徐熙)를 중군사(中軍使)로 세워 이에 대항했다. 그러나 봉산(奉山)에서 치러진 싸움에서 고려군이 의외로 강함을 알게된 거란군은 오히려 화전(和戰)을 청해오기에 이르렀다. 그럼에도 소손녕은 서희에게 고려가 차지한 고구려의 옛 땅을 내놓고, 송과의 국교를 끊고 거란을 섬길 것을 요구해 왔다. 그러는 와중에서도 거란군은 담판을 유리하게 이끌기 위해 공격을 계속해 왔으나 청천강 북쪽지점에서 고려군에 패하고 말았는데, 이 기회를 포착한 서희는 단신으로 적진에 들어가 담판을 벌였던 것이다.

서희는 고려라는 국호와 도읍을 평양(원래는 개경인데 임기응변적으로 둘러댄 것이다)에 둔 것을 이유로 들어 고려가 고구려를 계승한 나라이고, 거란이 차지하고 있는 동경은 원래 우리 민족의 땅이며, 우리의 땅인 압록강 주변에 여진족들이 있어 거란과의 교류를 방해하여 왕래하기가 어려우니, 여진을 물리쳐

주면 신하노릇도 마다하지 않겠다고 실리 위주의 제안을 했던 것이다. 이러한 서희의 달변과 당당한 태도에 할 말을 잊은 소손녕은 많은 선물을 주며 강화를 약속했고, 그들이 철수한 후에는 압록강 서쪽에 5성을 쌓아 고려로 통하는 길을 냈고, 동시에 압록강 280여 리를 고려에게 내주어 성을 쌓고 교통로를 확보하라고 하였는데, 이 지역이 강동(江東) 6주에 해당하는 곳이다.

이처럼 전쟁다운 전쟁도 하지 않고 청천강에서 압록강까지 영토를 확장할 수 있었던 서희의 외교관으로서의 자질은 외교담판의 명수라는 역사적 평가를 받기에 충분한 것이다.

서희와의 담판을 통해 아무런 소득도 올리지 못하고 오히려 자신들이 영토를 고스란히 빼앗겼다고 생각한 거란은 틈만 나면 고려를 재침공하여 이를 반환하려 했다.

그러는 가운데 그들은 서북면도순검사(西北面都巡儉使)로 있던 강조(康兆)가 목종을 폐하고 현종을 옹립하자, 이를 침략의 구실로 삼아 거란은 1010년 11월 추운 겨울에 제2차 고려 침략을 감행하게 되었다. 이번에는 거란의 성종이 직접 지휘하면서 40여만에 달하는 병력으로 공격해 왔는데, 이에 대해 강조가 30만 대군을 이끌고 통주(通州)에 나가 맞섰다. 고려군은 초전에는 승리했으나 자만하는 바람에 대패하고 말아 거란군이 수도인 개경으로까지 진격하게 되었다.

이때 남진하는 거란군의 후방에는 여러 개의 고려성들이 있었기에, 이를 지키고 있던 고려의 장수들은 서로간에 연합작전을 실시하여 이들을 후방에서 교란하고 이들이 점령한 지역을 탈환하였다. 즉 강민첨(姜民瞻)과 조원(趙元)은 서경을 고수하면서 적의 후방을 계속 괴롭혔고, 아를 틈타 양규(楊規)는 곽주와 귀주를 탈환하면서 작전지역을 넓혀나갔다.

이렇게 후방에서 어려움을 당하고 있던 거란의 성종은 작전시행이 제대로 이루어지지 않을 것임을 알고 고려 현종에게 입조할 것을 조건으로 강화를 허락했다. 그러나 이미 기력을 쇠진한 채 철수하는 거란군은 고려의 어떤 공격에도 감당해 낼 수가 없는 형편이었다. 이를 알아차린 양규와 김숙흥(金叔興)은 거란군을 추적하여 폭우에 시달리며 허둥대는 거란군을 유린하기 시작했고, 결국에는 수만 명만이 압록강을 건널 수 있었다. 그러는 과정에서 양규와 김숙흥군은 일곱번 싸워 전승했으며, 이때 포로로 잡혀가던 고려인 3만 명을 구출할 수 있었다[18].

이처럼 후반에 전승을 거둘 수 있었던 원인은 초전에서 비록 강조의 대군이 패하기는 했으나 강동 6주에 남아 있던 각 성의 장군들의 활약에 의해 가능했던 것인데, 이는 강동 6주가 전략상 얼마나 중요한 지역인가를 증명해주는 동시에, 이러한 지역을 싸움 한번 안하고 빼앗은 서희의 담판능력을 다시 한번 평가할 수 있을 것이다.

제3차 침입은 1018년에 10만 명의 대군으로써 고려에 공격

---

18) 이기백, 「고려초에 있어서의 五代와의 관계」 『한국문화연구원논총』 1, 이화여대, 1959, 참조.

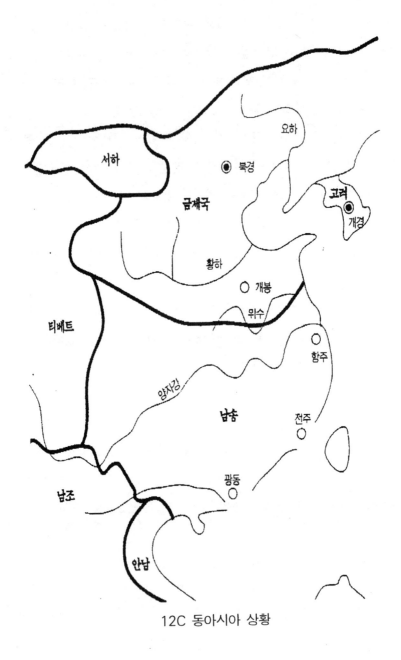

12C 동아시아 상황

해 들어왔지만, 상원수(上元帥) 강감찬(姜邯贊)이 흥화진(興化鎭)에서 크게 무찌르고, 다시 퇴각하는 거란군을 귀주(龜州)에서 섬멸함으로써 거란의 침입은 완전히 실패하고 말았던 것이다[19].

이후 고려는 거란과 평화관계를 유지하나, 고려는 북방에 대한 경계를 강화할 목적으로 강감찬의 건의에 따라 국경선에 장성을 쌓기 시작하였는데, 1044년에 장성을 완성하니 이를 천리장성이라 하는 것이다.

2) 고려의 대외 교역관계

일반적으로 고려는 중국(宋)과의 교역에 대해서는 적극적인 자세로 일관했음을 볼 수 있다. 그것은 모든 면에서 중국이 고려보다는 선진국이었기에 그들과의 교류를 통해서 얻을 것이 많았기 때문이라고 볼 수 있다. 특히 그 중에서도 정치적 관계보다는 경제적·문화적 측면에 많은 매력을 가지고 있었기 때문에 고려와 송과의 관계는 항상 경제적·문화적 요소가 이들 관계의 변수로 작용하곤 했다.

고려와 중국과의 접촉은 건국초기부터 이루어지는데, 그 루트는 육로와 해로 두 곳을 통해 이루어졌다. 즉 육로로는 요나라·금나라 등 북방국과 교역을 했고, 서남의 해로로는 송나라

---

19) 姜大良 「고려초기의 대거란관계」 『史海』 1, 한국사연구회, 1948, 참조.

와 교역을 하였다. 이러한 대외적 출구로서 고려관문은 수도인 개경과 근접해 있던 예성항(禮成港)이었다. 이곳을 통해 중국을 드나드는 상인과 사절단의 빈번함은 이를 노래한 「예성강곡(禮成江曲)」을 통해서도 알 수 있다[20].

그러나 이러한 교역·교류는 통일신라 때와는 달리 사무역이 아닌 공무역에 의해서 주도되었다[21]. 그 원인은 송의 국내사정을 이용한 고려의 실리외교가 추진됐기 때문이었다. 즉 당시 송나라는 고려와 연계하여 거란과 요를 견제하는 정책을 취하고 있었기 때문에, 자신들의 군사적 정책을 도와주고 있는 고려에 대해 제한적인 조치를 취할 수 없었기 때문이라고 볼 수 있다. 한편 고려조정의 입장에서는 신라말 지방호족들의 발호에 의한 어수선한 틈을 타 고려를 건국했던 배경을 잘 알고 있었기 때문에, 언제든지 새로운 도전세력으로 나타날 수 있던 당시 상황에서 이들 호족들이 다시 세력을 강화하지 못하도록 해외에 사절 및 상인을 파견하여 부를 축적하거나 외국과의 개인적 친분 유대관계를 맺는 것을 저지하려 했기 때문이기도 했다. 그리하여 고려정부는 사무역의 제지로 인한 귀족들의 욕구불만과 또 국가재정의 확립을 위해 사절단을 자주 중국에 보내 조공하고 대신 회사품을 받는 조공무역에 치중하지 않을 수 없었던 것이다.

---

20) 『東國李相國集』 卷16.
21) 『東坡全集』 卷32, 奏議 30.

당시 송나라의 기록을 보면 고려의 사신들이 지나가는 지방에는 이들 사절단의 방문횟수가 많고 또한 그 인명수가 많아 이들을 맞이하는 일이 아주 피곤했다고 하는 기록과 또 이 때문에 늘어나는 지방관청의 경제적 부담을 걱정하는 기록이 자주 나타나는 것을 통해서도 당시 고려의 조공무역 상황을 알수 있다.

그러나 한편으론 고려의 국내사정에 의해 고려 상인들이 사무역하는 것을 억제했기 때문에 중국 상인들이 고려에 건너와서 귀족들이 좋아하는 책·향약(香藥)·화목(花木)·공작·수정 등 많은 물품을 거래하여 이익을 취하게 하는 모순도 동시에 범해야 했다[22]. 이는 반대로 얼마든지 고려의 상인들이 중국에 가서 많은 이익을 취할 수 있었음을 말해주는 것으로, 결국 고려정부의 안일한 대외무역 정책으로 말미암아 당시 고려는 국가 경쟁력을 높일 수 있는 아주 좋은 기회를 스스로 놓쳤다고도 평할 수 있을 것이다.

이외에도 태조 때부터 북방의 여진과 교역을 하고 있었는데, 이 여진과의 교역은 오히려 고려 측에서 많은 견제를 하였다. 그것은 문화정도가 낮은 여진과의 교역에서 득보다는 실이 많을 것이라고 고려정부가 생각했기 때문이었다. 따라서 그들이 입공한다고 해도 사전에 고려정부의 승인을 받아야 하는 등 많은 제한 조치를 취하였다[23].

---

22) 앞의 책, 101, 183쪽.

이러한 상황은 자신들보다 문화가 발달한 고려로부터 문화적·경제적 선진문물을 받아들이려 했던 데서 기인하는 것인데, 이는 고려가 송나라에 대해 사절단을 파견하여 그들의 문물을 취하려 했던 것과 같은 형태이며, 동시에 송이 고려에 대해 견제하려고 했던 상황과도 같은 맥락에서 이루어진 교역이었다고 할 수 있다.

이러한 여진에 대한 고려의 교역관계는 일본에도 그대로 적용되었다. 고려정부는 문화적으로 낮은 일본과의 교역은 득이 될 것이 없다고 하는 판단에서 일본과의 통교에 별다른 관심을 기울이지 않았다. 이러한 면은 일본과의 통교사실을 알려주는 역사 기록이 별로 없다는 점에서도 알 수 있다. 그러나 일본의 계속되는 요구에 일방적으로 거절하는 것도 양국관계에 악영향을 미칠 것으로 판단한 고려는 금주(金州=金海)에 객관(客館)을 설치하여 매년 1회 2척의 진봉선(進奉船)을 파견하여 이에 한해서만 교역을 하겠다는 약정을 당시 일본정부의 권한을 이양 받아 대외업무를 전담하고 있던 다자이후(大宰府)와 체결하였다[24].

이러한 배경 하에서 상대적으로 아쉬웠던 쪽은 일본 쪽이었으므로 고려상인들이 일본에 가서 교역하기보다는 일본상인들이 고려에 와서 교역하는 것이 주였다. 따라서 고려사람들이

23) 변태섭, 앞의 책, 216-217쪽.
24) 義江彰夫, 앞의 책, 241- 245쪽.

일본에 가는 경우는 이러한 경제적 목적보다는 정치적 목적 때문에 가는 경우가 많았으며, 반대로 일본인들은 당시 고려에서 극도로 발달한 불교문화에 대한 섭취욕망과 송과의 교역을 통해 들어온 새로운 문물에 대한 기대감 등 경제적 목적을 위해 빈번히 고려로 들어왔었음을 알 수 있다.

일본 상선이 처음 고려에 들어온 해는 1073년이었고, 그 뒤부터는 진봉선 파견 약정에 의한 규약에 따라서만 이루어졌다. 그럼에도 고려의 일본 상인에 대한 제한은 여전해서 일본 상인들은 반드시 고려왕의 마음에 들 특산물 등을 진상하여 다음의 교역을 위한 환심을 사두어야 할 정도였다. 이러한 교역은 개인적인 차원의 사무역은 아니었다. 이는 당시 고려정부의 제한 조치가 엄격하여 공무역마저도 제지당할 것을 두려워했던 당시 일본정부의 판단 때문이었다. 물론 사무역이 전연 없었던 것은 아니나, 조공무역 형식의 공무역이 대종을 이루었다는 말이다. 즉 가마쿠라막부정권을 대신하여 국제교역을 담당하고 있던 다자이후 관리들에 의한 공무역적 성격이 강했던 것이다[25].

이와 같은 다자이후의 관영무역을 담담했던 항구로는 하카타(博多: 후쿠오카)·히라도(平戶: 나가사키)·츠루가(敦賀: 후쿠이)·보노츠(坊津: 가고시마) 등이 있었는데, 이들 지역에서는 다자이후 관리들이 직권을 이용하여 무역신을 고려와 거란 등에 파견했고, 후에는 무역관리 업무를 인수한 막부가 직접 무역

---

25) 金錫亭, 『古代朝日關係史』, 勁草書房, 參照.

선을 파견하기도 했던 점으로 보아 사무역보다는 일본정부의 수익을 위한 관영무역이 중심이 되어 교역관계가 이루어졌음을 알 수 있다.

이처럼 사무역이 아닌 공무역에 의존하는 교역은 양국 어느 한쪽에서 문제가 생기면 교역이 제대로 이루어질 수 없었는데, 이러한 문제 발생은 일본 쪽에서 먼저 일어났다. 그것은 가마쿠라 막부 정권 내에서의 군력투쟁에 의한 내부동요가 일어나면서 국내질서가 혼란해진 틈을 타 나타나기 시작한 왜구의 출현이 그 대표적 요인이고, 이는 바로 고려와 일본의 무역체계를 무너뜨리는 직접적 원인이 되었던 것이다[26]. 이러한 왜구의 출현은 결국 동아시아사회 전체의 교역질서를 혼란시키는 원인으로 비약되어, 이러한 질서체계를 보호 유지하려는 중국 측의 간섭을 불러일으키게 되는 것이고, 그러한 간섭으로서 나타났던 것이 려몽연합군에 의한 2차례의 정벌전쟁이었던 것이다[27].

3) 몽고의 출현과 동아시아세계의 재편

원래 몽고는 오논강과 켈렌강 상류지역에서 유목생활을 하던 민족이었는데, 거란(요)이 여진(금)에게 멸망하자 테무진이

---

26) 김구춘,『중조일관계사』, 연변대학출판사, 1994, 379-380쪽.
傳中健夫『倭寇』, 歷史選書, 1982, 동경대학출판회, 참조.
27) 西嶋定生 著, 李成市 編 앞의 책, 178-179쪽.

나타나 이를 통일하고 막강한 군사력에 힙입어 지배지역을 확대해 간 민족이었다. 그러다가 1206년에 테무진이 제부족의 추대를 받아 징기스칸으로 즉위하면서 세계적인 대국으로 성장하기 시작하였다. 징기스칸은 먼저 서쪽에 있던 서하를 침입하여 굴복시킨 다음 동쪽에 있는 금나라를 공략했다. 금은 신흥세력인 몽고에 대항하지 못해 1214년 도읍을 남쪽에 있는 개봉(開封)으로 옮겼는데, 이 틈을 타고 여진족의 발상지인 중국 동북지역에서는 거란인이 재차 반란을 일으켰다. 그러나 몽고의 세력에 밀린 이들은 쫓기다가 고려의 영토로 들어와 강동성(江東城)에 집결하게 되었다. 이에 고려는 몽고와의 화의를 꾀하기 위해 몽고군과 연합전선을 펴면서 이들을 궤멸시키게 되었고, 이 때 몽고와 형제의 맹약을 체결하게 됨으로써 몽고의 세력이 고려에 미치기 시작하게 되었던 것이다.

금나라에 대한 공격을 마친 몽고는 1219년부터 다시 그 기수를 서쪽으로 돌려 가라키타이(西遼)와 호라즘 같은 나라를 정복했다. 그러한 기세를 몰아 그들 일부는 남으로 기수를 돌려 인더스강 유역까지 정복하기에 이르렀고, 나아가 본대는 서쪽으로 계속해서 진격하여 카스피해의 서안에까지 이르게 되었다. 이러한 정벌은 7년간이나 계속되었는데, 어느 정도 자신들의 세력확장에 만족감을 얻은 몽고는 그 때서야 몽고로 귀환하였다. 몽고로 돌아온 징기스칸은 1227년에 서하를 완전히 멸망시켰고 계속해서 금나라를 공격했지만 도중에 병사하게 되어 그의 정복활동은 거기서 끝나고 말았다.

이러한 몽고의 정복에 대한 평가는 여러 면에서 검토되었는데, 결과적으로 검토된 원정의 목적은 그들이 정복민족으로서의 야욕을 채우기 위해 원정을 했던 것이 아니라, 중국과 서방의 국가들과 연계된 중앙아시아의 교역로를 자신들의 지배하에 두기 위함이었음이 밝혀졌다. 이는 그만큼 이 교역로가 막대한 경제적 가치를 지니고 있었다는 사실을 대변해주는 것이기도 하다[28].

그러나 징기스칸이 죽은 후에도 그의 후계자인 오고타이에 의해서 정복전쟁은 계속되어 1234년에는 금나라가 멸망하였는데, 당시 남방으로 밀려나 있던 남송은 자신들의 숙적이었던 금나라를 멸망시키기 위해 원나라와 동조하여 금나라를 공격했다. 금나라가 정복된 뒤에도 오고타이는 계속해서 그의 부하인 바투를 통해 대규모의 서정을 계속한 결과 러시아를 정복하고 폴란드에 이르렀는데, 오고타이 이후의 제후들도 계속해서 정복지역을 넓혀 감으로써 이들의 영토는 이란을 거쳐 1258년에는 바그다드까지 이르렀다[29].

한편 중국의 내륙지방을 정복하려는 야망을 가진 몽고는 남송을 정복하기 위해 먼저 그 주변을 복속해 나갔는데 몽고의

---

28) 愛宕松男, 『アジアの征服王朝』, (『世界の歷史 11』 河出書房新社), 1989, 279-289쪽.
29) 앞의 책.

세조인 쿠빌라이는 티벳과 사천(四川)을 정복했고, 운남의 대리국(大理國)을 거쳐 베트남에까지 그 세력을 확대시켰다. 그리고 쿠빌라이는 연경(燕京=北京)으로 수도를 옮긴 다음 1268년에 이르러 남송에 대한 대대적 공격을 재개하는 가운데 1271년에는 국호를 원(元)으로 하면서 중국에서 정통왕조로써 행세하기 시작했다. 그 결과 1275년에는 남송의 수도인 임안(臨安=杭州)을 점령하고 1279년에는 남송을 완전히 복속시키는 데 성공했다.

이러는 사이에 고려까지 복속한 원나라는 명실공히 아시아와 유럽동부에까지 이르는 인류역사상 최대의 국가로 성장하게 됐던 것이다.

몽고의 쿠빌라이가 칸에 오르면서 몽고는 아직 남송이 존재하고 있었음에도 고려를 복속시켜 외번국(外藩國)으로 책봉하는 등 중국 정통왕조로써 행세하였다. 이는 다시 말해 동아시아 질서체제를 자신들이 정비하고 이끌어 나가야 한다는 중국 정통왕조의 전통적 책임감을 동시에 나타냈었다는 것을 의미하는 것이었다.

이러한 송의 군사력 약화에 대해 경제 발전은 주변국가와의 경제적 교류를 활발히 하게 하는 계기가 되었다. 이는 당의 멸망과 더불어 정치적인 국제질서가 붕괴한 대신 국제적 교역권으로서의 동아시아세계가 출현했음을 의미하는 것으로, 이제 동아시아세계 질서는 경제질서라는 새로운 국제질서로 전환되게 되었던 것이다[30].

이러한 새로운 질서에 의해 중국과 조선, 일본, 그리고 중국과 거란, 여진과의 사이에는 교역네트워크가 탄생되게 되었다. 이외에 동남아시아와 아라비아상인들과의 접촉이 시작되면서 동아시아 세계의 행동반경은 그 이전시대보다 더 넓어져갔다[31].

그러나 이러한 교역관계는 과거와 같은 확고한 정치적 관계를 형성하고 있지 못했기 때문에, 경제 교역을 하는 과정에서 자신의 이익에 집착하던가 경제적 이익만을 추구하게 되어 교역상의 트러블이 일어나게 되었는데, 그 대표적 예가 해적의 출현이었다. 이러한 해적들은 대부분 왜구로 표현되는데, 초기에는 일본인들이 주축을 이루었지만, 후에는 중국인들도 이에 가세하여 그야말로 교역질서를 엉망으로 만들어 놓음으로서, 중국의 각 패권왕조는 이를 수습하는데 가장 큰 신경을 써야했다.

몽고가 패권을 잡는 과정에서 고려 정벌 후 2차례에 걸쳐 시도한 일본 원정도 실은 가마쿠라막부에 사신을 파견하여 몽고지배의 질서화를 추구했던 것인데 일본측이 반대함으로써 시작된 것이다[32]. 즉 이들 정벌의 배경에도 교역상의 이익을 위한 경제적 질서화의 추구가 가장 중요한 목적이었던 것이다. 그 후에도 원나라는 한반도에서 뿐만이 아니라 중국 절강지역에서 직접 일본으로 쳐들어가려는 준비까지 했는데, 이러한 공격시도

---

30) 西嶋定生 著, 李成市 編 앞의 책, 184-195쪽.
31) 高良倉吉, 『アジアのなかの琉球王國』 吉川弘文館, 1998, 58~95쪽
32) 『伏敵篇』 卷1, 15-20쪽.

는 모두 12번이나 되었다. 그러나 국내 사정으로 인해 결국 실행에 옮기질 못했다[33]. 이를 성공시키지 못한 원나라는 곧바로 멸망의 길로 들어섰고, 이로 인해 동아시아 질서는 또 다시 새로운 변화를 가져왔던 것이다.

3. 몽고의 고려 침입과 동아시아의 혼란

1) 몽고인의 고려 침입 과정과 고려인의 저항

몽고와 고려와의 접촉은 금나라 지배하에 있던 거란인들의 반란에 의해서 시작되었다. 반란을 일으킨 거란인들은 몽고에 투항했는데 이들은 자신들과 노선을 달리하여 고려로 도망간 거란인을 몽고와 함께 추격하면서 고려의 영토로 들어오게 되었다. 이때 몽고의 막강한 군사력에 대항할 수 없었던 고려는 몽고와 연합작전을 펴 거란인들을 소탕하면서 몽고에 대해 유화적 제스쳐를 쓸 수밖에 없었다.

이후 고려를 만만히 보게된 몽고는 사신을 자주 파견하여 공물과 인질 등 많은 것을 요구하게 되었다. 그러나 이 당시까지 몽고와 고려와의 관계는 어떤 공식적인 체결이 있었던 것은

---

33) 愛宕松男, 앞의 책』, 312-315쪽.

아니었기에 대등한 국제관계가 유지되고 있었다. 그러다가 1225년 몽고의 사자가 고려에 왔다가 돌아가는 도중 압록강 근처에서 살해당했는데, 그 살인자가 누구인지 밝혀지지 않았음에도 몽고는 고려에 모든 책임을 전가시키고 국교를 일방적으로 단절시키고 말았다. 그리고 이를 구실로 1231년에 고려에 대한 침략을 개시했다[34]. 이러한 상황을 보면 몽고는 처음부터 고려를 정복할 마음은 없었지만 고려와 관계하는 가운데 고려의 지리적·경제적 중요성을 알게 되어 고려를 침략할 구실을 찾고 있었던 게 아닌가 한다.

몽고의 고려침략

몽고의 제1차 침입이 시작되자 그들의 군사력을 당해낼 수 없었던 고려는 그들에게 공물과 몽고의 감찰관인 다루가치(達魯花赤)를 설치하는 것을 인정하는 대가로 화의를 체결하였다. 그러나 당시 고려의 실권을 장악하고 있던 무신정권의 우두머리 최우(崔瑀)는 몽고의 요구가 너무 과대했으므로 이를

---

34) 고병익, 「몽고·고려의 형제맹약의 성격」, 『백산학보』 6, 1969.

충족시켜줄 수 없다고 생각한 나머지 몽고에 대해 일방적으로 단절하는 조치를 취함과 동시에 몽고의 재침을 방어하기 위해 강화도로 천도를 하여 그곳에 많은 새로운 방어시설을 증축하였다[35].

몽고는 이러한 고려의 조치에 곧바로 제2차 침입을 시도하였으나 해전에 약한 그들은 쉽게 강화도를 공략하지 못하고 20년간을 강화도의 고려정부와 대치하게 되었다. 그러나 이러한 방어조치는 무신정권의 단순하고도 무모한 대응방안이었을 뿐, 몽고에 대항하는 최선의 방책은 아니었다. 이는 나라와 백성들의 안위를 생각하는 정책이었다기보다는 자신들의 정권만을 지키려는 지극히 단순한 방어논리에 불과했던 것이다. 왜냐하면 육지에 남아 있던 대부분의 고려 민중들이 몽고군에게 당해야 했던 약탈과 폭행은 그야말로 눈뜨고 볼 수 없을 정도로 비참했기 때문이었다. 이에 육지에 남겨진 일반 민중과 지방의 관리들은 중앙으로부터 군사적 지원도 받지 못한 상태에서 군과 현을 단위로 하여 산성(山城) 등에 전략거점을 마련한 후 수성전(守成戰)과 유격전 같은 방어전을 치르면서 적극적으로 그들에게 대항하였다[36].

물론 이러한 상황은 이미 예견되어 있었던 것이었다. 즉 고

---

35) 金潤坤, 「江華遷都의 背景에 대해서」, 『大邱史學』 15 · 16合集, 大邱 史學會, 1978, 參照.
36) 윤용혁, 「최씨무인정권의 대몽항전자세」, 『사총』, 21 · 22합집, 고려대, 1977, 참조.

려의 군사체제가 몽고군의 침입 이전에 이미 와해돼 가고 있었기 때문에 효과적인 방어전략을 수립할 수 없었기 때문이었다. 즉 무신란이 일어나기 전에 고려에서는 이미 무신전(武臣田)이 귀족들에게 침탈되어 중앙군인 경군(京軍)의 경제적 기반이 무너져버려 제대로 경군을 양성할 수 없었고, 또 무신이 집권한 이후 자신들의 세력을 유지하기 위해 사병(私兵)을 대량 보유하게 됨으로써 중앙군에 대한 관심이 없어진데 있었다.

따라서 이러한 상황은 거국적인 저항을 불가능하게 했고, 도망가버린 양반 귀족들 대신, 신분을 제한 받고 있던 하층 농민과 천민들에게 노비문서 등을 태우면서 용기를 북돋운 지방 수령들의 주도하에 항쟁하는 형식으로 전개되었다[37]. 이런 식의 항전은 초기에 약간의 성과를 거두기도 했으나 막강한 전력의 적들을 대항하는 데에는 족탈불급이었음은 뻔한 일이었다.

강화도로 천도해 간 무신정권은 강화도를 새롭게 정비하여 몽고와의 장기전에 대비하였다. 그리하여 천도 초기에는 강력한 사병집단과 지세를 이용하여 자신들의 정권을 유지하며 몽고에 대처할 능력을 갖추었으나 시간이 지날수록 강화에 있는 고려 조정의 정령(政令)이 온 나라에 미치지 않게 되었고, 육지에서 들어오는 조세의 수입도 격감하게 되어 국가의 재정상태는 악화되었으며, 이에 따라 관리의 녹봉이 제대로 지급될 수가 없었

---

37) 강진철, 「몽고의 침입에 대한 항쟁」, 『한국사』 7, 국사편찬위원회, 1972.

기에 점점 그 능력이 약화되어 갔다. 결국 이러한 분위기는 서서히 강화론을 제기시키는 계기가 되었다. 그러나 이러한 강화파들에 대해 무신정권은 전쟁상황에서의 무력을 기반으로 자신들의 정권을 유지하고 있었기 때문에 끝까지 항쟁을 고수했다.

그리하여 강화의 고려 무신정권은 불력(佛力)을 통해 몽고의 침입을 극복하려고 대장경을 각인하는 등 온갖 노력을 기울였지만[38], 6차례의 침입을 통해 전국토를 유린하면서 수많은 사상자와 20만 명이 넘는 포로들을 잡아간 몽고군의 횡포를 목격한 국민들의 원망과 몽고의 강도 높은 종용으로 위기를 느낀 강화파들은 쿠테타를 일으켜 최씨정권을 붕괴시켰다. 이를 기회로 고려정부는 몽고와 강화를 체결하였고, 1260년 이를 위해 고려의 태자는 몽고에 입조하게 되었다. 그리하여 철옹성이던 강화도의 요새는 파괴되었고 다시 개경으로 환도하게 되었으며, 귀국한 태자는 몽고로부터 왕으로 책봉되어 이제 고려는 몽고제국의 외번국으로 전락되고 말았지만, 고려는 잠시나마 평화적 시기를 맞이하게 되었다.

그러나 화평책을 주장했던 이들도 정권을 장악하게 되자 그 동안 물들어 있던 무신정권의 통치 스타일을 떨칠 수가 없었다. 그리하여 자신들의 정권기반을 다시 무력에 의지하게 되었는데, 바로 무신정권의 사병집단이었던 삼별초가 그들의 세력 바탕이 되었던 것이다. 그리하여 다시 무신집권기와 똑같은 통

---

38) 閔賢九,「高麗의 對蒙抗爭과 大藏經」,『韓國學論叢』, 國民大, 1978, 參照.

치스타일로 돌아서게 됐고, 이를 무마시키기 위해 초기 무신정권의 주모자들에 대한 재평가를 시도하기도 했던 것이다.

이러한 고려의 상황은 당연히 몽고정부가 요구하는 신하국으로서의 예를 취할 수가 없었다. 따라서 몽고의 간섭이 다시 시작되게 되었는데, 이를 무마하기 위한 각종 대몽정책이 취해지기도 했다. 즉 전란으로 군정수(軍丁數)가 적어졌으므로 몽고의 요구하는 바가 너무 가혹하다고 변론을 하는 등 몽고의 간섭을 일시적으로 벗어나는 외교적 전술을 쓰기도 하여 어느 정도의 효과를 얻기도 했으나, 시간이 지날수록 다시금 몽고에 대한 철저 항전의 분위기로 돌아가는 고려의 상황을 몽고는 알고 있었다[39]. 그리하여 몽고의 무력 간섭이 다시 초읽기로 몰리게 되자, 이에 대항할 방법이 없음을 안 고려조정에서는 다시 강화책이 강력히 대두되었다. 그리하여 이에 반대하는 우두머리들을 처치하면서, 한편으로는 삼별초의 군인들을 달래어 개경으로의 환도를 실시하게 되었던 것이다. 그러나 환도 직전에 삼별초를 해산하라고 하는 명령이 내려지자 자신들의 명단이 이미 몽고에 전해져 장래에 불안을 느낀 그들은 차라리 지금까지의 항몽의지를 관철시키는 것이 낫겠다고 생각하고 그들만의 독립적 정부형태를 취하며 진도로 옮겨가 고려조정에 맞서면서 계속적인 항몽을 표하며 반기를 들게 되었던 것이다.

---

39) 金庠基, 「三別抄와 그의 亂에 就하야」 (1, 2, 3) 『震檀學報』, (9, 10. 13), 1928, 1929, 1941, 참조.

제주도 북제주군 애월읍 항파두리 '삼별초 항몽유적지'

결국 배중손(裵仲孫)이 이끌던 이들은 당대의 인물이었던 김방경(金方慶)이 이끄는 정부군에게 패하고 말았는데, 이들을 정벌한 김방경은 당시 아주 뛰어난 재질을 갖춘 인물이었지만, 시대적 아이러니에 의해 나라를 위한 항몽에는 앞장서지 못하고 동족과 살육전을 펼치는 역할을 해야했던 비운의 인물이었다. 이러한 원인은 모두가 대외관계에 대한 무신정권의 독단과 권위적 행태에서 연유된 것이었고, 또 정치적 이해관계에서 비롯된 당시 권력자들의 한계성에서 나타났던 불우한 우리 역사의 시대적 산물이었다고 할 수밖에 없다.

2) 여몽연합군의 대일본 원정

몽고가 고려를 공격하여 고려의 국정을 좌우하게 되었을 즈음, 일본에서는 가마쿠라(鎌倉) 막부체제가 동요되면서 전국적인 혼란이 일어난 틈을 탄 왜구들이 한반도 주변에 창궐하게 되었다. 이들 왜구는 당말 이후 새로운 동아시아 국제질서의 한 형태로 자리잡고 있었던 국제교역질서를 방해하는 요인이 됐고, 특히 몽고는 이들이 중시하고 있던 한반도를 중심으로 한 해상 교역권의 질서가 왜구에 의해 문란해지게 되자 이를 바로 잡을 필요를 느끼게 되었던 것이다. 몽고는 이 무질서의 유발자들이 일본이라는 사실을 인식하게 되었고, 왜구를 정복의 대상자로서 여기게 되었다. 그러나 몽고는 일본에 대해 무지했던 데다가 해전에는 약했던 정부였던지라 처음부터 무모한 정벌을 시도하기는 어려웠으므로 쿠빌라이는 일단 일본에 6차례나 사신을 파견하여 그들의 태도를 떠보려 하였다. 그리하여 1266년에 최초의 사신이 파견되었는데, 이들 사신은 일본으로 가는 항로에 어두웠기에 고려인이 길을 안내해야 했다. 고려정부에서는 이러한 일이 빈번해지면 고려의 부담이 클 것을 예상하여 고의로 파도가 강하게 치는 거제도를 경유하는 길을 택함으로써 항해에 두려움이 많은 몽고사신이 일본으로 가기도 전에 겁을 주어 중도에서 중지되고 말았다[40].

그러나 두 번째로 1267년 말 경에 출발한 사신 일행은 다음해 정월에 일본 다자이후(大宰府)에 도착하게 되어 원나라 세조 쿠빌라이와 고려왕이 보내는 국서가 다자이후에서 가마쿠라를 거쳐 교토에 전달되도록 했다. 그러나 일본 가마쿠라 막부는 이에 대한 아무런 회답도 주지 않아 두 나라 사신들은 아무런 소득도 없이 귀환해야 했다. 그럼에도 1268년과 1269년에 제3·4차의 사신이 파견되었다. 그러나 이들에 대한 일본측의 대우는 더 심하여 이들을 쓰시마에만 머물게 하면서, 국서에도 답장을 주지 않아 그들 또한 그냥 돌아와야만 했다[41].

그런데 제4차 사신이 출발하려고 할 때 고려에서 국왕을 폐위시키려는 내분이 일어났다. 그러자 몽고는 고려왕을 보위한다는 구실아래 1270년에 군대를 다시 고려에 상주시켰다. 이러한 몽고군을 배후로 두고 있는 고려왕이 결국은 자신들을 무력으로 견제할 것이라고 판단한 강화도 수비대인 삼별초는 무신정권기간 누렸던 자신들의 지위를 유지키 위해 반란을 일으켰다.

그리하여 삼별초는 진도를 자신들의 근거지로 하기 위해 그곳으로 옮기면서 항쟁하다가 이후에는 탐라(제주도)를 점령하여 해상교역로를 통제하며 고려정부와 몽고군에 항쟁했다. 농민과 천민들도 이들 세력을 지지해서 호응하는 바람에 한때는 세

---

40) 西嶋定生, 『日本歷史の國際環境』, 동경대학출판회, 1985, 204쪽.
41) 西嶋定生, 앞의 책, 204-205쪽

력이 왕성해 지기도 했으나 결국은 3년 후인 1273년에 정부군과 몽고군에 진압되고 말았다.

이처럼 고려에서의 정정이 불안한 가운데서도 몽고의 쿠빌라이는 제5차·6차의 사신을 계속해서 일본에 파견했다. 그러나 휴대해간 국서에 대한 일본정부의 회답은 시종일관 묵묵부답이었다. 이에 몽고 정부의 분노는 커질 대로 커지게 되어, 결국 1271년에는 일본원정을 위한 몽고군의 둔전(屯田)이 고려땅에 설치되게 되었던 것이다.

이처럼 자신들의 권위에 아무런 반응이 없는 일본에 대해 화가 날대로 난 쿠빌라이는 일본원정을 적극 추진하게 되었다. 그러나 바다에 약했던 몽고군이었던 탓에 자신들만의 힘으로는 한계가 있었기에 고려의 힘을 빌려야 했지만 당시 고려는 삼별초의 난으로 인해 이러한 몽고의 요구를 들어줄 수 없는 형편이었고, 몽고 또한 이들이 있는 한은 후방이 불안정해 후환이 있을까 두려워 먼저 삼별초 토벌에 힘을 기울이여 1273년에 이들을 진압하게 되었다. 그리하여 그 다음해인 1274년에 몽고는 고려에게 원정에 필요한 배의 건조와 징병을 요구하게 됐고, 이어서 편성된 여몽연합군은 기타규슈(北九州)로 대규모 정벌을 시행하게 되었던 것이다. 월등한 군사력을 지니고 있던 여몽연합군은 도착하자마자 상륙하여 승리를 거두었으나 그 날 저녁에 불어닥친 태풍에 의해 모든 배들이 전복되거나 표류하여 결국 실패로 돌아가고 말았다.

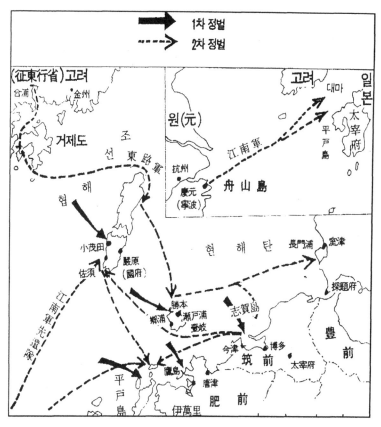

여몽연합군의 일본정벌도

　　그러나 몽고는 그 다음해에도 계속해서 원정군을 일으키려
고 고려에 배의 건조와 징병을 재차 요구하였다[42]. 그러나 당시
고려의 재정이나 역량이 이러한 요구를 쉽게 받아들일 수 있을
만큼 충분치 않아 고려정부는 그들의 요구를 차일피일 미루는

---

42)『元史』「日本傳」

형편이었고[43), 당시 중국 대륙 또한 1268년이래 남쪽에서 항거하고 있던 남송의 반격이 계속해서 치열하게 전개되고 있었기 때문에, 쿠빌라이는 먼저 남송 정벌에 온 힘을 기울이기로 하고 대신 일본의 정정을 살피기 위해 다시 1275년에 제7차 사신을 파견하였던 것이다.

그러는 가운데 7번째로 파견된 사신이 가마쿠라(鎌倉)에서 참살되고 말았다. 이에 남송 정벌 때문에 일본 원정을 지연하고 있던 쿠빌라이는 1279년 남송을 정복하자마자 재차 일본 정벌에 나서게 되었다. 이 때에는 고려와의 연합군뿐만이 아니라 남송의 지배하에 있던 강남군(江南軍)도 동원한 대규모 정벌이었다. 또 원래 일본에 대한 정벌의도가 일본과의 화친을 목적으로 시작한데서 이제는 일본을 완전히 정복하여 지배하려는 태도로 바뀌었다. 이는 일본을 정복하기 위한 기구 즉 정수일본행중서성(征收日本行中書省=征東行省)이 설치된 점과 정벌군들이 일본에 정착하기 위해 쟁기와 괭이 등을 지참하고 있었던 사실에서 알 수 있다.

그러나 1281년 병사 14만에 전함이 4천여 척이나 되는 엄청난 규모의 제2차 정벌군도 결국은 상륙하기도 전에 불어닥친 태풍에 의해 좌절되고 말았다. 그러나 이제 중국의 정통왕조로서 이들 왕조가 갖고 있는 전통적 요소 즉 동아시아 국제질서

---

43) 이러한 고려의 사정에도 불구하고 원나라의 造船 총감독인 홍다구는 냉혹하게 다그치며 원정준비에 열을 올렸다. 旗田巍 『元寇』, 108쪽.

체제를 정립하려고 하는 욕망과 또 두 차례의 정벌 실패가 모두 자연적인 저항에 의해 성공하지 못한 것이기 때문에[44], 원의 세조 쿠빌라이는 계속해서 일본원정 계획을 포기하지는 않았다. 그렇지만 이후 계속된 원나라 내부의 정정 불안과 동아시아 주변국가의 대몽고 항쟁이 각지에서 일어나게 됨에 따라 일본의 원정은 이후 중지되고 말았다. 이로부터 일본은 외부의 간섭을 받지 않은 채 자기들 나름대로의 역사발전을 추진해 나갈 수 있는 전기를 맞이하게 되었다.

3) 여몽연합군의 일본정복 실패와 왜구의 창궐

일본에 대한 두 차례의 원정이 실패로 돌아간데 대해 분노를 삭이지 못하고 있던 쿠빌라이는 1283년 8월에 출정한다는 계획 아래 1282년부터 일본 정벌을 위한 준비에 착수 중이었다. 1283년 8월에 출정한다는 계획을 수립해 놓고 있었다. 이러한 계획아래 원나라는 곧 고려와 중국의 강남지방에 출정하는데 필요한 배·군량·군사 등을 준비하라는 명령을 내렸다.

그러나 이러한 요구는 양국의 상황에서 볼 때 너무나 무리한 요구였다. 그리하여 강남의 중국인들은 반란을 일으키고 몽

---

44) 원정의 실패에 대해서는 여러 가지 설이 있다. 김구춘 편, 앞의 책, 324-325쪽.

고에 저항했지만 몽고의 기세를 꺾지는 못했다. 그리하여 그 이듬해에는 정벌을 위한 준비에 이들 지역의 주민들은 징집되어 훈련을 받기에 이르렀다. 그러는 한편 몽고는 또 다시 사신을 일본에 파견했지만 이들 사신이 쓰시마에 도착하자마자 살해당하고 1283년 후기부터 광동·광서·복건·호남·강서 등지에서 반란이 일어나 결국 원정계획은 중지되는 상황에 이르고 말았다. 더구나 오늘날 운남성 부근의 점성국(占城國)이 원나라를 배반하자 이를 정토하기 위해 보낸 군대가 1284년 폭풍우를 만나 커다란 손해를 입은 채 실패하고 마는 일마저 벌어졌다[45].

그러나 이런 일들이 정리되는 1285년에 이르면 원나라는 다시 대규모 일본 원정계획을 선포하였다. 그러나 이 계획도 1251년이래 몽고의 책봉을 받고 있던 번국인 안남국(安南國=베트남)이 조공의 임무를 다하지 않자 1284년 몽고군이 정벌에 나섰는데 이들의 저항이 너무나 완강하여 일본원정에까지 신경을 쓸 여유가 없어서 이 계획 또한 제대로 추진되지 않았다. 그리하여 일본 원정 계획은 다시 중단되었는데, 이렇게 되자 고려와 중국 강남 사람들은 부담이 줄게 되어 크게 기뻐했다고 한다.

그럼에도 몽고의 일본 원정 계획은 꾸준히 계속되었다. 그러나 이제는 몽고내부의 정정이 새로운 장애로 등장했다. 그 대표적인 사건이 1287년에서 1291년까지 원나라 내부를 뒤흔들어 놓은 노얀의 반란이었다. 이 반란은 그 규모가 아주 커서 몽고

---

45) 西嶋定生, 앞의책, 207쪽.

지방·중국동북지방, 그리고 한반도에까지 그 전운의 그림자가 드리워질 정도였다. 이윽고 이 반란이 진압되자 이제는 여러 해 동안 쿠빌라이의 정적이었던 하이즈가 원나라를 공격하기 시작했다. 그리고 동북지방에서는 노얀의 뒤를 이은 하단이 반란을 일으키면서 그 여세를 몰아 고려에 침입하였는데, 고려왕은 이들을 피하기 위해 재차 강화도로 건너가지 않으면 안될 정도였다[46].

쿠빌라이가 죽을 때까지 포기하지 않던 일본 원정계획은 이러한 국제정세의 변화 때문에 결국 이루어지지 못했는데, 이러한 국제정세는 곧 몽고의 무리한 지배정책에 대한 동아시아 주변 국가의 저항에서 나타났던 것으로 원나라 스스로 그 원인을 제공했던 것이나 다름없었다. 하지만 일본만이 이러한 동아시아의 변화가 자신들의 위기를 면하게 해주었다는 사실조차 까마득히 모르고 있었는데, 그야말로 이를 두고 역사의 아이러니라고 하지 않을 수 없을 것이다.

여몽연합군의 대일본 원정 실패는 결국 원나라에 의해 동아시아 국제질서가 새롭게 재편되지 않았다고 하는 점을 의미하는 것이기도 하다. 이는 다시 말해 당제국이 멸망한 10세기 이후 중국의 경제력을 바탕으로 새롭게 재편되던 동아시아의 질서체제가 아직 정비되지 않은 채 간신히 그러한 형태로 전환돼 나가고 있었음을 의미하는 것이기도 하였다.

---

46) 西嶋定生, 앞의 책, 208쪽.

이러한 느슨한 동아시아 교역질서체제의 틈을 이용하여 자신들의 개인적 이익을 위해 출현한 것이 왜구였다[47]. 이들은 13세기 전반부터 한반도에 나타나 노략질 등을 일삼았는데, 이러한 그들의 작태가 동아시아의 전반적인 교역질서를 문란시킨다고 판단한 몽고의 쿠빌라이가 일본을 정벌하는 것은 이미 앞에서 설명한 바와 같다. 그러나 몽고의 원정이 실패하고, 또 일본 내에서 가마쿠라 막부가 멸망하여 남북조간에 경쟁이 치열해져 일본 국내가 혼란한 상태로 들어서자 왜구의 활동은 대규모화하게 됐고, 행동 또한 대담하게 되었다[48].

이들이 역시 주로 출몰했던 지역은 한반도로서, 이들은 한반도의 각 곳에 출몰하여 쌀을 약탈하고 사람들을 납치해 갔다. 납치해간 사람들은 여자고 남자고 간에 노비로 사역을 시키던지 아니면 다른 곳에 팔아 넘겼는데[49], 이러한 상황은 고려가 쇠약하기 시작하는 15세기 후반에 들어 그 정도가 더욱 심각해져 갔다[50]. 그리고 이들 왜구의 활동범위는 이제 중국에까지 서서히 미치게 되었는데, 이러한 상황은 여러 사료에서 볼 수 있다. 이는 바로 이들 왜구의 활동이 대동아시아 교역질서에 엄청난 파문을 일으켰음을 대변해 주는 것이라고 볼 수 있다.

---

47) 石原道博, 『倭寇』, 日本歷史叢書, 吉川弘文館, 1964, 參照.
48) 孫弘烈, 『高麗末期의 倭寇』, 『史學志』, 檀國大, 1975, 참조.
49) 왜구들의 해적행위에 대한 사례는 『태종실록』을 참조.
50) 신석호, 「여말선초의 왜구와 그 대책」, 『국사상의 제문제』 3, 국사편찬위원회, 1959, 참조.

4. 원명(元明)의 교체와 여선(麗鮮)의 교체

1) 원명교체에 대한 고려의 대응

몽고의 지배를 받아야 했던 고려정부는 원나라에 복속됐던 다른 나라와는 달리 독립적 형태를 유지하고는 있었다. 그것은 내용적으로 크게 평가할만한 것은 아니었고, 그저 무신정권과 하층 농민들의 철저한 저항으로써 그 명맥을 유지했던 것이다. 그러나 문제는 고려사회를 이끌어 나가는 사회 지도계층들의 무능과 부패에 있었다. 그들은 오히려 몽고의 세력을 등에 업고 당시의 혼란한 상황을 이용하여 자신들의 부귀영화를 추구하는 데만 힘을 기울였던 것이다. 이러한 귀족계층들에 의해 이끌려 가고 있던 고려왕실이 제대로 국정을 다스릴 리가 없었음은 당연한 귀결이었다[51].

특히 몽고의 고려왕실에 대한 간섭은 그 도의 지나침이 이루 말할 수 없을 정도였다. 즉 고려왕실은 반드시 원나라 공주를 정비로 맞아야 했고, 그 사이에서 태어난 자가 왕위를 계승해야 했다. 더구나 이들은 원의 수도였던 연경(燕京)에서 철저한 교육을 받았고, 왕이 된 다음에도 수시로 연경에 가서 그들

---

51) 高柄翊, 「高麗 忠宣王의 元 武宗 擁立」, 『歷史學報』, 17, 18合集, 1962.

로부터 신임을 물어야 했다. 더구나 25대 충선왕 이후 6대에 걸친 77년간은 왕호 앞에 충(忠)자를 붙여 원나라에 충성하는 표시까지 했던 점으로 보아 당시 고려왕은 일국의 왕이 아닌 몽고의 지방관리와 같은 지위에 있었음을 알 수 있다.

따라서 당시 고려왕의 등극과 폐위는 원나라에 의해 마음대로 조정되어 자신들에게 조금이라도 반발을 하는 왕은 가차없이 폐위시키고 새로운 왕을 등극시키곤 하였다. 따라서 국왕을 비롯하여 모든 왕실의 신하들은 구왕파·신왕파·왕비파 등으로 나뉘어 서로 싸웠고, 나아가 자신들의 정권장악을 위해 다투듯이 원나라에 아부함으로써 원나라가 고려왕실을 조정하기 쉽도록 지원하기도 하였다.

이러한 고려정부의 내면을 파악한 원나라는 이제 고려를 본격적으로 자신들의 수하에 두기 위해 국정을 간섭할 수 있는 기구를 설치하려 했는데, 바로 다루가치가 지배 통치하던 정동행성의 설치였다. 정동행성은 원래 일본을 정벌하기 위해 설치한 관청인데 일본원정이 사실상 포기된 이후부터는 고려정부의 국정을 간섭하는 기구로 그 성격이 바뀌었다. 그러나 고려의 저항도 만만치 않아서 후에 몽고는 이 정책을 전환시켜 대신 자신들의 이익과 직접적인 관련이 있는 지역에 쌍성총관부(雙城摠管附)·동녕부(東寧附)·탐라총관부(眈羅摠管附)를 두어 고려 영토의 일부를 자신들이 직접 관할하여 통치하는 형식을 취하였다. 이 중에서 쌍성총관부는 공민왕이 북벌을 실시하여 이를 수

복할 때까지 존속하였다.

이러한 몇 가지 예에서도 알 수 있듯이 원나라의 노골적인 간섭은 고려정부의 지도체제 자체를 흔들어 놓았고, 또한 그들의 요구가 지나쳐 이를 부담해야 하는 농민들의 고충은 말할 수 없을 정도였으며, 더구나 이러한 시세를 이용한 관리계층의 가렴주구는 그 도가 지나쳐 고려사회가 더 이상 지탱될 수 없는 정도로까지 치닫고 있었다.

공민왕(恭愍王)이 왕위에 등극하는 시기의 국제적 환경은 중국 남쪽에서 한족에 의한 명이 건국되어 몽고를 축출하고 새로운 중화제국의 주인으로 부상하고 있던 시기였다. 이런 혼란한 상황하에서 당분간 중국은 한반도 문제에 대해 관심을 둘 수 없었다. 따라서 이러한 시기에 등극한 공민왕은 이러한 기회를 이용하여 그동안 원나라의 간섭에 의해 자주성을 상실한 고려정부의 존재를 새롭게 정립시키고, 원나라에 아부하며 자신들의 사리사욕만 채우던 귀족·관료들을 척결하는 정치개혁을 단행하게 되었다.

공민왕은 먼저 반원자주(反元自主)의 기치를 들고 국민의 공감대를 이끌어 내기 위해 몽고풍의 변발을 없앴고, 황후의 친족으로 당시 위세를 떨치고 있던 기철(奇轍) 등 원나라에 의지하여 권세를 휘둘던 무리들을 숙청히였으며, 원나라 연호도 폐지하였다. 그리고 원의 제도를 모방하여 실시하고 있던 관제를 혁파했다.

특히 내정개혁은 기존의 권문세가와 전혀 관계가 없던 승신돈(辛旽)을 임명하여 주도케 했는데[52], 그는 초기에는 자신의 뛰어난 능력을 발휘하여 혼탁해 있던 고려사회의 적폐를 일소하는데 많은 공헌을 하였다. 즉 당시 권문세가들이 토지를 겸병하여 농민들이 토지를 잃고 유랑함으로써 사회적 문제가 가중되자 토지개혁관청인 전민변정도감(田民辨整都監)을 설치하여 부호들이 강제로 빼앗은 토지를 원래의 소유주인 농민에게 돌려주고, 노비가 된 자들을 자유인으로 환원시켜줌으로써 국가의 재정과 민심의 동요를 막아 고려가 일시적으로 안정을 찾는데 많은 기여를 했다. 그리고 이를 바탕으로 하여 그 기반을 잃은 권문세족을 차제에 축출하고 신진관료들을 대거 기용하여 새로운 세력으로 정부의 권한을 강화시켰으며, 성균관의 재건 및 유교의 부흥을 통해 통치권위를 확립시키는데 노력했다.

그러나 지나치게 급진적이었던 신돈의 개혁정치는 권문세가의 강력한 반발을 불러일으켰고, 나아가 그를 지지하던 국왕을 비롯한 신진관료들도 그의 방탕하고 오만해진 자세를 비판하여 호응해주지 않게 되자, 홀로된 그의 세력은 보잘것없이 되어 결국 반대파에게 살해당함으로써 그의 역할은 끝이 나고 말았다. 이는 결국 새롭게 거듭나려고 했던 고려정부의 개혁의지가 약화됐음을 의미하는 것이고, 이를 기반으로 추진됐던 북진

---

52) 민현구, 「신돈의 집권과 그 정치적 성격」(상, 하), 『역사학보』 38, 40, 1963, 참조.

정책을 뒷받침할 수 없게 됨으로써 요동지방의 고토회복을 포기케 하는 결정적 요인이 되고 말았다.

2) 명의 건국과 국제질서의 정비 노력

왜구의 활동이 심각해지면서 고려정부에 커다란 압력을 가중시키고 있을 때, 중국에서는 원나라의 지배력이 약해져서 각지에서 반란이 끊이지 않게 되었다. 이들 반란군 가운데 농민출신으로 후에 명나라를 건국하는 주원장(朱元璋)이 나타나 원나라를 중국대륙의 북쪽 끝으로 쫓아내고 중국을 다시 한족의 손으로 통일시키는 역사적 대업을 이루게 되었다.

당시 중국의 이러한 변화에 영향을 받은 한반도에서는 고려가 멸망하고 왜구 격퇴에 공이 있던 이성계가 조선을 건국하였으며, 일본에서도 가마쿠라막부가 몽고 격퇴에 대한 논공행상이 문제화 되면서 내부 혼란이 가중되어 통제력이 약화되자 무로마치(室町) 막부가 성립되게 되었다.

새로운 중화세계의 주인이 된 명 왕조의 과제는 바로 이러한 동아시아 교역권의 질서를 정립시키는데 있었다. 명 태조는 먼저 사절단을 안남, 점성, 고려, 일본 등 주변 각국에 보내 자신의 즉위 사실을 통보하여 조공을 해 올 것을 요구했다[53].

---

53) 川勝守,『日本近世と東アジア關係』, 吉川弘文館, 2000, 24쪽.

고려왕조에서는 이러한 중국측의 의도를 잘 파악하지 못했던 것인지, 아니면 전통적인 국제관계상의 의리를 고집한 때문인지 종래의 원나라와 계속 관계를 가질 것인지, 아니면 새롭게 등장한 명과 새로운 관계를 정립할 것인지를 두고 언쟁을 하다가, 결국 1369년 명나라 사신들이 고려에 오는 것을 기회로 원나라의 연호(年號) 사용을 금지했고, 동시에 명나라에 사신을 파견하여 명의 건국을 축하했으며, 1370년에는 명으로부터 책봉을 받아 명의 연호를 사용하게 되었다[54].

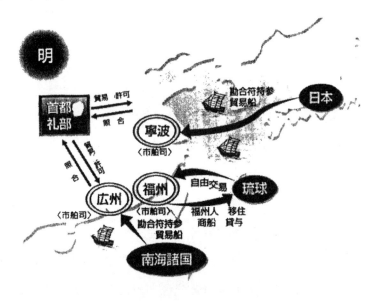

감합무역(勘合貿易)의 시스템

---

54) 황운용, 「고려 공민왕대의 대원·명관계」, 『동국사학』 14, 동국대, 1980, 참조

이렇게 하여 명나라의 외번국이 된 고려에 대해서 명 태조는 3년에 한번씩 입조할 것을 명했고, 동시에 왜구를 신속히 토벌할 것을 독려했다. 이는 바로 동아시아의 국제질서를 재편하고자 한 명나라의 의도가 고려에 전달된 것이고, 이를 통해 새로운 질서체제의 재편을 위한 수순이 착수된 것임을 알 수 있다.

한편 일본에 대해서는 왜구의 활동을 신속히 종식시키라고 요구했다. 명 태조는 규슈의 가네나가(懷良) 친왕(親王)에게 왜구의 소탕을 요청했고, 영락제(永樂帝)는 무로마치(室町)막부의 장군 아시카가 요시미츠(足利義滿)에게도 왜구 소탕을 요청하여, 그 수단으로써 그를 일본 국왕에 책봉하였다. 그 결과로 나타난 것이 감합무역(勘合貿易)인데, 이는 이후 명일(明日) 양국간 무역의 표본이 되었다[55].

이 감합무역이란 동아시아 교역권의 존재를 배경으로 정치적 국제관계 질서화를 유도하기 위한 명나라의 국제통치책으로, 이를 통해 명은 6세기이래 일본에 해왔던 책봉을 다시 정립시켰고, 이로써 중일간의 군신관계는 다시 시작되게 됐던 것이다. 이러한 감합무역은 명이 정치적 국제질서관계를 재편성했음을 의미하는 것이고, 이것의 안정화와 함께 동아시아세계 질서는 재편성되었던 것이다.

---

55) 義江彰夫 『日本通史 1卷 - 歷史の曙から傳統社會の成熟へ』 앞의 책 19), 334~335쪽.

그러나 일본의 막부는 그들의 재정이 이 무역에 의존하고 있었기에 이를 계속 지속하려고 노력하였는데, 이러는 과정에서 이에 대한 이권을 둘러싸고 대대명(大大名)과 대사사(大寺社)가 정쟁을 하게 되어 다시 해상질서가 문란해지게 됨으로써 왜구의 출현이 재차 나타나게 되었다. 이를 역사에서는 후기 왜구의 출현이라고 하는데, 이것이 곧바로 일본 전국시대(戰國時代)로 연결되어 일본 내에서는 하극상(下剋上)에 의한 전국(戰國) 다이묘(大名)가 출현하면서 막부권력이 약화되었고, 이로써 왜구의 극성은 더해갔다[56]. 당시 전국의 다이묘들은 국제적 지식이 없었기 때문에 감합무역의 중요성을 이해 못하고 당장의 이익만을 취하기 위해 왜구와 결탁하니 명·일간의 공적인 교역은 중지되었고, 이로써 동아시아의 교역질서는 다시 엉망이 되게 되었던 것이다[57].

이처럼 송대 이후 교역을 통한 동아시아 질서의 새로운 체제는 두 차례의 왜구 출현으로 말미암아 그 안정 체제를 잃고 중심축이 흔들리면서 동아시아세계는 안정적 발전을 추구해 나갈 수 없게 되었던 것이다.

---

56) 佐伯弘次「海賊論」,『アジアから考える - 海上の道 』Ⅲ, 동경대출판회, 1992, 參照.
57) 三田村泰助『明と淸』(世界の歷史 14』河出西方新社, 1990) 203~206쪽.

3) 여말 대외교 노선의 갈등과 조선의 출현

이러한 국제관계의 혼돈 속에서도 고려 조정 내에서는 여전히 명분만을 중시하여 원나라와의 기존관계를 유지하려는 친원파와 새롭게 대두한 명과의 관계를 돈독히 하는 것이 현실적으로 이익이 있다고 주장하는 친명파가 나뉘어 대립하고 있었다. 당연히 기존의 세력을 유지하고픈 권문세족들이 친원파의 주류였고, 친명파는 그들의 세력 앞에 여러 면에서 불이익을 당하고 있던 신흥 관료들이었다.

이러한 이들 양자의 대결은 공민왕이 개혁정책과 진취적인 그의 북진정책을 유리하게 이끌기 위해 가까이에서 간섭하는 원나라보다는 당시 고려와 협공을 취해 원나라에 대결하려 했던 명이었던지라 고려 입장에서는 대하기가 편한 명나라와 접근하려는 정책을 취했다.

실질적으로 명나라는 원나라를 물리치기 위해 고려와 합작하는 것이 바람직하다고 생각하였기에 공민왕 즉위시 스스로 금인과 왕호를 주며 고려를 달래기까지 했다[58]. 그런 원인으로

---

58) 그러다가 원나라가 축출되자 공민왕의 북진정책이 일어날까 두려워하여, 고려가 공민왕의 뒤를 이어 즉위하는 우왕에게도 책봉해 줄 것을 요구하자, 이를 기회로 고자세적인 태도를 보이기 시작했다. 이러한 차제에 명의 사신이 고려에 왔다가 살해당하는 사건이 일어나자 명의 고자세는 더욱 높아져 우왕의 승인 요청은 묵살되고 나아가 5년 동안 계속해서 보낸 고려의 사신들을 모두 체포하는 만행을 부리기도 했다. 그

해서 초기에는 신흥관료들의 입장이 나온 듯이 보였지만 공민왕의 개혁과 북진정책이 실패하면서 살해당하자 고려조정의 움직임은 다시 친원쪽으로 유리하게 전개되어 갔다.

이러한 고려정부의 분위기를 모를 리 없는 명나라는 내심 불쾌히 여기고 있던 데다, 한편으로는 자신들의 영토확대를 위해 고려와 국경문제를 확실히 매듭지어야 하고, 또 북방에서의 주도권을 쥐기 위해 고려와 대결해야 하는 입장에서 서서히 고려에 압력을 가하기 시작했다. 그러한 첫 번째 시도가 함경도와 강원도의 경계에 위치하고 있던 철령(鐵嶺) 이북 지역과 이서·이동 지역을 직접 통치하겠다고 하면서 철령위(鐵嶺衛)를 설치한다고 하는 통보였다[59].

이러한 명나라의 처사는 친명정책을 추진하던 신흥관료파들에 있어서도 분노를 자아내게 하는 행위였다. 특히 권문세가들의 부패로 인해 국가의 장래를 걱정하던 최영·이성계·조민수 등의 분노는 대단했다. 비록 이들의 외교노선은 달랐지만 국가를 사랑하는 마음이야 같았기에 그들은 힘을 합쳐 권문세가들을 물리치고 권력을 장악하고 있던 때였다. 그러나 명의 철령

럼에도 전통적으로 책봉에 의해 왕의 권위를 인정받은 고려정부는 5년 동안의 공물을 일시불로 바치는 조건으로 책봉을 받아냈다. 당시 공물의 액수는 금 5백 근·은 5만 냥·포 1만 필·말 5천 필이라는 기하학적인 액수였다. 이러한 수모에다 고려영토를 직접 통치하려는 명나라에 대해 저항하려고 한 것이 최영을 중심으로 한 북벌의 추진이었다.

59) 김용덕, 「鐵嶺衛考」, 『중앙대논문집』6, 1961, 참조.

위 설치문제에 대한 이들의 대처방식은 서로 달랐다.

즉 최영은 명의 국력이 우세하다는 현실을 무시하고 공민왕 때의 북벌정책 실패를 아쉬워하여 명의 이러한 행태에 분노를 느끼며 이들과 무력적으로 대처하려 했고, 반대로 이성계와 조민수는 명의 국력이 우세하므로 일단은 국가의 안정과 국력신장이 급선무라고 생각하여 명과 친선관계를 계속 유지해야 된다고 하는 쪽이었다.

그러나 결국 최영의 명에 의해 명의 정벌에 나서게 된 이성계·조민수 등은 위화도에 이르러 군사를 돌려 개성으로 돌아와 최영 일파를 몰아내고 자신들의 정권을 창출하는 것이니 이것이 바로 조선의 개국이다. 위화도에서 회군할 때 이들은 자신들의 의견만으로 결정할 수 없었기에 질병과 장마에 의한 군의 사기저하 등등의 이유로 회군의 변명을 하고 있지만, 이미 이들이 출정하기 전에 이들 일파에 의한 경제적 조치를 통한 재정적 우위의 확보, 또 여진족과 왜구 등을 토벌하면서 쌓아놓은 인기 등을 통해 이미 역성혁명을 일으킬 수 있는 제반 준비를 다 해 놓은 상태에서 그 빌미를 얻기 위해 「회군의 변」을 늘어놓으며 쿠테타를 일으킨 것이 아닌가 한다[60].

이렇게 하여 조선이 건립되게 되자 이성계는 조선 건국을 국제적으로 승인 받는 일이 가장 급선무였다. 그리하여 이성계

---

[60] 朴天植,「戊辰 回軍功臣의 冊封顚末과 그 性格」,『전북사학』3, 전북대, 1979, 참조.

는 말 1만 필을 명나라에 보내 그들의 마음을 떠보기도 하고 공민왕에게 보낸 금인을 돌려보내 자신과 고려와는 전혀 관계 없음을 표하기도 했으나, 국호만 조선이라는 이름을 얻어냈을 뿐 이성계에 대한 책봉은 이루어지지 않았다[61]. 그러다가 명나라 제3대 황제 영락제가 쿠테타로 황제에 등극하면서 자신의 약점을 보완하기 위해 그 동안 계속돼 온 조선의 요구를 마지못해 들어주는 식으로 태종 3년(1400)에야 겨우 책봉을 허락했다. 그러는 사이에 명나라에 바친 공물의 수는 엄청났고, 이는 모두 조선백성들의 부담으로 대신되었다.

그러나 이후에는 명의 쇄국제도를 이용하여 조선이 일본과 명나라의 중간에서 비단, 서적, 은, 동 등의 물품을 중계무역에 의해 많은 이익을 얻었고, 또 조공무역을 통해 국가의 재정을 확충했던 것은 명분을 통해 실리를 얻는 외교정책으로 전환되는 결과를 가져오기도 했다. 그리고 이러한 경제적 발전을 토대로 조선이 초기에 안정을 구할 수 있었는데, 이러한 명분과 실리를 잘 연계시키는 외교정책이 계속 지속되지 않았던 것은, 이후 조선이 주변국가로부터 시달림을 받게 되는데 근본 원인이 있었던 것이다.

---

61) 이성계는 당시 여진문제와 세공(歲貢)문제로 명과 조선의 관계가 매끄럽지 못했던 관계로 왕위 승인을 받지를 못했다. 그리하여 「조선국왕」이라는 칭호를 사용하지 못하고 「權知高麗國事」라는 칭호를 써야 했다.

5. 근세 동아시아세계의 대외관계와 조선의 역할

1) 조선초기의 대일본 안무(按撫)정책

14세기는 동아시아 전체에 커다란 혼란이 일어났던 대동난 시대였다. 중국에서는 원나라가 주원장에게 쫓겨 북쪽으로 물러났고, 대신 명이 건국되었으며, 한반도에서는 중국의 정세변화에 따른 친원파와 친명파의 대립이 일어나 고려왕조가 멸망되기 일촉즉발의 상황에 처해 있었다. 한편 일본에서는 가마쿠라(鎌倉)막부 말기에 남북조간에 전쟁이 일어나 민중의 생활이 극도로 피폐해져 왜구를 발생시키는 사회변혁기에 있었다.

왜구의 모습

왜구는 주로 쓰시마와 이키섬에 살고 있던 농민들이 생활물자가 없게 되자 서일본 연안을 황폐시킬 정도로 만행을 저지르고도 부족하여 한반도에까지 몰려와 침략행위를 하던 자들을 말하는데, 여기에 마쓰우라(松浦)의 무사단과 세토내해(瀨戶內海)에서 활동하던 해적들이 가세하면서 이들의 세력은 더욱 확대되었다.

그러나 이들은 어디까지나 일본측이 말하듯 일본민족의 진취적 기상을 나타내는 용감한 무리들은 아니었고, 다만 2~30척의 선단으로 야음을 틈타 한반도의 남부해안지대를 습격하던 도둑들에 불과했다. 더구나 이들이 주로 나타나는 곳은 경비가 그다지 삼엄하지 않은 곳에만 출몰한데다, 당시 한반도의 왕조는 북방에 군사력을 집중시키고 있었기 때문에 남방에까지 신경을 쓸 여유가 없어서 이들을 철저히 방어할 수가 없었다. 이렇게 침략하여 그들이 약탈해 가는 것은 그야말로 싹쓸이였는데, 특히 한국인을 납치해 가거나 불상 등을 훔치는데 최대 역점을 두었다[62].

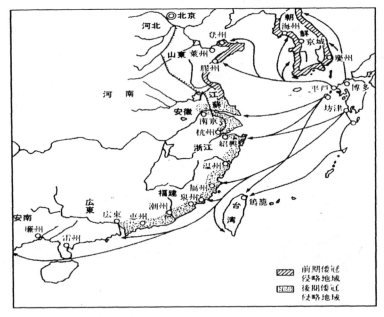

전·후기 왜구의 침략지역

---

62) 西嶋定生, 앞의 책, 214-216쪽.

이러한 왜구의 침략에 의한 피해를 줄이기 위해, 1376년 몽고의 침입이래 일본과의 관계를 끊고 있던 고려정부는 아시카가 정권에 의해 새로 태어난 무로마치(室町) 막부에 사절단을 파견하여 왜구의 토벌을 요구했다. 그러한 이래 양국의 선린관계는 이후에도 계속되어져 고려가 멸망한 후에도 조선과 계속 연계되었다.

조선과의 관계에서도 먼저 제의를 한 쪽은 조선 쪽이었다. 조선은 왜구문제가 여전히 국내불안의 요인이 되었기 때문에 사절단을 보내 왜구의 방지를 재삼 요청했던 것이고, 이에 대해 남북조를 통일한 무로마치 막부의 장군 아시카가 요시미치는 이에 대한 답사로 사절단을 조선에 보내 왜구를 소탕하고 포로들을 돌려보낼 터이니 국교를 재개하자는 청원을 하기에 이르렀던 것이다. 이러한 교류의 재개는 양국 모두에게 절박하도록 필요했던 것인데 조선정부는 건국 이후의 국내안정을 위해 신속히 왜구문제를 해결해야 했으며, 무로마치 막부 입장에서는 자신들의 빈약한 정치적 지위를 조선과의 교류를 통해 확고히 다지려 했기 때문이다.

이러한 전후 사정을 알게된 규슈지역의 수고다이묘(守護大名)였던 오우치 요시히로(大內義弘)는 군대를 이키섬와 쓰시마에 보내 이들을 진압하고 왜구 진압 소식을 조선에 알리며 무역관계를 맺을 것을 요청하였다. 이러한 오우치의 재빠른 외교감각은 주변의 다이묘(大名: 영지를 가진 무사)들에게도 영향을

주어 쓰시마의 소씨(宗氏)·후쿠오카의 무나가다씨(宗像氏)·가
고시마의 시마쯔씨(島津氏) 등도 자신들의 휘하에 있던 왜구를
움직이지 못하게 하기에 이르렀다. 그리하여 해상이 안정되자
조선과 무로마치막부 양국은 사절을 파견할 수 있게 되었다[63].

1404년 일본은 사절단을 조선에 보낸 것을 계기로 무로마
치막부가 멸망하기 전인 160년 동안 60여 차례나 조선에 파견
했다. 이들 사절단이 조선에 파견되는 시기는 주로 조선왕조에
경조사가 있을 때 이에 대한 예를 차리기 위해 파견되었다. 또
한 대장경 등 불전을 요구하거나, 사원의 재건 비용 등이 필요
할 때도 사절단을 파견했다. 이에 대해 조선은 일본국내의 내란
이 계속적으로 지속되고 있었기 때문에 사절단의 안전성 문제
로 초기 5회로만 그치고 말았다. 그러나 이러한 빈번한 사절 교
환은 양국의 관계가 아주 밀접했다고 하는 사실을 증거해 준다.
이는 무로마치막부가 중국과도 사절단을 교환하고 있었는데 중
국에는 겨우 19회만 사절단을 파견했었고, 더구나 이는 막부의
대표적 성격이 아닌 지방 다이묘들에 의해 대부분 이루어졌던
것을 보면 무로마치막부가 조선과의 교류를 얼마나 중시했었는
가를 알 수 있다.

그럼에도 불구하고 왜구에 대한 통제는 일본내의 불안과
더불어 완전히 이루어지지 않았기 때문에 왜구의 한반도 해안
지대에서의 만행은 그치질 않았다 그리하여 세종은 이종무(李從

---

63) 佐伯弘次, 앞의 논문, 52-54쪽.

茂)를 쓰시마에 보내 왜구의 근거지를 토벌하게 하였다[64]. 그러나 이러한 것은 일시적인 대처에 지나지 않았다. 왜냐하면 이들의 궁극적인 문제는 살 수 없을 정도의 물자부족에 있었기 때문이었다. 이러한 점을 일찌감치 알고 있던 조선정부는 결국 왜구를 달래는 방책으로 대처방안을 바꾸지 않으면 안되었다. 즉 막부 장군의 명령도 안 듣고 다만 그들이 속해 있는 지방의 다이묘 명령만을 듣는 그들이었던 지라, 그들 다이묘들에게 일정한 프리미엄 즉 교역을 통한 이익 및 물자확보를 할 수 있는 권한을 주고 대신 왜구를 억제하는 방책으로의 전환이었다[65].

그리하여 쓰기마의 소(宗)씨에게는 신분을 보증하는 서장(書狀)인 「문인(文引)」을 발행할 수 있는 권한을 주었고, 조선의 국왕이 수여하는 동인(銅印)이 찍힌 서장 즉 「도서(圖書)」를 가진 자에게도 조선과 교역을 할 수 있는 권한을 주었다. 이러한 동인을 가진 자의 수는 32인을 넘었고, 또 오우치 등은 사신을 파견하는데 사용하는 사송선(使送船)도 있어 이는 오히려 더욱 골치 아픈 상황으로 나아가는 형상이 되었다.

그러나 비록 무역거래가 중심이 되었다고는 하지만 이러한 모든 일본과의 교류는 외교적 형식을 띠고 있었다. 그렇기 때문에 조선에서는 이들의 수준에 따라 접대를 해야 했으므로 이들

---

64) 이은규, 「15세기초 한일교섭사연구 – 대마도정벌을 중심으로 – 」, 『호서사학』 3, 호서사학회, 1974, 참조.
65) 이현종, 「조선전기 일본관계」, 『동양학』 14, 단국대, 1984, 참조.

사절단에는 등급이 매겨져 있었다. 이를 등급별로 보면 국왕사(國王使)·거추사(巨酋使)·종씨(宗氏)와 규슈탐제(九州探題) 제추사(諸酋使: 해적의 두목)와 쓰시마인 등으로 차별화 했다. 따라서 이들이 타고 오는 선박도 이 등급에 따라 달랐다. 이외에도 삼포(三浦)에서의 체재일수·접대수준·상경인수·상경하는 데까지 중간에서의 접대수준 등도 모두 달랐다[66]. 이처럼 이들을 등급별로 제한했던 것은 그들이 상경하면서 저지르는 만행이나 경제적 피해를 줄이자는 측면에서 나타났던 것으로 이를 역사적 용어로 바꾸어 말하면 조선정부의 「외이기미(外夷羈縻)」정책이라고 한다[67].

그러나 왜구가 일어나게 된 동기는 일본 국내의 혼란상황에서 물자가 부족하여 생겨난 것이므로 이들을 무력으로 진압한다고 해서 방지되는 것은 아니었기 때문에 조선정부는 이들에게 유화책을 쓰게 되었고, 그 예로서 귀화하려는 자에게는 토지를 주어 정착토록 했으며, 교역을 하려는 자에게는 이를 허락하는 대신 예를 가르쳐 이들에게 질서의 개념을 이해시키려 했다. 이러한 결과로 1423년에는 부산포와 웅천(熊川)의 제포(薺浦), 그리고 울산의 염포(鹽浦) 등이 이들에게 개방되게 되었던 것이다.

---

66) 이진희, 강재언, 앞의 책, 84쪽.
67) 이진희, 강재언, 『일조교류사』, 유비각, 1995, 84쪽.
　　이현종, 「三浦倭亂原因考」, 『황의돈선생고희기념사학논총』, 동국사학회, 1960, 참조.

2) 조선초기 대일본 교역 상황

일본에 대해서 안무정책을 쓴 결과 일본인들이 3포에서 활동하는 수는 5천명을 넘는 수준에까지 이르렀다[68]. 이들에 대해서 조선정부는 사절에 대한 예로 대해주었기에 이들에 대한 접대비는 엄청났다. 조선정부는 이들 선원들이 귀국할 때까지 이들에게 쌀·간장·콩·땔감·술·생선 등을 지급해야 했는데, 여기에 사용되는 총액은 1439년(세종21년)의 경우 쌀 10만석을 넘는 상황이었다. 또한 이들이 들고 오는 조공품을 서울까지 가져와야 했기에 이를 운반하기 위한 말과 인부를 착출해야 했던 농촌의 농민들은 도망을 칠 정도까지 그 부담이 엄청났다.

이에 대한 모순이 점점 커지자 1423년(세종5년)에는 육로 외에 수로를 이용하라는 명령을 내리기까지 하였다. 이처럼 많은 경비를 들이면서까지 그들을 사절로 접대하면서 조공품과 함께 서울로 운반토록 했던 것은, 야만적인 그들을 일깨워주어 예가 무엇인지 알게 한 다음에야 양국과의 관계가 돈독해지고 동시에 왜구의 피해도 줄일 수 있다고 생각한 조선정부의 대일본 방침 때문이었다. 이러한 조선정부의 의도는 사실 일본인에게 있어서도 그다지 환영받는 일은 아니었다. 그들은 어디까지

---

68) 『燕山君日記』 卷49에는 총호수 400, 人丁 2000이라고 기록되어 있다. 삼포의 일본인 거류자 숫자 문제에 대해서는 (中村榮孝, 『日鮮關係史の 研究』 上卷), 참조.

나 교역을 통해 자신들의 경제적인 부족함을 채우려는데 주목
적이 있었기 때문에 조선정부의 이러한 의도에 대해 내면적으
로는 내키지 않았던 일이었음을 간접적으로 내비치기도 했던
것이다. 그러나 조선정부도 이러한 모순점을 알면서도 이들을
서울까지 굳이 올라오게 하여 달래지 않으면 안되었던 고육책
이었음을 이해해야 할 것이다[69].

당시 일본인들이 서울로 올라왔던 통행로로는 육로와 수로
가 있었고, 육로는 3가지 방향이 있었다. 이를 간추려 보면 다
음과 같다.

① 중로: 부산포→양산→밀양→청도→경산→대구→인동→선
산→사우→유곡→문경→조령→안보→연풍→괴산→이천
→광주→서울

② 좌로: 부산포→간곡→울산→경주→영천→의흥→안동→영
주→풍기→죽령→단양→충주→가흥→여주→양근→봉안
→평구→서울

③ 우로: 부산포(또는 제포)→양산→김해→창원→창원→현
풍→무계→성주→금산→추풍령→영동→옥천→청주→진
천→죽산→용인→낙생→양재→서울

④ 수로: 부산포(또는 제포)→김해불암진→용단(양산)→낙동
강을 이용 북상→낙동(상주군 낙동면)에 상륙→다시 육
로를 이용 북상(함창→유곡→조령→안보→단월→금천)

---

69) 김구춘 편, 『중조일관계사』 (상), 연변대학출판사, 1994, 389쪽.

→금천(중원군 사금면)에서 한강을 이용 두모포(용산)에 상륙→서울 동평관(東平館)[70]

    이들이 서울로 올라오는데 소요되는 시간은 육로의 경우 부산포에서 중로를 이용하여 서울까지 오는데는 보통 14일이 소요됐으며, 좌로를 이용할 경우는 15일, 수로의 경우는 21일정도 걸렸다. 그리고 제포에서 우로를 이용할 경우에는 13일, 중로로는 14일, 수로로는 19일이 걸렸다. 염포에서는 좌로를 이용해 15일만에 서울에 도착했다고 한다. 그러나 이러한 일정은 아무런 장애가 없을 때 걸리는 표준 일정이고 도로상황에 따라 그 일수는 많이 달랐음을 주지해야 할 것이다.

    왜관은 부산포가 개항되면서 일본의 사절단(상인단)을 맞이하기 위해 만든 영빈관을 말하는데, 이것이 처음 세워지게 되는 것은 1423년의 일이었다. 이 해에는 제포에도 이 왜관이 설립되었고, 3년 후에는 염포에도 왜관이 설립되었다. 이들 왜관이 있던 곳의 상황을 보면 부산포의 경우에는 일본인 상주인구가 300여명에 이를 정도로 대성황이었다. 그리고 이들을 위해 일본식 사원도 세워졌고, 전용 부두도 만들어져 있었을 정도였다. 그리고 이곳에는 조선 관리가 파견되어 그를 중심으로 여러 직종의 사람들이 모여 살게 되었는데, 이것이 오늘날 부산시가 형성되는 계기가 되었다.

---

70) 李進熙, 「倭人の上京路」『倭館倭城を步く』六興出版, 1984, 참조.

이들 왜관에는 일본인들 사절단이 수시로 왕래하였는데 대부분은 무역에 종사하는 무역상들이었다. 이 당시 조선에서 일본으로 건너간 상품으로는 주로 인삼·꿀·호랑이나 표범 가죽 등이 있었으나 특히 가장 주목됐던 것은 섬유계통이었다.

즉 영포(苧布)·마포(麻布)·금사(綿絲) 등이 주류였으며, 15세기 후반부터 면포의 생산이 확대되면서 면포가 그 주종을 이루게 되었다. 면포는 일본의 의복문화에 엄청난 영향을 주었는데[71], 일본측의 요구가 너무 많아 조선정부에서 이를 통제하는데 많은 애를 먹을 정도였다고 한다. 물론 16세기 중엽부터 목면재배가 일본에 전해져 면포를 생산되게 됐지만 면포자급이 가능하게 된 18세기 후반까지는 조선의 면포에 의해 부족분을 채워야 했기 때문에 조선으로부터의 매년 면포수출은 그 물량이 엄청났던 것이다.

반면 일본으로부터 조선으로 들어온 물품에는 주로 동(銅)이 있었는데, 이는 조선에서 화폐와 금속활자의 주조가 많아지게 된 데다가 동과 아연을 섞은 식기가 유행함에 따라 동의 수요가 급증했기 때문이다. 따라서 면포를 보내는 대신 동의 수입이 활발하게 전개됐던 것이다. 이들 외에 적색의 염료로서 쓰인 남방산의 소목(蘇木)이 들어와 의복의 색채를 내는데 각광받았고, 후춧가루는 조미료와 약용으로 귀하게 여겨지기도 했다.

우리는 흔히 일본에 우리의 국보급 문화재가 많이 있게 된

---

71) 변태섭, 앞의 책, 318쪽.

원인에 대해 임진왜란과 일본 제국주의시대 때에 일본이 강제로 빼앗아간 때문이라고 알고 있다. 그러나 실은 여말선초 시기에 일본 막부와의 친선관계 및 무역거래, 혹은 그들의 요구에 의해서 하사한 것 등이 그 대종을 이루는 것이다[72]. 덕분에 우리의 유실된 귀중한 문화재가 그나마 일본에 남아 있게 되어 우리 문화재 연구에 귀중한 참고가 되고 있다는 사실은 아주 다행한 일이라고 하지 않을 수 없다.

이러한 문화재들로는 우리 나라에 현재 10여 점 정도밖에 남아 있지 않은 고려시대의 불화가 서일본 지역을 중심으로 100여 점 이상이 남아 있고, 신라와 고려의 불상만도 쓰시마와 이키 두 섬에만 약 80여 채가 남아 있다.

이외에 신라와 고려의 종들도 여러 곳에 남아 있는데, 이들 종의 대부분은 태평양전쟁이전에 국보로 지정 받아 전쟁시기에 공출되지 않게 되었는데, 이것만 보아도 한국종의 우수성에 일본인들이 얼마나 매료되어 있었는지를 알 수 있다.

또한 일본의 수묵화에도 한국인 화가들의 영향이 컸는데, 이러한 영향을 받아 일본 수묵화의 기초를 닦은 이들이 조세츠(如拙)와 슈분(周文)이었다. 일본에서 수묵화가 유행하는 시기는 15세기 들어서부터인데 중국의 화풍과는 전혀 달랐다. 즉 화폭에는 반드시 화제(畵題)를 써넣고 산과 호수를 바라보고 있는 서원(書院)을 주로 그리는 산수화풍이 발전하였는데, 이러한 화

---

72) 이진희, 강재언, 앞의 책, 94-97쪽.

풍이 나타나도록 기초를 제공한 이들이 바로 한국인이었다는 사실에서 볼 때, 문화교류 면에서도 조선의 영향이 아주 컸음을 알 수 있는 것이다.

이상에서 본 바와 같이 조선초기 일본과의 물품교역과 문화교류는 당시 한반도에서는 조선이, 일본에서는 무로마치막부가 새롭게 창업되는 과정에 있었기 때문에, 양국이 서로 내외적인 안정을 원하게 됨으로써 서로의 필요에 의해 활발한 교류를 가졌던 것이고, 이러한 시대적 배경에 의한 양국의 관계가 아주 친밀했음을 알 수 있다.

그러나 이러한 관계도 결국 일본에서의 혼란기가 도래하는 16세기에 이르면 다시 왜구가 창궐하게 되고, 집권자들의 외교적 판단이 흐려지게 됨으로써 한반도를 침략하게 되는 비운의 단계로 접어듦은 양국 역사상에서 지울 수 없는 상처를 남기게 되는 것이다.

3) 조선과 쓰시마번(對馬番) 소씨(宗氏)와의 통교

대마도의 지배자로서의 소씨가 조선과 정식으로 통교를 시작하는 것은 14세기 말 경으로 보고 있다. 그러나 왜구의 소굴이었던 이 지역에서 자주 출몰하는 왜구의 피해가 날로 늘어나자 조선은 세종 년간인 1419년 이종무를 파견하여 이 지역의 왜구를 토벌하였다. 그러나 그 후 일본내의 정세를 자세히 파악한 조선정부는 왜구를 토벌하는 것보다는 그들을 안무하는 것이 더 효과적이라고 판단하여 이 지역(쓰시마, 이키, 마쓰무라 등 도서지역)을 지배하고 있던 소씨에게 조선과의 교역을 허가해 주는 대신 왜구의 출현을 억제해 줄 것을 기대하여 그들에게 교역을 할 수 있는 허가권을 주는 시혜를 베풀게 되었다.

그러나 교역을 너무 자유롭게 해 줄 경우 입어야 하는 경제적 피해가 클 것을 예상하여 조선은 이들과의 교역을 어느 정도 통제해야 할 필요가 있었다.

그리하여 쓰시마의 소씨를 중심으로 한 대일본 통교통제책(通交統制策)을 실시하게 되는 것인데, 이러한 정책의 시작은 세종 때에 시작되었고 성종 때에 이르러 그 체제가 완비되었다[73].

이러한 통교통제책의 수단으로는 대체로 다음과 같은 것이 있었다. 첫째 통교를 허락한 일본인에게「도서(圖書)」라고 하는 동인(銅印)을 주어(이를 받은 일본인을 受圖書人, 또는 受職人이라 했다) 왕래를 보장해 주는 방법이었다. 이들은 이「도서」를 외교문서(書契)에다 사용하였고[74], 이를 통해 조선은 그들의 신분을 확인하였다. 둘째는 외교문서인 서계에 의해서 통교를 통제했는데, 이는 당시 일본의 각 영주들이 조선과의 통교

---

73) 신숙주,『海東諸國紀』, 1471.
74)『세종실록』권7, 2년조.

를 원했기 때문에 이들이 제멋대로 사신을 파견할 경우 조선정부에서의 경제적 손실은 막대했으므로 이를 통제하기 위한 수단이었다. 그리하여 사신을 실어서 보내는 사송선이 왕래할 수 있는 수속을 정해 놓은 것이 바로「서계」였다. 이러한「서계」를 낼 수 있는 대표적인 세력으로 규슈방면에서는 규슈탐제(九州探題)인 시부가와(澁川)씨가 있었고, 쓰시마 내에서는 소씨가 있었다. 셋째는 도항증명서인 쓰시마의「문인(文引)」이 있어야만 허가하는 통제책이었다. 이 제도는 1407년부터 시작되었는데 원래 쓰시마에서 도항하는 자는 모두가「수도서인」혹은「수직인」이었지만, 이들조차도 이 소씨의「문인」이 없으면 점차 도항이 허가되질 않게 되었다. 이러한 경향은 점점 확대되어 1438년 이후에는 쓰시마인 외에 전일본인에게로 확대되었다. 그러나 이러한 점에서 제외되는 신분이 있었는데, 그것은 일본국왕이 보내는 사신이나 오우치(大內)씨 등 거추가 파견하는 사신들에 한해졌다. 넷째는 세견선(歲遣船) 파견에 대한 양국 간의 조약에 의해서 통제되었는데, 이 조약에는 매년 도항하는 사송선·무역선의 수를 제한하는 내용이 들어 있었다. 이 제도는 1424년 규슈탐제였던 시부가와씨와의 사이에 매년 2척을 보낸다고 하는 약속을 시작으로 그 후 다른 통교자들에게도 확대해 나가다가 1450년대 보편화되었다. 이 때에도 예외로 적용되는 경우는 쓰시마의 소씨가「문인」을 발행할 때와 같은 경우였다[75]. 여기

---

75) 김구춘 편, 앞의 책, 400~401쪽.

서 주목할 것은 조선의 대 쓰시마 도주인 소씨에 대한 파격적인 대우였다. 그것은 일반적으로 세견선을 파견하는 규정이 소씨 이외의 쓰시마인인 경우에 대체로 매년 4~7척이고, 쓰시마 이외의 지역인에 대해서는 대체로 1~2척이 허락됐던 것에 비해, 소씨에 대해서는 50척이나 허가를 해주었고, 더구나 아주 급박한 필요가 있을 때에는 이러한 규정 외에도 세견선을 파견할 수 있도록 눈감아 주었다는 사실이다. 다섯 째의 통제방법은 교역이 이루어지는 포구를 제한하는 방법인데, 원래는 부산포와 제포 두 곳에 한해졌었다. 그러다가 후에 염포가 늘어나 개항된 포구는 모두 3포가 되었다. 이러한 포구에 의한 통제는 사송선에도 적용되어 이들 3포에는 일본의 사절단을 위한 접대소인 왜관(倭館)이 설치되게 되었고[76], 이들을 접대하기 위한 여러 체제도 정비되어 갔다. 그러나 이들 3포 외에서 교역이 이루어지면 그것은 왜구라고 인정되어 엄격한 처벌을 받았다.

따라서 이상에서 살펴본 절차들을 거치지 않은 자는 교역을 할 수 없었는데, 특별히 이들 규정에서 예외적인 적용을 받는 일본 국왕의 사절이나 거추의 사절 외에는 먼저 세견선의 규정에 따라야 했고 소씨의 「문인」을 받아 3포에 온 다음에는 먼저 조선 측의 접대를 받고 나서 그 후부터 교역을 시작하는 형식을 취하지 않으면 안되었던 것이다. 이는 다시 말해 이들과의 교역이 원래가 사무역적인 성격을 가졌지만 조선정부측은

76) 이진희, 강재언, 앞의 책, 85-86쪽.

그 주요 목적이 왜구의 출현을 방지하는데 있었기 때문에 경비와 절차상의 번거로움을 알면서도 이들을 사절단으로 간주하고 공무역 형태를 취했던 것인데, 이는 한마디로 이들에게 예(禮)라고 하는 개념을 심어주어 스스로 통제하라고 하는 기미정책적 성격이 내포되어 있었다고 할 수 있다. 이러한 형식의 대일본 교역은 메이지(明治)초기까지 계속되었다.

조선의 통교통제책 하에서 쓰시마의 소씨들은 아주 파격적인 대우를 받았다. 그들은「문인」을 발행하면서 수수료(吹虛錢)를 받았고, 무역품에 과세(貢錢)을 하여 받는 등 특권적 지위를 얻었다. 이러한 경제적 기반과 한반도를 비롯한 일본 내에서의 지위를 인정받음으로 해서 쓰시마의 소씨는 섬 내에서 자신들의 확실한 권력기반을 갖추게 되었고, 이러한 체제가 형성되는 시기는 대략 1470년대였다. 그러다가 1510년에 삼포왜란과 사량(蛇梁)왜변이 일어나면서 이들의 지위는 변동되기 시작했는데, 그것은 조선정부가 일본과의 통교를 중단했고, 나아가 세견선마저 그 수를 확 줄여버렸기 때문이었다. 따라서 소씨들은 자신들의 권익을 지키기 위해서 무로마치 막부의 아시카가(足利)장군과 오우치(大內)씨에게 의뢰하여 조선과의 통교를 재추진하는데 전력을 다하게 되었던 것이다. 그 결과 이들의 지위는 다시 높아지게 됐고, 결과적으로 16세기 중엽에 이르면 쓰시마 소씨들은 다시 조선에 대한 교역권을 완전 독점하기에 이르렀다. 그리고는 이를 기반으로 쓰시마 내에서의 지배권을 확립하게 됨으로써 지방의 한 영주인 다이묘가 되어 자립할 수 있게 되었던 것이다. 이러한 것은 1546년 다른 종족이 소씨 성을 같지 못하도록 대내 외에 포고하는 것에서도 알 수 있는데, 이는 자신들이 쓰시마섬 내에서 종주권을 갖는다고 하는 사실을 공포한 것이나 다름없었던 것이다.

물론 이렇게 된 데에는 쓰시마가 일본 본토와는 거리적으로 떨어져 있었고, 왜구 등의 소굴이었다는 점에서 그다지 경제적·사회적으로 발전하지 못하여 여전히 중세적인 상황에 처해 있었다고 하는 쓰시마 내의 정체적 상황과, 또한 자신들과 아주 가까운 거리에 있던 규슈지역의 대 다이묘들인 세니(少貳: 博多를 지배)씨와 오우치(大內)씨와의 친밀관계를 유지하고 있던 데다가 이들의 지배를 받고 있던 하카다(博多) 상인들과 아주 절친하게 교류함으로서 이들의 방해가 없었기 때문에 가능했던 것이기도 하다.

그리고 또 다른 하나의 원인을 든다면 소씨들은 그 동안 통교의 주도적 역할을 하는 가운데 비교적 복잡한 교역업무에 대한 전문적 지식 및 기술을 갖추게 되어 자신들의 힘에 의지하지 않고는 다른 지역의 상인들이 교역을 할 수 없을 정도로 교역에 대한 전문화를 갖추었다는데 있었다. 그리하여 일본국왕이나 대다이묘가 보내는 사신들조차도 이들 소씨의 협력을 받아야 했던 사실에서도 이를 확인할 수 있을 것이다[77].

---

77) 김병하, 「이조전기 대일무역연구」,『한국연구원』, 1969, 참조.

이처럼 이들이 이 지역에서의 지배권을 확립하기 위해서는
자신들의 노력만으로는 안되었고, 조선과 일본과의 교섭관계를
잘 유지시켜 자신들의 전문적인 교역을 활성화 시켜야 했기에,
이들은 중간에서 조선과 일본과의 교섭을 주도해 나갈 수밖에
없었던 데서 그들의 역할을 평가해야 할 것이다. 그리하여 왜란
등이 한반도 내에서 일어났을 경우 냉각되어 가는 양국의 관계
를 되살리기 위해 피나는 노력을 기울인 것도 바로 그러한 자
신들의 존재를 유지시키기 위한 절대절명의 일이었기 때문이었
다.

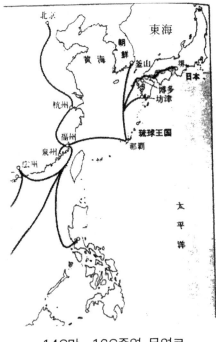

14C말~16C중엽 무역로

그러나 이러한 노력도 결
국은 어느 한쪽에서 일방
적으로 파기하게 되면 쓰
시마의 소씨만의 힘으로
는 한계가 있었기 때문에
토요토미 히데요시의 조
선 침략을 사전에 방지할
수 없었고, 이후 메이지유
신 이전에는 조선과 일본
을 저울질하여 자신들이
유지할 수 있는 길을 택
하여야만 되는 기로에 서
자 정한론(征韓論)을 제시

하며 일본에 부합하는 그런 처세를 취할 수밖에 없었음은 쓰시마 소씨들의 운명이었다고 밖에는 말할 수가 없을 것이다.

4) 조선과 류큐(琉球)왕국과의 교류

류큐왕국은 오늘날의 오키나와에 있던 왕국이라고 생각하면 이해하기가 쉬울 것이다. 현재 오키나와의 행정구역에 속해 있는 지역이 바로 류큐왕국이 지배 통치하던 지역이기 때문이다. 류큐왕국의 위치는 가고시마현(鹿兒縣)의 남부에 있는 아마미제도의 남쪽으로부터 대만의 동쪽에 있는 요노쿠니섬(與那國島)까지를 말한다.

류큐왕국은 여러 개의 섬으로 되어 있어 초기에는 모두가 독립된 형태의 소규모 부족국가들에 의해 각각 통치되어 왔다. 그러다가 10세기경에 이 지역을 무력으로 통합하려는 아지(按司)라고 불리우는 수령이 나타나 서서히 주변지역의 섬들을 통합하는 움직임이 일어나기 시작했다. 이러한 움직임이 점점 강화되어 가다가 13세기초에 이르면 오키나와의 대표적인 지역이라 할 수 있는 본도(本島)가 북부·중부·남부 등 3왕국으로 통합되었고, 이들 외의 다른 지방 도서들도 일정한 세력에 의해 부분적으로 통합되는 현상이 나타났다. 그러다가 1422년 쇼하시(尙巴志)가 나타나 오키나와의 본도를 완전히 통일하면서 류큐왕국이 세워졌고, 이 힘을 바탕으로 그 주변 도서지역의 왕국들도 복속시킴으로서 오늘날의 오키나와 전지역이 통합되게 된 것이다[78].

그러나 도쿠가와 시대에 들어 임진왜란시 병참지원과 병력동원에 동의하지 않았다 하여 1609년 사쯔마(薩摩)번이 침략을 하자 이에 대항할 수 있는 힘이 없었던 류큐왕국은 아유미제도를 그들에게 할양했고, 류큐왕국이라는 이름만을 유지하는 조건으로 그들의 식민지적 지배를 받게되었다. 그러다가 1872(메이지 5년)년에 류큐왕국이라는 이름마저 빼앗겨버리고 이제 도쿠가와 막부의 일개 번(藩)인 류큐번으로 전락하게 되었다. 그리고 1879년에 이르러 오늘날의 행정구역인 오키나와현으로 명명되게 된 것이다[79].

류큐에 가는 책봉사 모습

---

78) 陳舜臣 外,『南海の王國琉球の世紀』, 角川選書, 平成5年, 128-170쪽.
79) 高良倉吉,『アジアのなかの琉球王國』, 吉川弘文館, 1998, 참조

그러나 2차대전시 동아시아의 가장 구심점인 이 지역은 군사적으로 아주 중요했기 때문에 미국의 주요 공격목표가 되었고, 결국에는 일본의 패배로 말미암아 미국에게 점령되고 말았다. 그 후 1951년 샌프란시스코 평화조약에 의해 미군의 신탁통치를 받다가, 일본정부가 본토의 독립을 인정받는 조건으로 오키나와를 미군에 할양하는 바람에 오키나와는 오늘날 미국의 군사기지로 되고 말았던 것이다.

이러한 류큐는 지도상에서 볼 때 동아시아지역의 가장 중심에 자리잡고 있음을 알 수 있다. 즉 서쪽으로는 중국의 관문인 광주, 복건 등이 있고, 중국과의 사이에 대만이 있으며, 남쪽으로는 필리핀을 비롯한 동남아시아와 연결되어 있으며, 북서쪽으로는 한반도와 쓰시마가 있으며, 북동쪽으로는 일본이 있음을 알 수 있다. 이처럼 동아시아의 구심점이 되고 있는 오키나와는 항해기술이 아직 덜 발달된 고대부터도 동서남북 사방의 교통을 연결해주는 주요 교역중계지로 활약해 왔다. 이러한 지리적 위치의 가치를 확인시켜주는 것으로 오늘날 아시아에서의 군사적 움직임을 통제를 하고 있는 미군의 주력이 이 지역에 있다는 사실에서 알 수 있다. 그러나 과거에는 이러한 군사적 측면이 아닌 교역중계지로서의 가치가 더 컸음은 누구나 쉽게 알 수 있을 것이다.

이러한 지리적 위치를 갖고 있던 류큐였기에 한반도와의 교류도 일찍부터 진행되고 있었다. 그러나 불행히도 이를 알 수 있는 자료가 얼마 되지 않기 때문에 그 구체적인 사실을 증명해 내지 못하고 있다. 그러나 적어도 1153년부터는 한반도와 이들 지역 사이에 어떤 교류가 진행되고 있었다는 사실을 알 수 있는 유물들이 발견되고 있는데, 즉 1153년 우라소에성(浦添城)에서 출토된 기와에 이를 만든 이가 고려사람이라는 사실을 알리는 금석문이 있어 고려 때부터 어떤 식으로든 관계를 가지고 있음을 알려주고 있다. 그러다가 1389년 오키나와의 본도 3섬 가운데 한 나라였던 나카야마국(中山國)의 왕 사츠도(察度)가 고려왕에게 사신을 파견했는데, 이들 사신은 고려에 가면서 당시 왜구에게 붙잡혀 왔던 고려사람들을 데리고 갔음을 알려주고 있다.

이러한 것은 류큐왕국과 고려와의 친밀한 관계가 한층더 발전하여 여러 형태의 교류를 진행하고 있었음을 말해준다고 볼 수 있다. 이처럼 공식적인 사신 파견은 이 때가 처음으로 기록에 나타나지만, 이후에는 류큐에서 공식적으로 37회에 걸쳐 사신을 파견하는 기록이 사료에서 보인다. 이에 대한 답례로서 조선에서는 4차례에 걸쳐 사신이 파견되는 것이 보이는데, 이러한 사신 파견 횟수의 다름은 류큐 쪽에서 더 열심히 고려에 관심을 기울였던 것으로 볼 수 있다[80].

그 원인에 대해서는 불명확하지만 대체로 조선에서는 보기 힘든 남방의 물산을 집산한 류큐측이 보다 많은 이익을 낼 수

---

80) 『備邊司謄錄』, 參照.

있는 고려와의 교역에 중점을 두었기 때문에 이루어진 것이 아닌가 생각된다. 한편 이러한 류큐사신들의 파견은 해로를 통해 직접 오기보다는 중국의 명나라를 통해 오는 육로로 많이 이루어졌는데, 이는 명나라보다 약 17년 늦게서야 통상이 이루어지고 있다는 사실에서 명나라와의 조공무역정책이 이루어지는 가운데 류큐왕국측과 조선이 연계되면서 왜구가 활동하고 있는 해로보다는 보다 안전한 북쪽 육로의 이용이 이루어지게 된 것이 아닌가 한다.

이러한 류큐왕국과 고려왕조와의 친밀관계는 점점 더 가속화되어 1467년에는 조선의 세조(世祖)가 류큐의 상덕왕(尙德王)에게 고려대장경을 보내게 되었고[81], 류큐에서는 이를 귀중히 여겨 그 다음대인 상진왕(尙眞王)에 이르러서는 이 대장경을 안치하기 위한 사당과 연못을 건설했음을 볼 수 있다. 또 세종대왕은 배만드는 기술자를 2명이나 보냈는데, 이들이 류큐의 전통적 선조기술에다 조선의 기술을 접목하여 만든 배는 조선의 배들보다 성능이 뛰어났다고 기술하고 있다[82].

이러한 문화교류 내지 친선관계는 국제 외교적인 측면에서도 서로에게 많은 도움을 주고받았다. 즉 1477년 제주도 사람이 표류하다가 류큐왕국의 맨 밑에 있는 요노쿠니 섬에 도착하였는데, 거기서부터 1년 반에 걸쳐 본도에 이르는 과정과 본도에

---

81) 『세조실록』 18년조.
82) 村井章介, 『アジアのなかの中世日本』, 校倉書房, 1999, 參照.

서의 2년 간 생활하면서 결국 조선으로 귀국한 일이라든지, 또 류큐의 사람들도 표류하여 제주도에 10회 그 외의 지역에 6회 등 모두 16회에 걸친 표류민 구조사실을 통해서도 이러한 친선 외교관계를 알 수 있다. 더구나 이러한 빈번한 표류문제 등 외교문제를 해결하기 위해 1794년 제주도에다 류큐어를 통역할 수 있는 인재를 양성하기 위해 통역관양성소를 설치했던 점은 바로 이를 대변해 주는 일이라고 볼 수 있다[83].

6. 근세 동아시아 국제교역의 흥쇠

1) 근세 동아시아의 대외교적 성격

우리 민족이 다른 민족과 근대적 의미에서의 자유교역을 실시하기 시작하는 것은 1876년 강화도 조약을 체결하고서부터라고 할 수 있다. 따라서 그 이전의 무역은 상공업 천시의 사회적 인식과 상인에 대한 차별 등에 의해 자유스런 통상교역이 통제되었다. 이러한 봉건적인 쇄국정책 하에서 무역이 원활하게 진행될 수가 없었기에 초기의 무역은 형식적 관례에 지나지 않

---

83) 劉序楓 編 『近世環中國海的海難資料集成 - 以中國·日本·朝鮮·琉球 爲中心 - 』, 中央研究院中山人文社會科學研究所, 中華民國89年 6月.

는 수준이었다. 이처럼 조선사회에서 상공업이 천시되게 된 원인에는 두 말할 것 없이 성리학에 근거한 관념적 차원에서의 시각 때문이었다. 즉 통상이라고 하는 것은 사치와 낭비의 근원이기 때문에 조선사회가 추구했던 사회적 덕목과는 어울리지 않는 대상이었으므로 이러한 사회적 견제와 통제하에서 교역은 당연히 소극적이고 한계적인 상황에서 유지되는 형편이었다.

그럼에도 불구하고 그 교역대상국은 의외로 확대되어 있었다. 그러나 이러한 교역대상국의 다양성은 그들과의 직접적인 교역을 의미하기보다는 타국상인들에 의한 대리교역적 측면이 더 많았다고 볼 수 있다.

이들 교역대상국의 대표적인 나라는 중국·일본·야인(野人=女眞)·류큐(琉球)·섬라국(暹羅國=태국)·서양 등이었다. 이들 가운데서도 비교적 활발하게 특징지워졌던 교역대상은 중국·일본·야인들이었다.

중국과의 교역은 조공무역으로 대표되었는데 이러한 조공무역의 형식은 점차 사행원들이 무역의 주체자가 되어 활성화되자 중국측에서 경제적 손실을 감안하여 사행제도를 혁신하게 됨과 동시에 무역의 주체자가 상인그룹으로 넘겨지게 되면서 본격적인 무역이 전개되게 되었다. 이러한 가운데 사무역인 책문후시(柵門後市)가 생기게 되었고, 정식교역으로 인가된 중강개시(中江開市)도 생겨나게 되었다[84].

---

84) 楊昭全, 『中朝關係簡史』, 遼寧民族出版社, 1992, 24-242쪽.

일본과의 교역은 통신사와 왜관무역으로 일관됐고, 여진과의 교역은 경성(鏡城)·경원(慶原)·회령(會寧) 등에서 열린 공무역인 개시(開市)가 열리고 있었다[85]. 이들 외의 다른 지역은 타국상인들에 의한 대리무역적 성격을 띠고 있었다.

한편 명나라와의 교역은 고려시대의 교역형식을 그대로 답습하는 형식으로 일관되었는데 태종 즉위년(1400)부터 매년 명나라에 큰 일이 있을 때마다 사신을 파견하여 조공을 통해 회사(回賜)를 받는 공무역 형식을 취하고 있었는데, 이들 조공사들이 명나라에 가는 경우는 다음과 같은 때였다. 즉 사신이 가는 경우는 성절(聖節)·정조(正朝)·세폐(歲幣=冬至) 등의 시기이고, 사절이 가는 경우는 사은(謝恩)·진하(陳賀)·주청(奏淸)·진주(陳奏)·진위(陳慰)·진향(進香)·문안(問安) 등의 시기였다[86].

이들 사신과 사절 등을 통해 중국에 조공하는 공물의 품목에는 금은기명(器皿)·나전(螺鈿)·소함(梳函)·백금유(白綿紬)·각색저포(各色苧布)·각색세화석(各色細花席)·표피(豹皮)·황모필(黃毛筆)·백면지(白綿紙)·인삼·종마(種馬) 등 특산물이 주였고, 명나라로부터 이 대신 받는 회사품으로는 백금·융면(絨綿)·기라(綺羅)·서적·도자기·약재 등이 있었다[87].

그러나 이러한 조공무역의 초기에는 교역의 성격상 이점이

---

85) 『태종실록』 6년 5월조.
86) 楊昭全, 앞의 책, 237쪽.
87) 『通文館志』『朝鮮王朝實錄』, 參照.

되는 부분도 있었으나 원래 귀한 물품들만이 그 주요 대상이 된 데다가 점차 공무역적인 성격에서 사무역적인 성격으로 전환되게 되면서 수량이 확대되어 가자, 이러한 특산물의 수요를 따를 수가 없어 큰 부담을 느끼게 된 조선에서는 이들 공물의 품목을 제한하기도 하였다.

특히 금은은 아주 귀하여 국내에서도 부족하게 되자 세종은 1429년에 이들을 조공 목록에서 삭제케 하여 금과 은의 유출을 막기도 하였다.

그러는 가운데 중국에서 은화의 유통이 많아지면서 은이 부족하게 되자 경제상에 큰 혼란이 일어나게 되어 중국경제가 마비될 정도까지 이르렀다. 당시 일본에서는 은광이 개발되어 은이 대량 생산되고 있었으나 명나라는 왜구의 폐해를 막기 위해 해금정책을 실시하고 있었기 때문에 일본으로부터의 직수입이 불가능해진 틈을 타 조선의 상인들은 중종 말년인 1540년부터 일본에 중계무역을 하기 시작했다. 그리하여 사신들도 은을 대량으로 지참하고 중국에 들어가게 되어 특산물을 조달해야 하는 부담을 경감시킬 수 있었고, 은의 중계무역에 의한 차액 또한 높아 대중국 무역의 황금기를 구가하기에 이르렀다[88].

동시에 이러한 조공무역은 조공사들을 따라가는 수행원들 속에 자연히 사적인 교역행위를 하는 자들이 증가하게 됐고, 사신들에게도 여비를 마련할 수 있도록 조공품 이외에 사적인 물

---

88) 川勝守, 『日本近世と東アジア世界』, 앞의 책, 108-110쪽.

품을 가지고 갈 수 있게 되어 조공무역은 점차 사무역적인 요소가 많이 나타나게 되었다. 그러나 이러한 조공무역은 임진왜란의 발발로 잠시 중단되지 않으면 안되었는데 이 무역의 중단은 조선 측에 대해 커다란 손실을 입혔다. 더구나 임진왜란의 혹독한 참상은 국민 대부분을 기아선상에서 허덕이게 하였는데, 이를 해결하기 위해 조선정부는 중국정부에 청원하여 의주의 대안에 있는 중강(中江)에서 요동지방의 곡식을 수입할 수 있도록 요구하였다. 이러한 청원에 명나라가 동의해 줌에 따라 1593년부터는 본격적인 시장이 개설되어 전쟁기간에도 교역은 활발히 전개되었다. 중강에서 개설된 시장은 매년 2월 15일에서 8월 15일까지 계속되었는데, 이 시장은 중국 측의 사정에 의해 1601년 잠시 정지되더니 1608년에는 일시 폐지되었다가 1646년에 다시 재개되고 1700년(숙종 26년)에는 완전히 폐지되는데, 이 50년간은 그야말로 국경무역의 황금기를 구가했고 더구나 자유무역인 중강후시도 발달하고 있었다.

당시 이 중강개시를 통해 거래할 수 있는 공인된 물품은 소·해삼·면포·소금·백지·장지(壯紙)·사기(沙器)·쟁기날 등이었고, 비매품으로는 모마(牡馬)·인삼 등이 있었으나 비밀리에 거래되었다[89].

그러나 조선초기의 대중무역은 여전히 조공사절을 중심으로 한 공무역적 성격이 강했기 때문에 보다 활발한 무역행위는

---

89) 楊昭全, 앞의 책, 236-240쪽.

나타나지 않았다. 그 후 조선 후기에 들면서 사행일행에게도 사무역을 할 수 있는 기회가 주어져 이들에 의한 교역이 확대되어 가면서 이제는 무역의 주체자로서 발전해 나갔다. 그러나 이들에 의한 교역의 활동 폭이 커지면서 중국 측의 경제적 부담이 커지자 이들의 왕래회수와 사신일행을 제한하는 등 사행제도에 대한 개혁이 뒤따르게 되었는데, 이로부터 무역의 주도권은 상인계층으로 넘어가게 되었다. 그리고 이들 상인계층에 의해 조공무역은 쇠퇴하게 되었고 이러한 기회를 틈탄 사무역의 범위가 확대되어 이제 한중국경에서는 여러 형태의 사무역이 나타나게 되었던 것이다.

2) 동아시아 국제교역의 새로운 전개와 조선의 대응

15세기는 세계적으로 대항해 시대를 맞이하여 유럽의 세력이 동양으로까지 미쳐 동서양에 걸쳐 활발한 중계무역이 진행되어 가고 있던 시기이다. 이러한 세계사적 변화 속에서 조선왕조는 어떻게 적응해 갔는지를 알기 위해서는 무엇보다도 먼저 동아시아세계의 변화가 어떻게 일어났는지를 파악해야 할 것이다.

일반적으로 15~6세기의 조선왕조에서는 성리학자들에 의한 신유학의 이론논쟁이 일어나 현실적인 사회경제 문제에 대해서는 별다른 관심을 두지 않던 시기로 인식하고 있는 쪽이 많다. 그러나 그러한 내부적인 정치적 소용돌이 속에서도 숨가쁘게 전개되고 있던 세계사적인 변화에 나름대로 적응해 나가려고 애쓰던 점을 우리는 간과해서는 안될 것이다. 이러한 흐름이 어떠한 것이었는지 동아시아세계 각국의 변화과정을 살펴보면서 조선의 상황을 알아보도록 하자.

조선왕조는 당시 명나라가 정립한 조공무역체제를 통해 주변국가와 교류를 계속해왔다. 이러한 조공무역체제는 중국이 주변 각국을 통제하는 하나의 수단이었기 때문에 주변 국가가 필요로 하는 만큼의 교류적 욕구를 충족시키지는 못하고 있었다. 더구나 이러한 것은 공무역적인 형태의 교류였기에 마음대로 자신들의 능력여하에 따라 교역하는 사무역보다는 훨씬 활발하지 못하였다[90]. 그러나 이러한 통제된 형태의 교류도 15세기를 마지막으로 16세기부터는 동아시아 관계 및 교류가 새로운 체제 속으로 접어들기 시작하게 되었다.

15세기 중반서부터 면화재배지가 북상하기 시작했고 이는 16세기까지 면화재배의 기술을 습득하지 못한 일본에게 면포수출이 급증되는 원인이 됐다[91]. 그리고 이러한 교역의 대가로 들어오는 은(銀)은 국내경제에서의 물품교환의 척도가 되어갔다. 이러한 경향은 점점 더해져서 조선은 16세기부터 모든 교역에

---

90) 이경직, 「16세기 장시의 성립과 그 기반」, 『한국사연구』 57, 1987, 참조.
91) 川勝守, 『日本近世と東アジア世界』, 앞의 책, 107쪽.

대한 대가로 일본의 은을 요구하게 되었다[92]. 이 은은 다시 중국과의 교류에서 지불수단으로 사용되어져, 15세기말엽부터 수입하는 중국산의 원사와 비단은 지배계층의 사치품으로 되었고, 이러한 가운데 이는 다시 일본으로 수출되어 중계무역의 주요 물품이 되기도 하였다. 중국의 비단은 류큐, 중국, 포루투칼 상인에 의해 해로를 이용 직접 일본과 교역이 되기도 했지만 조선상인을 통한 교역액도 상당하였다.

이처럼 16세기의 동아시아 세계는 중국의 비단·면포·도자기, 조선의 곡물·면포·은, 일본의 구리·은 등이 중심되어 상당히 활발한 교역이 이루어지게 되었다.

조선왕조의 지배체제는 사회적 재부의 원천을 토지에만 두고 이를 바탕으로 사회의 지배계층이 형성되고 이에 대한 기득권을 잃지 않기 위해 이 이외의 다른 분야, 즉 상공업·광공업 분야를 통한 재부의 형성을 억압하는 억상정책을 실시하고 있었다. 또 대외교역을 통한 재부의 축적을 방지하기 위해 쇄국주의 정책을 철저히 시행하여 화폐유통이 이루어지지 않을 정도였다.

그러나 15세기를 전후한 시기부터 농업기술과 농업생산력의 비약적 발전이 나타나게 되었는데, 그 배경에는 전통적인 휴한법(休閑法)이 극복되어 대부분의 농경지가 매년 농사를 시을

---

92) 한상권, 「16세기 대중국 사무역의 전개 - 은무역을 중심으로 -」『김철준박사화갑기념사학논총』, 지식산업사, 1983, 참조.

수 있게 되었고, 경작면적도 14세기말 100만 결(結)에서 15세기 중엽이 되면 150만 결로 증가할 정도로 토지면적의 확대도 급속히 진전되어 갔다. 그러면서도 15세기 말경부터는 많은 인력을 동원하여 간척지를 개간하고 수리시설을 개발하여 농업생산력을 더욱 신장시켜 갔던 것이다.

이렇게 된 배경에는 조선왕조가 개국할 때부터 추진했던 사전개혁(私田改革)을 통한 자영농의 창출노력과, 이러한 취지에 맞추어 황무지나 간척지의 개간에 대해서는 고려왕조에서와 같이 소유권의 부여와 함께 일정기간의 면세를 보장하면서 장려했기 때문이었다. 또한 자신이 직접 경작할 수 없는 경우에는 주위 사람에게 대신 경작하게 하면서 그 수확을 반으로 나누도록 하는 정책도 추진되었다[93].

이러한 조선정부의 기본적인 정책 외에 이 시기에 들어와 본격적으로 이와 같은 일련의 사업이 추진되게 된 직접적인 원인은 15세기 이후 비교적 큰 전란이 없음으로 해서 인구가 증가하여 생산력의 증대를 초월하게 된 때문이다. 이는 15세기 중엽에 전결수가 150만이 되고 있지 않을 때 인구는 15세기 초 450만에서 16세기 초 750만으로 늘어나 인구와 토지의 증가비율의 차가 너무나 큰 통계치를 통해서도 알 수 있다. 더구나 흉년의 반복은 더더욱 경제적 고통을 가중시켰다. 따라서 이 문제를 극복하기 위해서는 새로운 경작지 확보나 생산력 증가를 위

---

93) 李景植, 「16세기 地主層의 動向」, 『역사교육』 19, 1973, 참조.

한 새로운 정책을 취하지 않으면 안될 배경 하에서 국가가 주도하는 가운데 토지의 개간·농기구의 개선·농우의 보급 등이 적극적으로 권장되어 갔던 것이다.

그러나 16세기 중엽이 되어도 토지의 확대는 더 이상 지속되지 않았고, 소득 증대도 결국은 지주계층의 손으로 들어가고 마는 형세가 되어 과도한 세금 등에 의한 농민의 소작화 현상이 두드러지게 나타났다[94]. 그리하여 16세기 말엽이 되면 농민이 중심이 된 명화적(明火賊)이나 초적(草賊)이 많이 나타나게 되었다[95].

따라서 이러한 농민들의 불만을 해소하고 그들의 생계를 유지시키기 위해서는 결국 상공업을 확대시킬 수밖에 다른 방법이 없었던 것이다. 그리하여 증가된 인구를 상공업으로 흡수하고 수입증대에 의한 지주층의 소비성향을 충족시키며 이를 대외무역으로 연계시키면서 상공업의 발전을 추진했던 것이다. 이러한 상공업의 발전상황을 알려 주는 것은 15세기 말경 시장을 폐쇄하는 조치를 내리기도 했던 조선왕조가 정기적 시장을 허락했다는 점이다.

이러한 상황이 지속되어 가는 가운데 15세기말~16세기 중엽에 이르면 간척지 개간·제방사업의 확대·황무지 개발과 보

---

94) 金鎭鳳, 「朝鮮前期의 貢物防納에 대하여」『사학연구』26, 1975, 참조.
95) 명종 14년(1559)에 일어난 임걱정(林巨正)난이 이들 도적의 대표라고하겠다.

급이 활발하게 전개되면서 다시 한번 농업생산력이 증대되는
기회를 가질 수 있게 되었다. 이러한 농업생산력의 증대는 소득
증가와 더불어 다시 사치풍조를 일으켜서 대외무역의 신장과
함께 상공업의 발달을 더욱 자극시켜 금은광의 개발을 촉진시
키는 계기가 되었다. 이에 따라 16세기 중엽에는 향촌시장이 성
립되고 민영수공업이 확대되어 갔으며, 부농과 대상들에 의한
광산개발도 점점 확대되어 갔던 것이다[96].

이러한 상황을 엿보게 하는 것이 이 무렵 전개되기 시작하
는 군역의 포납화(布納化)나 공물의 방납화(防納化)이다[97]. 이들
제도는 단순히 제도적인 문란을 극복하기 위해 실시된 것이 아
니라 이러한 경제변동 즉 시장경제의 발달에 맞는 제도를 갖추
기 위해 시작됐다고 보여진다.

그러나 시장경제 발달에 따른 농촌인구의 농촌으로부터의
이출은 향촌사회의 지배세력에 의해 억제됐기 때문에 상공업의
발달은 더 이상 확대되지 않았다. 이 시기에 나타난 향약(鄕約)
보급·검약(儉約) 강조·양잠 장려·수리시설 확장 등은 이러한
억제책에 의해서 나타난 것이라고 볼 수 있다[98].

이처럼 농업생산력과 생산량이 발전하면서도 부족한 부분

---

96) 송찬식,『이조후기 수공업에 관한 연구』, 서울대 한국문화연구소, 1983, 참조.
97) 李泰鎭, 「軍役의 變質과 納布制의 實施」,『韓國軍制史』近世朝鮮前期
　　篇, 陸軍本部, 1968, 參照.
98) 李泰鎭, 「士林派의 鄕約普及運動 - 16世紀의 經濟變動과 關聯하여」
　　『韓國文化』4, 서울대, 1983, 參照.

을 채우기 위해 상공업과 수공업이 나타났던 16세기였기에, 이 시기에 이르면 상공업을 비롯한 모든 산업전반에 발전경향이 나타나 조선사회의 새로운 구조적 전환이 이루어지게 되었다.

3) 일본의 조선침략과 동아시아 교역형태의 변동

이러한 동아시아세계에서의 교역 양상의 변화와 전개는 동아시아세계 전체의 새로운 발전을 암시하고 있었다. 그런데 이러한 국면에 찬물을 끼얹는 행동을 한 자가 나타났으니, 바로 일본에서의 전국시대를 통일한 후 엉뚱한 발상을 하며 임진왜란을 일으킨 도요토미 히데요시(豊臣秀吉)였다.

이러한 그의 발상이 먹혀들도록 조선 또한 스스로 그러한 함정에 빠져 있었다. 그것은 바로 주자학(朱子學)을 통치이념으로 삼게 되면서 지금까지 한반도에서 나타났던 국가들과는 전혀 다른 차원의 국가적 성격을 가지게 되었다는 점이다. 즉 유교적 세계상을 인간 상호관계에서 국제관계로까지 적용하기 시작하게 됨으로써 유교적 세계상과 이념에 기초해서 조선 고유의 사대교린체계(事大交隣體系)를 구축하겠다는 신념을 표출시켰던 것이다. 다시 말해 사대교린체계를 통해 중화세계질서의 이념을 내재화시켜 중국의 중화세계질서의 하위체제(下位體制)로써 기능을 함과 동시에, 조선 자체가 독자의 중화질서체계로서 기능할 수 있도록 하는 포부를 가지고 있었다는 말이다.

그러나 이러한 시도는 실질적인 군사력이나 경제력 등을 토대로 한 것이 아니라, 단순히 중국 다음으로 우리가 문화적 우위라는 자기중심 해석에서 비롯된 것이었다. 따라서 이러한 의식은 형식적 측면만을 강조하게 되는 현상을 가져와 무보다는 문을 숭상하게 되었고, 상공업을 배제하고 형식적 예에만 편중되는 그릇된 세계관을 갖게 하였다[99]. 그러한 조선내의 상황은 결국 16세기말에 이르러 교린의 상대국이며 회유와 기미(羈縻)의 대상이던 일본으로부터 침략을 당하는 결과를 초래하게 되었다. 당시 일본은 전국시대가 끝나고 도요토미 히데요시가 천하를 통일하고 있었다. 그러나 그들은 자신들이 만들어 놓은 모순 때문에 국내 통치가 어렵게 되자 정명가도를 구실로 이에 반대하는 조선을 공격하니 바로 임진왜란이 그것이다.

그러나 실질적으로 히데요시는 전국을 통일하기 이전부터 명을 정복하겠다는 생각을 갖고 있었고, 통일한 후에 자신의 생각을 실천에 옮겼던 것인데, 이러한 생각을 하게 된 배경에는 다음과 같은 원인이 있었다.

첫째로, 하나의 국가를 체계화시키기 위해서는 자연히 국제관계를 생각하지 않을 수 없었는데, 이것은 바로 자신들의 국가적 영역과 국민의 지배, 무역과 국내시장의 지배, 자신의 권력위치 등을 주변국과 대비하며 생각해야 되기 때문이다. 이러한

---

99) 朝鮮史硏究會, 『朝鮮の歷史』 三省堂, 1995, 153~169쪽.

가운데 자신의 능력을 과대평가한 히데요시가 자신의 이러한 욕망을 채우며 일본의 국제적 지위를 돋보이게 하기 위해 해외로 눈을 돌리게 된 것은 어쩌면 역사적 소산이었을지도 모른다. 이처럼 히데요시가 과대망상증에 걸리게 됐던 데는 당시 국제관계를 통해 들어오게 되어 전국을 통일하는데 중요한 무기가 된 철포(鐵砲=총)에 대한 믿음에서였다. 특히 이 철포를 효과적으로 사용하기 위한 전술을 개발하며 재편된 철포대(鐵砲隊)의 위력은 그야말로 대단했기 때문이었다[100].

특히 히데요시는 중국에 진격하는 것으로써 영주들간의 모순을 밖으로 돌려 통일전쟁에 필요했던 제한없는 군역(軍役)을 정당화시키면서 자신의 권력을 더욱 부각시켜 완전한 권력장악을 기하려 했던 것이었고, 또 하나는 외국과의 전쟁을 통해 거국일치체제를 만들어 모든 통치권적 기능을 부여받으려고 했던 것이다. 그러기 위해서라도 당시 동아시아에 군림하고 있던 명을 공격하는 것이 그러한 구실을 찾는데 가장 적합했던 것이다[101].

두 번째는 중국을 공격해서 이길 수 있다고 하는 자신감을 일본 내에서의 전쟁을 통해서 얻었던 것이다. 그것은 전쟁을 이기기 위해 필요한 군사행동과 그 주변 국가들과의 외교를 통해

---

100) 李進熙, 姜在彦, 『日朝交流史』, 앞의 책, 104-105쪽. 洞富雄, 「鐵砲傳來」 吉川弘文館 『國史大辭典』 9, 參照.
101) 水林彪 『封建制の再編と日本的社會の確立』, 近世, 山川出版社, 1987, 116-117쪽.

상대국을 약화시키는 전술을 나름대로 체득하고 있었기 때문이었다. 이러한 외교술은 그가 전국을 통일하는 과정에서 이미 발군의 실력을 보였던 터였고, 그것이 또한 자신이 생각하는 의도대로 잘 이루어지면서 통일의 대업을 이룩할 수 있었던 경험상에서 얻어진 것이었다. 그러나 이러한 국내에서의 외교술이 국외에서도 통용될 수 있었다고 생각했던 것은 우스꽝스럽기 짝이 없는 일이었다.

세 번째는 전쟁와중에서도 대륙진출을 위한 준비를 잘 해놓아서 나름대로 자신감을 갖고 있었던 데 있었다. 즉 나가사키(長崎)를 직할령으로 하여 동남아지역의 무역권을 장악하여 재정문제를 해결하고 있었고, 쓰시마·이키 등의 수령들을 복속시켜 자신의 군사행동을 편들게 해놓았으며, 류큐왕국과 조선과의 외교 루트도 확보하고 있었기 때문이었다.

네 번째는 조선을 명의 속국으로 생각하여 조선의 주체성을 무시했다고 하는 점이다. 당시 조선은 형식적으로는 명의 속국 같은 자세를 취하기는 했으나 독자적으로 자신들의 국가체제와 대외관계를 능란하게 영위해 나가고 있었던 동아시아질서의 내면적 측면에 대한 이해가 히데요시에게는 부족했던 것이다[102]. 이처럼 히데요시의「정명가도」주창은 우물안 개구리식으로 일본 내에서 전쟁을 하는 도중에 알게 된 전략과 전법을

---

102) 川勝守 「華夷變態下の東アジアと日本」 (『日本の近世』 6, 中央公論社, 1992) 57~93쪽

국외에도 이용하려고 했던 데서 이런 파멸적 생각이 나오게 됐던 것이다. 다시 말해 중국을 중심으로 형성된 동아시아세계의 질서구조와 그 구조 속에서 펼쳐지고 있는 국가간의 힘의 균형을 이해하지 못한 소치에서 임진왜란을 일으켰던 것이다[103].

토요토미 히데요시의 조선침략은 또 다른 의미에서의 왜구 침략이었다. 이 침략전쟁에서 히데요시가 노린 것은 일본이 전국시대 이전인 무로마치 시대에 중국·조선과 교류하던 「국왕통교(國王通交)」 시대를 재개하기 위함이었고, 그러한 국교재개를 위해서는 당시의 동아시아 국제질서를 재편해야겠다는 잘못된 국제관에서 비롯된 것이었다. 이러한 것은 일본통일을 이룩한 그가 무엇인가 내면적으로 국민들에게 어필할 수 있는 일을 만들어서 신뢰감을 구축하겠다고 하는 그의 정치적 판단에서 연유된 것이었다. 그러나 동아시아 질서라는 것이 어떻게 운용되어 왔는지, 그 움직임의 관건이 무엇인지에 대해 전혀 의식하지 못했던 히데요시는 결국 자신의 의도를 조금도 관철시키지 못한 채 대실패로 끝나고 말아 토요토미의 시대는 막을 내리게 됐고 도쿠가와(德川)시대를 맞이하게 되었다.

그러나 이러한 히데요시의 무모한 침략전쟁은 자신의 패망뿐만이 아니라 동아시아 질서에 전반적인 변화를 조장하였는데, 당시 일본은 자신들의 조공국이며 정치적 관계상에서 중요한

---

103) 三鬼清一郎, 「朝鮮役における國際條件について」, 『名古屋大學文學部研究論輯』 史學 21輯, 1974, 參照.

나라였던 조선에 만약 문제가 생기면 아낌없는 지원을 할 것이라는 한중 양국의 긴밀한 관계를 의식하지 못한 채, 설마 하는 심정으로 조선에 대한 침략을 감행했는데[104], 한중 합작의 공세가 이루어지자 전반적인 형세는 역전되는 가운데 일본의 패전 무드는 고조되어 갔던 것이다.

그러나 명나라 입장에서 조선에 대한 군사지원은 그야말로 모험을 무릅쓴 것이었다. 왜냐하면 조선에의 군사적 지원은 명나라 만력제(萬曆帝) 때 이루어진 세 차례 군사출정 중에서 규모나 지원범위에서 가장 컸던 전역이었기에, 이들 군비조달에 필요한 조세 및 부가세의 부과는 국민들의 원성을 자아내게 됐고, 나아가 명나라가 멸망하는 중요 원인이 되었던 것이다[105].

즉 1592년 가토 기요마사(加藤淸正)가 이끄는 일본군이 함경도의 회령(會寧)으로부터 두만강을 지나 여진족들이 살고 있는 오랑캐(革達革旦)지역에까지 침입하자 이는 오랑캐·여진족을 압박시키는 결과로 발전하게 되었다. 당시 중국 동북부지역은 명의 지배가 직접적으로 미치지 않던 곳이라 흩어져 살던 여진인들이 일본에 대항하기 위해 자연히 자신들의 세력을 규

---

104) 川勝守 「華夷變態下の東アジアと日本」 앞의 책, 57~93쪽
105) 명이 임진왜란에서 어느 정도의 승리를 얻어낼 수 있었던 것은 장거정의 개혁으로 그나마 재정적인 여유를 확보해 놓았던데 있었지만, 그가 개혁을 완수하지 못한 채 죽자 조선에 대한 군사적 지원은 결국 명나라의 재정을 결핍시키는 중요 원인이 되었다. 홍광훈, 홍순도 역 黃仁宇 著,『巨視韓國史』, 까치, 1993, 315-316쪽.

합할 수 있는 충분한 공한지가 되었던 곳이다. 이러한 세력들을 규합한 누루하치가 리더가 되면서 후금(後金)을 건국하게 되는 것이고, 동북지방의 맹주로 군림하며 호시탐탐 명의 정복을 겨냥하였다. 그러나 조선에 대한 지원군 파견에 민중의 반발을 받고 있던 명정부는 여진인들의 성장을 그저 좌시할 수밖에 없게 되었고, 그 결과는 멸망의 구렁텅이로 빠지게 될 수밖에 없었으니 그 결과 청나라가 탄생되게 되었다[106].

이렇게 하여 동아시아 세계에서는 그 중심국인 중국에서 왕조교체가 나타나게 되는 것이며, 일본에서도 도쿠가와 이에야스에 의한 에도(江戸)시대가 개막되어 동아시아세계는 바야흐로 새로운 전기를 맞이하게 되었다. 이런 와중에서 조선의 외교정책은 어느 노선을 따를 것인가 하는 논란이 재연되게 되어 향후 한반도의 역사전개에 귀중한 전환의 계기가 되었으며, 일본의 경우는 전쟁실패 이후 일본의 장래를 결국 중국과 한반도와의 관계개선에서 찾지 않으면 안됐기 때문에 다시 조선과의 수교문제가 대두되게 되었으며, 그 결과 통신사의 왕래가 재개됐고, 이로 말미암아 한·중·일 삼국의 경제·문화 등 제방면에서의 교류가 다시 활기를 띠게 되었던 것이다[107].

---

106) 徐炳國, 「宣祖二十五年頃의 建州女眞」, 『白山學報』 9, 1970, 參照.
107) 에도시대의 조선통신사 문제는 (三宅英利, 『近世日韓關係史의 硏究』, 文獻出版社, 1986), 참조.

제4장
화이변태와 전통 동아시아세계 질서의 쇠퇴(17-18세기)

제4장
화이변태와 전통 동아시아세계
질서의 쇠퇴(17-18세기)

1. 화이변태와 동아시아세계의 변화

1) 조선의 소중화의식의 정립

임진왜란의 결과로 나타난 동아시아세계의 구조변동은 동아시아세계를 지금까지와는 엄청나게 다른 새로운 상황으로 전변시켜 새로운 유형의 질서체제를 가져오게 했다. 그것은 조선입장에서 볼 때 지금까지 교린국이던 청국이 사대의 상대국이 됐다는 데서 알 수 있다. 이러한 천하의 대변화를 역사에서는 화이변태(華夷變態)라고 하는데[1], 이는 바로 중화질서의 원래 이념과 현실 사이에 엄청난 괴리를 가져다주었음을 의미하는 용어라 하겠다.

그러나 이러한 충격을 가장 크게 받은 나라는 조선이었다. 지금까지 조선은 명나라 다음으로 자신들이 중화질서의 주역이라고 생각해왔는데, 이제 명나라가 망하고 조선보다 한 수 낮다고 생각하던 여진족이 자신들의 우위에 앉게 되었으니 이는 예와 형식을 중요시하던 조선에 있어서 엄청난 딜레마를 가져다주었던 것이다. 다시 말해 조선은 중화세계질서의 진실된 중심(中華)이 어디에 있는지, 이에 대한 문제로 고민하기 시작했던 것이다.

그러나 어디까지나 현실은 현실이었기 때문에 조선은 청조가 이적이라 해도 중원을 지배했기 때문에 조공 책봉관계를 맺어야 했다. 그러나 이념적으로는 조선 자신이 명나라의 뒤를 이은 중화문명의 유일한 담당자라고 생각하고 있었기 때문에, 언제고 청을 중원에서 물리칠 유일한 주체세력이라고 생각했다[2].

이러한 조선의 자세를 알면서도 청나라 스스로도 중원을 지배하는데 많은 한계점이 있었으므로 먼저 자신들의 입지를 안정시키기 위해 청은 유교적 세계상인 중화의식을 갖는데 중

---

1) 金鳳珍, 앞의 책 10), 37쪽. 川勝守, 「華夷變態下の東アジアと日本」, 『日本の近世. 6. 情報と交通』, 中央公論社. 1992.
2) 姜在彦, 『朝鮮の歷史と文化』, 大阪書籍, 1987, 198쪽.

점을 두었고, 점차 이러한 의식이 확립되면서 중화문명을 담당하는 주체가 되어갔다. 그리하여 청과 조선 양국은 서로 모순을 가지면서도 「무(武)」보다는 「덕(德)」으로 천하 사위(四圍)를 압도하고 세계를 교화시켜야 한다는 이념과 사명감을 공유하게 되는데, 그러한 결과로 나타난 것이 청은 조선을 조공체계의 특별대우국으로써 인식하고 중화세계질서의 제2인자로써 조선을 대했던 것이다[3].

그러나 조선은 그러는 한편 자신들 고유의 중화세계질서를 유지하려고 했다. 그리하여 청국보다는 규모가 적었으나, 나름대로 조공체계와 호시(互市)체계를 가지게 되었으니, 이를 청나라에 비해 규모가 적었으므로 소중화질서라고 한다. 이러한 조선이 취한 중화세계질서의 형태는 중앙정부와 조정이 임명한 지방관에 의해 주도되면서 주변지역(국가)과의 관리무역(호시체계)을 직접 통괄케 하였고, 그러는 한편 청국과는 조공체계(사대관계)를, 일본과는 통신사관계(교린체계)를 유지해 나갔던 것이다.

조선의 중앙정부는 사대교린체계와 호시체계를 일원적으로 통할 담당하였고, 이들 체계를 관리 통제하기 위한 정책으로서 「관금(關禁)」 「해금(海禁)」 정책을 실시하였는데, 이것은 오늘날의 의미로 무역·출입국관리 정책이라고 할 수 있다. 또한 변경(북방의 야인(野人), 동남해의 왜인으로부터의 침략을 방비

---

3) 『萬曆明會典』, 參照.

하기 위한 색방(塞方)·해방책(海防策)으로써 기능을 하기도 하였다. 특히 교린체계는 조선이 청국 이외의 주변제국과 관계를 규율(規律)하기 위해 세운 「조선형 조공체계」인데, 예조(禮曹)의 전객사(典客司)가 사대교린체계(外交體系)를 관할했고, 지방관(觀察使, 節制使, 府使)들이 호시체계를 직접 관할하였다[4].

이러한 체계는 방대한 판도와 다수 민족을 포함하는 중국의 복합적 통치원리를 협소한 판도와 단일민족인 조선에 적용하는 가운데, 점차 변질되면서 형성된 것이라고 볼 수 있다.

조선이 이러한 자기 나름대로의 체계를 수립해 나가는 동안 청조는 일원적이고 통일적인 천하의 질서체계를 수립해 갔다. 그들은 소수민족의 지도자를 토사(土士), 토관(土官)으로 지방관을 임명해 간접적으로 통치했고, 이번원(理藩院)에 의해서 몽고를 대표로 하는 이민족 통치를 관할했으며, 이들보다는 느슨한 관계인 조공에 의한 통치관계를 조선·베트남 등에 적용시켰다. 나아가 조공국보다 더욱 밖에 있는 상호적인 호시관계에 있는 일본, 인도 등은 이제 청국의 속박을 완전히 벗어나도록 묵인해 주었다[5].

이 때의 중화세계질서는 국제관계상 다양한 국제체계를 갖는 다중체계였다는 점에서 오늘날의 외교체계와 같다고 할 수

---

4) 金鳳珍, 앞의 논문, 10), 37쪽.
5) 浜下武志, 『近代中國國際的契機 - 朝貢貿易近代』 東京大學出版會, 1990, 31~32쪽.

있다. 이러한 다중 체계를 잘 다스리기 위해 청조는 조공체계를 예조에서, 직할번속체계(管轄藩屬體系)는 이번원에서, 호시체계는 지방관(總督, 巡撫, 海關道)이 관할토록 하였다. 청조도 중화질서체계를 효과적으로 유지·관리하기 위해 오늘날 무역출입국 관리정책과 같은 관금·해금정책을 실시하였다[6].

그러나 조선과 청조와의 이러한 중화세계질서의 결과는 너무나 큰 대가를 치르도록 했으니, 그것은 결국 자신감 없이 동아시아세계 질서를 담당해 나간 결과라고 할 수 있다. 즉 중화사상과 그 통치이념은 주변제국으로 확산·유지되었지만, 청국이 이적의 왕조라는 점에 대해 중화를 중심으로 하는 동아시아 지역 질서 속에서 중화사상은 각국의 민족주의를 야기하는 동인이 되어 주변국이 동참하는 가운데 일사분란하게 시스템이 돌아간 것이 아니라, 청나라에 저항하는 의식이 강대하게 나타남으로써 유럽 제국주의 국가들에게 침략의 허점을 많이 노출하게 됨으로써 그런 결과를 가져왔던 것이다.

당시 유럽제국은 이미 200여 년간에 걸쳐 호시체계에 참가하면서 청국의 관금·해금정책에 의한 관리무역(管理貿易)에 맛을 들이고 있다가, 19세기에 들면서는 구미제국이 산업혁명의 성과에 의해 무역확대를 요구하거나 제국주의적인 영토확장의 욕구에 근거하여 관리무역에 도전해 오기 시작했던 것이다. 그러다가 19세기 후반부터 구미제국 및 일본은 중화질서의 파괴

---

6) 김봉진, 앞의 책, 41-44쪽.

자가 되어 오히려 청국의 지방으로부터 중앙에 이르기까지 구미국제질서에 편입시키려 했다[7].

2) 화이변태에 대한 일본의 대응

도쿠가와 이에야스(德川家康)란 자는 어릴 때부터 멸망해 버린 자신의 가세를 다시 일으키기 위해 온갖 경험을 다하면서 세상을 살아온 걸출한 인물이었다. 그는 많은 시련 속에서 살아가는 방법을 배웠고, 자신의 뜻을 관철시키기 위한 인내와 품덕을 익히고 있었다. 그리하여 별반 세력도 없는 그가 그 험난한 전국시대의 난세를 극복하고 새로운 막부를 개척했다고 하는 것은 시대를 꿰뚫는 통찰력이나 국제정세를 잘 파악하는 혜안과 지혜가 있었다는 것을 증명하는 것이다. 그는 조선에 대해서도 토요토미 히데요시와는 달리 정확한 인식을 하고 있었으므로 조선에 출병하지 않았을 뿐만 아니라, '세키가하라'전이 끝나자 바로 쓰시마의 소 요시토시(宗義智)에게 조선과의 국교재개를 위한 교섭에 성심을 다할 것을 명하였다[8]. 이에 요시토시는 힘을 얻고는 잡혀온 조선인들을 돌려보내고, 전쟁을 사죄하는 사신을 조선에 보내지만 조선에서 이처럼 간단히 이들의 요구

---

7) 浜下武志, 앞의 책 31), 242~259쪽.
8) 田代和生, 『近世日本通交貿易史の硏究』, 倉文社, 1981, 참조.

를 들어줄 리가 없었다.

그러나 이후에도 도쿠가와 막부에서는 포로로 잡아갔던 조선인들을 계속 귀국하도록 하여 그들로 하여금 히데요시 막부와 다른 점 및 이에야스가 출병하지 않았던 점을 설명토록 하였고, 쓰시마 번을 통해 일본내의 상황을 계속 보고토록 하는 등의 노력에 의해 어느 정도 조선정부의 마음을 누그러뜨릴 수 있게 되었다. 그리고 이러한 상황은 일본의 상황을 직접 파악해 보고 결정하자는 당시 조선의 재상으로 일본을 잘 이해하던 이덕형(李德馨)의 건의에 따라 「탐적사(探敵使)」를 파견하기로 하였다. 그리하여 1605년 4월 승려 유정(惟政)과 탐적사 손문욱(孫文彧)을 일본에 파견했는데, 이들에 대한 쓰시마 소씨의 환대와 일본측의 대우는 아주 각별했다. 당시 요시토모는 이들을 교토(京都)까지 안내했고, 도쿠가와 이에야스는 마중까지 나와 이들을 환대했는데, 이는 도쿠가와의 안정된 집권을 위해서도 조선과의 좋은 관계가 필요했기 때문에 취해진 조처였다[9].

이처럼 환대를 받고 돌아간 탐적사 일행은 일본의 반성자세를 알려 일본과의 국교재개를 위한 발판을 마련해 주었다. 그러나 조선의 대신들은 일본에 대한 의구심이 여전해서 평화교섭을 할 것인지, 안 할 것인지에 대한 격론이 다시 일어나게 됐고, 그 결과 두 가시 조건을 제시해서 들어주면 허락하고 받아들이지 않으면 국교관계를 계속 단결시키자는 의견으로 모아지

---

9) 田代和生, 앞의 책, 참조.

게 되었다. 이러한 두 가지 조건이란, 첫째 두 번 다시 조선을 침략하지 않겠다는 일본의 국서(國書)를 보내라는 것과, 두 번째는 중종의 정릉(靖陵)과 성종비(成宗妃)의 선릉(宣陵)을 파헤친 '범릉지적(犯陵之賊)'을 인도하라는 조건이었다[10].

　이러한 조선의 조건에 대한 일본의 반응은 기다렸다는 듯이 재빨리 반응했다. 이처럼 빠르게 반응했던 것은 역시 새롭게 이룬 자신들의 정권이 국제적으로 인정받기 위한 데 있었다고 보아야 하는데, 즉 조선의 사절이 일본에 온다는 것은 바로 국제적으로 승인을 받는 것과 같았기 때문이었다. 도쿠가와 측은 곧바로 사절단을 통해 일본 국왕의 국서와 두 명의 '범릉지적(실은 쓰시마의 범죄자)'을 데리고 부산포로 가도록 조처했다. 그러나 이들이 가지고 온 국서는 당시 상황에서 내용이나 형식이 맞지 않아 이것의 진위여부를 둘러싸고 조선 조정에서는 논란이 일어나긴 했으나[11], 당시 한반도의 정세가 북에서는 누루하치가 이끄는 여진족이 흥기하고 있어 북쪽 국경이 불안해 지고 있던 데다, 두 차례의 전쟁으로 인한 농촌피해의 심각성을 빨리 회복하기 위해서라도 일본과의 관계개선이 필요했기에 조선에서는 이에 대한 사절단을 파견하기로 결정하게 되었다[12]. 이들 사절단의 숫자는 460명에나 이르렀고, 이들이 가는 길은

10) 朴春日, 『朝鮮通信使史話』, 雄山閣出版, 1992, 참조.
11) 荒野泰典, 『近世日本と東アジア』, 東京大學出版會, 1988, 10쪽.
12) 「朝鮮國交始末書」, 『朝鮮事務書』 卷 4, 참조.

부산포를 떠나 쓰시마에 도착한 다음 에도(江戶)로 향하는 전통적인 일본 왕래코스였다. 그러나 이들 최초 사절단의 이름은 통신사(通信使)가 아닌 회답겸쇄환사(回答兼刷還使)였다[13]. 이는 일본의 국서에 대답한다는 의미와 납치돼 간 조선인들을 데리고 간다는 의미에서 전후처리에 대한 조선의 확실한 의지를 보여주기 위해 지어진 이름이었다.

쓰시마번의 안내로 에도에 도착한 사절단은 제 2대 도쿠가와 막부장군 도쿠가와 히데타다(德川秀忠)와 국서를 교환하고 국교를 재개하게 되었다. 이 국서에서 히데타다는 "양국의 국교회복 정신은 권력이나 이익이 바탕이 돼서는 안되고 신의를 바탕으로 해야 한다"라고 하여 신의를 강조하였는데, 이러한 신의는 조선정부에서도 받아들이지 않으면 안되었기에, 이러한 관계에 기초하여 양국은 이후 메이지(明治)유신 전까지 약 260여 년간 선린관계를 유지하게 되었던 것이다.

3) 화이변태 후의 류큐왕국과 쓰시마정권의 운명

일본은 임진왜란을 통해 정권교체를 하게 되었고, 이러한 정권교체로 탄생한 도쿠가와 막부는 전쟁의 뒷마무리를 수습하는데 경주하였다. 먼저 그 대표적인 일로서 류큐왕국에 대한 제

---

13) 李進熙, 姜在彦, 『日朝交流史』, 앞의 책, 124쪽.

재였다. 즉 임진왜란을 일으킨 토요토미 히데요시는 사쯔마번에게 명령하여 류큐에서 병력과 병참을 징발하여 조선정벌에 나서도록 압력을 넣었으나 류큐왕국은 끝내 거절하였고, 그 후 임진왜란이 끝날 무렵에는 토요토미 히데요시의 죽음을 중국 북방 육로를 통해 조선정부에 신속히 알려 일본내의 상황을 제공함으로써 조선정부가 일본의 총공세에 대비할 수 있는 중요한 정보를 제공하기도 하였다.

이러한 결과는 임진왜란이 끝나고 일본내의 안정이 회복되자마자 1609년에 도쿠가와 막부가 류큐를 정벌하여 류큐왕국을 식민지로 만드는 직접적인 원인이 되었다. 그리하여 이 때부터 이미 일본의 영토로서 편입되는 형식이 되어 이후 류큐왕국이라는 독립국가는 없어지게 되는 것이고, 이러한 역사적 소용돌이 속에서 결국 일본이 제2차 세계대전에서 패배하면서 본토의 독립을 회복하기 위해 오키나와를 미국에 양도하는 결과로 나타나게 되었다.

이러한 역사적 결과 때문에 오키나와인들은 오늘날까지도 일본정부와 미군에 대해 그 반발심을 가지고 있는 것이다. 물론 이러한 감정을 낳은 직접적인 동기는 일본 패전 막바지에 미군이 오키나와를 점령하는 과정에서 인구의 약 3/1이 사망하여 매 호당 1사람 이상의 가족을 잃은 전쟁에 대한 증오에서 나온 것이지만, 오키나와의 역사적 흐름을 보면 한반도와의 교류에 비중을 둔 나머지 일본과 갈등을 빚게 되었고, 그것이 류큐왕국의 존재가 역사상에서 지워져 버리는 직접적 동기가 된 것이 아닌가 생각된다.

한편, 당시 쓰시마의 도주는 소 요시토시(宗義智)였다. 그는 20세에 아버지 요시시게(義調)의 뒤를 이어 도주가 된 다음, 25세 때에 토요토미 히데요시의 조선출격 명령을 받아 선봉에 나서야 했다. 그러나 그는 일찍부터 조선과의 교역을 통해 자신들의 경제문제 내지 재정문제를 해결해 왔으며, 이는 자신들이 도주역할을 해 나갈 수 있는 중요한 밑거름이 되었기 때문에 조선을 공격하는 것은 자신들의 멸망과도 직결되는 것으로 생각하고 있었다. 더구나 그는 조선과의 통교를 통해 조선의 능력을 잘 알고 있었기에 히데요시의 야욕은 결국은 실패로 끝나고 말 것이라는 사실도 예측하고 있었다. 그러기에 그는 자신의 장인인 고니시 유키나가(小西行長)와 함께 협의하여 히데요시의 마음을 돌리려고 많은 애를 썼다. 고니시 또한 자신의 성장배경이 조선과의 교역을 통해 경제적 부를 이룩한 사카이(堺)번 출신이었기에 조선의 출병을 꺼리고 있었던 터라 이들은 적극적인 회유작전을 폈지만, 히데요시의 마음을 돌리는데는 실패하고 말았다.

결과적으로 왜의 조선침입은 소씨에게 결정적인 타격을 가져오게 되었다. 그는 임진왜란 때 5천명의 군사를, 그리고 정유재란 때 2천명의 군사를 조선에 파견했지만 평양과 행주산성의 싸움에서 대부분의 병사를 잃고만 데다가, 본토에서 조선으로

가는 왜병들의 중간 기착지가 되었던 관계로 이들에 의한 약탈과 파괴는 자신의 정치적 기반을 파괴하는 전기가 되었다.

그리하여 전쟁이 끝나자마자 그는 재차 조선과의 관계개선을 위해 사신을 보내게 되는데, 이는 왜란이 끝난 지 1개월 후인 1598년 12월이었다. 그러나 조선이 이들의 요구를 들어줄 리 없었다. 그리하여 그는 3월과 6월 두 번에 걸쳐 재차 사신을 파견하여 조선을 달래려고 했다. 한편 그는 고니시와의 관계를 이용하여 1599년 7월 히데요시의 편에 서서 도쿠가와에 대항하였다. 그러나 정세가 변하자 최후의 결전인 세키가하라(關ヶ原)전에는 그의 부하를 보내 자신이 빠져나갈 구멍을 만들어 놓은 다음 이 싸움에서 히데요시 쪽이 지게 되자 그는 고니시의 딸인 자신의 처를 쫓아버리고 도쿠가와의 눈에 들도록 노력했다. 그리고 그러한 여세를 몰아 조선과의 관계회복을 위해 주력했던 것이다. 이처럼 대세를 관망할 수 있는 눈이 그에게 있었던 것은 그가 살고 있는 쓰시마의 지리적 운명에서 비롯된 것임은 누구라도 알 수 있을 것이다.

요시토시는 1647년 48세의 나이로 죽게 되는데 그 후 쓰시마의 운명이 걸린 결정이나 조선과의 외교문제 등 중요한 문제가 그의 묘소 앞에서 의논되었다고 하는 것이나, 역대 쓰시마 도주의 명복을 빌기 위해 요시토시의 법명을 따서 지은 만송원(萬松院)이라는 절 안에 역대 도쿠가와 막부 장군의 위패를 안치시켜 놓고 있는 점 등은 쓰시마의 운명을 건지기 위해 노력한 요시토시의 의지를 입증해 주는 좋은 예라고 할 수 있다.

4) 화이변태 후, 타이완의 중국 귀속

중국의 대만에 대한 정책은 그다지 중시되지 않았다. 다만 원나라 때 순검사(巡檢司)를 설치하여 형식적으로 관리해오다가 명나라 때인 1388년에는 이것조차 폐지시키는 바람에 거의 중국 영토라고 할 수 없을 정도로 방치되어 있었다. 다만 타이완 본토에 대해서 펑후(澎湖)열도만은 관리를 파견하여 계속 관리하기는 하였다. 그러다가 네덜란드가 포르투칼의 뒤를 이어 아시아로 진출하게 되면서 대만을 자신들의 무역 경유지로 만들게 되었는데, 그 배경은 다음과 같다.

즉 1596년 11월 네덜란드인들은 인도네시아 자카르타(네덜란드인은 바다비아라 칭함)에 도착하여 아시아 진출의 교두보로 삼았고, 1602년 3월에는 이 지역에 식민지 경영 특허회사인 네덜란드연합 동인도회사를 설립하였다. 이 회사는 인류 최초의 주식회사로 본사는 암스테르담에 있었다. 이들 네덜란드인들은 이 바다비아를 거점으로 하여 중국과 일본과의 무역을 시작하려 하였는데, 자카르타와 이들 두 지역과는 거리가 너무 멀었기 때문에 중계지역이 필요했고, 그 중계지로서 펑후열도가 주목되었던 것이다14).

그리하여 그들은 1603년에 평후도에 상륙하게 되었는데 이
것이 최초의 유럽세력의 대만 침공이다. 그러나 중국이 이를 그
냥 좌시하지는 않았다. 중국은 네덜란드인들이 평후에 상륙하자
군사를 파견하여 퇴치시켰다. 그러자 네덜란드는 이를 보복하기
위해 마카오를 공격했으나 실패하였지만, 그들은 다시 1622년 7
월 재차 평후를 공격하여 결국은 평후를 점령하는데 성공하였
다. 그리고 이들은 중국의 공격을 방어하기 위해 대만을 요새화
하기 시작했고, 원주민을 동원하여 마공(馬公)에 요새를 구축하
고는 바다비아 – 마공 – 중국 – 일본을 연결하는 중계무역의
거점으로 삼았던 것이다15).

17C 네덜란드의 배

---

14) 伊藤潔, 『臺灣』, 中公新書, 1993.11-14쪽.
15) 伊藤潔『臺灣』, 앞의 책, 13-14쪽.

명나라는 1623년 9월부터 중국 동남해안에 해금령을 실시하고 선박의 출입을 통제하였다. 이는 왜구의 피해를 최소화하기 위한 조처에서 내려진 것인데 이러한 조처의 일환으로 대만에 대한 관심도 멀어지게 되었던 것이다. 그 결과 명왕조는 네덜란드 함대에게 펑후에서 철수하는 조건으로 대만 점령을 인정해주고 말았던 것이다. 그리고 네덜란드와의 무역을 동의하는 정전협정안을 제시하였다. 이러한 양국의 협정은 이후 네덜란드가 대만 경영을 통해 중국 일본의 무역을 독점하는 기회를 주었던 것이다.

이로부터 38년 간 네덜란드는 대만을 경영하였는데, 이에 동원된 인수만 2000여명이나 되었다. 그러나 네덜란드의 이러한 무역독점을 그대로 좌시하지 않은 경쟁국이 있었으니 바로 스페인이었다. 당시 스페인은 필리핀을 점령하여 중국과 일본과의 교역을 원했기 때문에 그 중계지로서 대만을 또한 노렸던 것이다. 그리하여 네덜란드와의 전쟁을 통해 스페인은 결국 대만 북부를 점령하는데 성공하였다. 이 지역을 스페인은 산티아고라고 명명하였는데 당시 지명으로는 계룡(鷄籠=지금의 基隆)이었다. 나아가 호미(滬尾=지금의 淡水)도 점령하여 산도밍고라는 요새를 건설하였다. 이는 곧바로 네덜란드의 반발을 샀지만 스페인은 이들의 반발을 철퇴시켜 버렸다. 그 결과 네덜란드는 타이완의 남부경영에만 최선을 다하게 되어 이제 타이완은 스페인과 네덜란드가 양분하여 경영하는 대립경쟁시대로 들어가게 되었다. 그러나 이들의 경쟁은 더욱 극에 치닫게 되어 결국은 기반을 일찍 닦아 놓은 네덜란드가 스페인군을 공격하여 완전 철수시킴으로서 17년 간 스페인의 북부지배를 종식시키게 되었다[16].

그러나 네덜란드의 선주민에 대한 무단통치는 이들의 반발을 사 여러차례 저항운동에 부딪치기도 하였다. 그 예가 마두사건(麻豆事件), 소토룡사건(蕭土龍事件) 등이었는데, 이 때 네덜란드인들은 이곳 선주민을 대량 학살하는 우를 범하기도 하였다. 특히 이들은 선주민보다도 이주민들에 대해 더욱 거칠게 탄압하였는데, 급기야는 이주민 곽회일(郭懷一)이 주도하는 봉기가 일어나고야 말았다. 곽회일이라는 사람은 정지룡(鄭芝龍)이라고 하는 복건 출신 해적의 부하였다. 그는 후에 타이완으로 건너가 거주하였는데 그는 다른 이주자들에게 신망을 받았다. 그리하여 그들 이주민을 선동하여 봉기를 결의하고는 네덜란드인들이 거주하는 프로빈스성을 함락시키려는 계획을 짜고 있었다. 그러나 동생이 밀고하는 바람에 이 계획을 알게된 네덜란드인들은 선주민을 이용하여 협공을 하였다. 그 결과 반란군 4000명이 전사하고 봉기에 가담했던 가족들 전원이 몰살당하는 비참한 결과로 끝나고 말았다. 이들 이주민들이 이렇게 무참하게 당하고 만 것은 무기의 열세와 선주민과 이주민 사이를 갈라놓는 분할지배 방식에서 그 원인을 찾을 수가 있다.

그러는 가운데 중국에서는 1636년에 후금이 대청국으로 국

---

16) 伊藤潔, 『臺灣』, 앞의 책, 19-21.

호를 바꿔 북경을 지배하게 되면서 한족의 존속을 위협하는 시대로 바꾸고 말았다. 명은 청의 세력확대에 불안을 느낀 나머지 동아시아 해역에서 세력을 확대하고 있던 해적 정지룡을 초무(招撫)하여 그의 군사력과 자금력에 의지하며 청에 대항코자 했던 것이다.

정지룡이라고 하는 사람은 히라도(平戶)에 체제하며 해적의 수령으로서 제해권을 장악하고 있었던 인물로 일본여성인 다가와씨(田川氏)와 결혼하여 장남인 정삼(鄭森=후에 鄭成功으로 바꿈)을 낳았는데, 그들 가족은 이 때 명왕조의 도움으로 중국에 건너올 수 있었던 것이다. 정삼은 1645년 복주(福州)에서 당왕(唐王)을 융무제(隆武弟)로 옹립하여 실권을 장악하게 되었는데, 이는 자신의 세력을 기반으로 한 지역정권의 창출이었다. 그러자 명왕조는 21세인 정삼에게 명왕조의 성인 주(朱)씨와 성공(成功)이란 이름을 하사하였는데, 이로부터 정성공은 『국성야(國姓爺), 정성공』으로 불리기 시작했던 것이다[17].

그러나 그러한 노력에도 불구하고 이미 쇠진한 명나라는 청나라의 공격으로 멸망하고 말았다. 그리고 남부지역에서 세력을 펴고 있던 정지룡에게 회유책을 실시하여 관직을 하사하려 했으나 정지룡은 명나라와의 의리를 내세워 이를 반대하였다. 그러나 이미 상황이 기울어졌기에 얼마 후에는 대세가 기울이짐을 알고 청의 요구에 응했다. 그러자 청은 그를 북경으로 불

---

17) 伊藤潔 『臺灣』, 앞의 책, 25-36쪽.

러 올리고는 약속과는 반대로 정지룡을 유폐시키고 말았고, 정성공의 어머니인 다가와씨는 청군에 능욕 당한 후 자해되고 말았다.

이를 안 정성공의 분노는 하늘을 찌를 듯하여 공자묘 앞에서 청에 복수할 것을 선언하고는 타이완으로 건너가 반청복명(反淸復明)의 근거지로 삼고 청에 저항하고자 하였다.

정성공은 각지를 전전하며 아모이(廈門)와 진먼도(金門島)를 고수하는 한편 네덜란드 동인도회사 통역관 하빈(何斌)이 채무관계로 도망 와 대만의 상황을 보고하자 400여 함선과 2만5천의 병력으로 대만을 공격하기 시작하여 1661년 4월에는 펑후도를 점령하기에 이르렀다. 네덜란드인들의 무자비한 지배에 분개하고 있던 이주민들은 곽회일의 봉기가 실패한 후 더욱 탄압을 받았기에 정성공의 대만 공격을 대환영하였다. 이러한 상황은 결국 네덜란드의 통치를 종식시키는 결과가 되었고, 결국 1662년 2월부로 네덜란드의 38년간 대만 통치는 종식을 고하고 바다비아로 철퇴하고 말았다.

정성공은 대만 통치를 위해 행정구역을 1부(府) 2현 1안무사(按撫司=펑후도)로 획정하고 대만을 동도(東都)라 칭하였다. 그리고는 네덜란드에 협조한 선주민을 위협하면서 번왕(藩王)의 지위에 올랐다. 당시 대만 인구는 10여만으로 신 이주민이 2만, 정성공의 가족과 대군이 3만이나 되었기에 총인구는 15만이나 되었다. 이렇게 인구가 급증하자 식량문제가 대두하게 되어 남부에서는 황지의 개척이 급증하게 되었고 토지사유제가 시작되게 되었다[18]. 네덜란드인 토지는 몰수되어 신정권이 소유하는 관전(官田)으로 되었다. 그리고 각 지역의 관료와 일반인의 가족에 따라 토지 취득을 허용하고는 이를 사전(私田) 혹은 문무관전(文武官田)이라 명명하였다. 그리고 각지 군인에게 둔전(營盤田)을 허용하여 군비에도 충실케 하는 주도함을 보였다[19].

그러나 1662년 8월 정성공이 39세의 나이로 사망하자 정씨정권에는 내분이 일어나게 되었는데, 그 원인은 장자 정경과 유모가 불륜관계를 맺자 이를 안 정성공이 그들을 아모이로 축출했었는데, 그가 사망하자 대만으로 귀환하여 정권을 찬탈하는 과정에서 일어났던 것이다. 그러나 그런 정경도 얼마 후 죽어버리자 이제는 청조 타도를 주장하는 주전파인 풍석범(馮錫範)·유국헌(劉國軒)과 대만 경영에 충실하자는 실무파인 진영화(陣營華)가 대립하게 되어 걷잡을 수 없는 상황으로 치닫게 된 것이다. 진영화가 정경의 아들인 정극장(鄭克藏)을 후계자로 세우자 주전파가 그를 인정치 않고 참살하고는 대신 차남인 정극상(鄭克爽)을 옹립함으로서 이제 내분은 극에 다다르게 되었다.

이를 안 청조는 이 혼란을 이용하여 토벌을 시작하였고, 그 결과 1679년 복건의 복주에 수래관(修來館)을 설치하고 대만으로부터 투항자를 받아들였다. 이는 청조가 투항할 것을 권유하

---

18) 陳浩洋, 『臺灣的四百年庶民史』, 自立晚報出版社, 1992. 參照.
19) 伊藤潔, 『臺灣』, 앞의 책. 참조.

는 책략이었는데, 투항자 중 고위자에게는 관직을 하사하고, 일반 병사는 청군으로 편입시키든가 자유인으로 보증해 주었고, 일반인 중 변발자에게는 은 50냥을 주었고, 변발하려 하지 않는 자에게는 은 20냥을 주자 탈출자가 증가하게 되었다. 그 결과 마침내 타이완은 청나라에 복속되게 되었고, 이로부터 타이완이 정식으로 중국 영토에 편입되게 되었던 것이다[20]. 이상과 같은 동아시아지역의 전반적인 역사적 전환 또한 일본의 조선 침략으로 인해 나타난 화이변태의 결과이다.

2. 화이변태 후, 조선의 대외관계

1) 조선의 소중화 의식과 대중외교

임진왜란 결과 동아시아 정세는 급변하기 시작했다. 그것은 임진왜란 때 왜군이 함경도를 공격함으로써 여진족들에게 위협을 느끼게 하여 자위적으로 흩어져 살던 그들이 다시 뭉치는 계기를 만들어 주었으며 이것이 그 후 후금이 세워지는 계기가 됐음은 이미 설명한 바 있다. 이러한 상황에서 명나라는 조선에 군대를 파견함으로써 생겨난 재정부담을 농민들에게 전가시킴

---

20) 張德水, 『激動! 臺灣的歷史』, 前衛出版社, 1992, 參照.

으로써 각지에서는 반란이 계속해서 일어나게 되었다.

이러한 틈을 탄 후금이 명나라를 위협하자, 이제 막 전쟁을 끝낸 조선에게 군대를 파견해 달라고 하는 청원을 해올 정도가 되었다. 이는 바로 동북지역에서의 3국 대립이 이제 점점 치열해 가고 있음을 예시하는 단서가 되었던 것이다.

명나라에서 조선에 지원병을 요청해 온 것을 알게 된 후금에서는 조선에게 중립을 지켜달라고 강요해 왔는데, 사실 조선의 입장에서 볼 때도 이제 전쟁이 끝난 지 겨우 20여 년이라는 아주 짧은 시간밖에 지나지 않았음으로 여러 방면에서 아직 정비되지 않은 것이 많아 실질적으로 명의 요구를 들어주는 데는 애로사항이 많았다. 더구나 쇠약해지고 있는 명나라에 대해 새로 도약하는 후금의 여세가 아주 강대했으므로 이들과의 소용돌이에 말려들게 되면 국가적으로 엄청난 재앙을 몰고 올 것이라는 두려움은 명의 요청에 쉽게 응할 수 없는 그런 상황이었다.

이 문제를 둘러싸고 조선정부에서 논란이 야기됨은 당연한 일이었다. 역사적으로 그래왔듯이 결국 결과가 있을 것을 뻔히 알면서도 의리를 지켜야 한다고 하는 명분론과 그렇게 될 경우 국가의 존망이 위태로워 질 것이라는 현실파의 실리론의 대립이 그것이었다. 이러한 명분론의 중심자는 영의정 이이첨(李爾瞻)을 위시한 비변사(備邊司)의 중신들이었고, 실리론 주장자는 광해군 및 그를 추종하는 세력이었다. 그러나 시대적 분위기에

밀려 명분론이 강하게 되어 명나라를 지원하자는 쪽으로 의견
이 기울어지게 되었다. 그리하여 병조판서인 강홍립(姜弘立)을
도원수(都元帥)로 하여 1만 3천여 명의 군사를 파견하게 되었
다[21].

청태조

그러나 불을 보듯 뻔한 당시의
상황을 가만히 볼 수만 없었던
광해군은 강홍립에게 밀지를
내려 정세를 판단하여 후금 쪽
으로 등을 돌리라는 지시를 내
렸으며, 동시에 후금에도 밀사
를 보내어 조선군이 파병하게
된 상황과 그에 따른 앞으로의
전개상황에 따른 조선군의 조
치를 통보해 주었다[22].

1619년 압록강을 건너 명군과 합류하게 된 강홍립은 명군
과 함께 연합군을 형성하여 후금의 수도를 공격하게 되었는데,
이들이 사르허에 도착했을 때 후금군의 습격을 받아 전멸하게
되었다. 이 때 조선군도 위험한 상태에 빠지자 강홍립은 후금과
내통하여 싸움하는 척하다가 화의를 맺음으로써 조선에까지 미

21) 崔韶子,「胡亂과 朝鮮의 對明·淸 關係의 變遷」,『梨大史苑』12, 1975,
   참조.
22) 『역사의 길목에 선 31인의 선택』, 푸른역사, 1999, 166-182쪽.

칠 전화를 사전에 예방하는데 성공하였다. 이것이 계기가 되어
후금과 조선은 사신을 교환하는 선린관계로 치닫게 되었다.

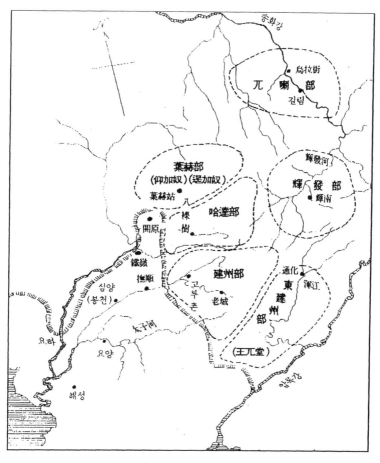

16세기 말엽 요동지방의 여진할거 지도

당시 이러한 상황을 미리 감지하고 부하 장수에게 행동지

침까지 내릴 수 있었던 광해군의 시대적 판단에 대해서는 역사적으로 좋은 평가가 내려지고 있다. 덕분에 광해군이 재위하고 있던 기간 중에는 후금과의 직접적 충돌은 일어나지 않았던 것이다[23].

광해군 13년 (1621) 3월 후금은 명나라를 공격하여 요동지역의 요충지역인 심양과 요양을 점령하게 되었다. 심양과 요양을 잃은 명나라는 이제 조선과 연계되는 육상로가 막히게 됨으로서 조선에 대한 정치적 영향력이 거의 없어지게 되어 바야흐로 후금과 조선과의 연계가 본격적으로 시작되려 하는 그런 시기였다. 그러나 이러한 상황에 하나의 변수가 나타났으니 그것은 이곳 동북지역에 거주하던 한인(漢人)과 친명자세를 취하던 여진족들의 움직임이었다.

이들이 후금의 압력에 쫓겨 조선 북부지역으로 밀려들어오면서 후금의 신경을 날카롭게 하더니 명나라 요동유격(遼東遊擊)이었던 모문용(毛文龍)이 군사를 이끌고 평양으로 쫓겨오는 상황이 일어나자 후금은 조선에 대해 이들의 축출과 한인 및 여진족을 강제 송환할 것을 요구하였고, 틈만 나면 언제든 조선을 공격할 태세를 갖추게 되었다. 이러는 가운데 모문용은 장기적인 대항을 위해 해전에 약한 그들의 약점을 이용하여 평양도 철산 앞바다에 있는 가도(假島)로 부대를 이용하여 둔전을 경작하며 조선에 대해 지원을 요청하는 등 전열을 가다듬게 되었고,

---

23) 채현서, 「광해군의 외교정책」, 『문리논총』 3, 건국대, 1974, 참조.

때로는 후금의 후미를 공격하곤 하였다.

이러한 가운데 후금과의 관계를 어렵사리 유지하고 있던 광해군이 인조반정으로 폐위되게 됨으로서 북방의 사태는 아주 급박하게 돌아가게 되었다. 원래 광해군은 임진왜란을 겪으면서 자신이 느꼈던 여러 상황을 정치를 통해 실천한 유능한 정치적 역량을 가졌던 인물이었기에 내부적으로는 국정을 안정시키는 활동을 했으며, 외교적으로는 명과 후금사이에서 중립외교 정책을 실시하여 임진왜란의 상처를 치유하는데 노력했었으나, 그의 중립노선에 대해 반발이 많던 서인세력이 권력을 잡게 되자 대의명분을 주장하며 광해군에 반기를 들어 그를 폐위시키고 말았던 것이니 이것이 인조반정이다[24].

이처럼 반정에 성공한 무리들은 즉시 친명배금정책을 실시하여 모문용에게 필요한 지원을 약속하는 한편, 명에 사신을 파견하여 인조 등극을 공인받으려 했으며, 이를 통해 명과의 관계를 다시 정상화시켰던 것이다. 그리고는 후금의 공격에 대비키 위해 군사 1만 명을 착출하여 서북방 지역에 배치시켰다. 이러한 조선의 급변한 태도에 후금이 적잖이 흥분했음은 쉬이 짐작할 수 있을 것이다.

그런데 이러한 후금을 더욱 부채질한 것은 다름 아닌 조선의 세도가들이었다. 즉 인조반정에 가담했으나 다른 가담자보다 논공행상에서 별 대우를 받지 못한 평안 병사 겸 부원수였던

---

24) 姜在彦, 『朝鮮儒教の二千年』, 앞의 책, 322-325쪽.

이괄(李适)이 불만을 품고 군사 1만을 동원하여 1624년 1월 반정부 반란을 일으켰던 것인데, 이로 인해 국왕이 공주로 피신하는 등 일시 국정이 어지럽게 되었다. 그러나 정부군의 반격으로 결국 반란이 실패로 돌아가게 되자 이괄의 잔당들이 후금으로 가 조선에서의 상황을 고하며, 후금으로 하여금 조선을 공격해야 한다고 책동을 했으니 이것이 정묘호란의 계기가 되었던 것이다.

정묘호란으로 조선이 받은 피해는 이만저만이 아니었다. 우선 오랑캐인 후금에게 형님국 대우를 해주어야 했고, 북쪽 국경에 군대를 남겨 놓아 계속적으로 조선에 압력을 넣는 가운데 교역 및 외교상의 이권을 모두 챙겼다. 거기에다 엄청난 전쟁배상금을 지불하여 조선의 재정은 그야말로 휘청거리게 되었다.

그럼에도 조선에서는 대의명분을 앞세워 친명정책을 계속해서 주장하는 무리들이 생겨나 조선의 앞날은 한치의 앞도 내다볼 수 없는 지경이 되었다. 물론 여러 면에서 조선보다 부족한 자들이 군사력만을 믿고 함부로 행동하는 데다 정묘호란을 통해 자존심이 꺾인 바 있던 조선정부였지만, 당장의 현실을 직시하지 못하고 명분만을 내세워 국가와 민족의 장래를 외면했던 처사는 상식적으로 이해되지 않는 일이었다.

이러는 가운데 가도에 있던 모문용은 조선의 지원을 받았음에도 오히려 평안도와 황해도 인근의 조선인들을 괴롭히면서 후금과 내통하였는데, 이를 안 명정부는 결국 그를 살해하고 말

왔다. 이에 대한 반감으로 후금에서는 가도를 공격하기 위한 조선의 지원을 요청했으나 조선이 이를 거절하자 친명배금정책을 지속하고 있다는 것을 확인하고는 조선정벌을 벼르게 되었다. 그러나 당시는 아직 명나라의 세력이 남아 있었기에 쉽게 조선을 공격할 수 가 없었으므로 공격의 기회를 기다리고 있던 중이었다. 그러다가 1636년 후금이 청으로 국호를 고치며 황제에 즉위하게 되었는데, 이에 대한 조선의 의견은 여전히 명분론에만 앞서 이를 무시하고 청의 황제즉위를 반대하였으며, 외교관

병자호란때 농성했던 남한산성 守禦將臺

계를 일방적으로 파기하였다[25].

이는 즉시 이전의 사건과 함께 청에게 빌미를 주어 10만 대군을 이끈 청태조는 직접 조선의 수도로 진격하니 겨우 닷새 만에 서울 근교에 도착할 수 있었다. 결국 강화도로 피난하지 못한 인조는 남한산성에서 청군에 버티다가 도저히 전세를 만회할 수 없음을 알고는 청군진영으로 항복문서를 보내고 1637년 1월 30일 청 태종에게 나아가 삼배구곡두(三拜九叩頭)라고 하는 여진족의 예를 올리며 항복을 구걸해야 했다.

이러한 와중에서도 전날까지 주화론과 척화론으로 대립하던 조선정부의 대신들의 논쟁은 현시점에서 생각하더라도 구국을 위한 진정한 마음에서 그랬던 것인가 하는 의구심이 들 정도였다. 왜냐하면 일찍부터 새롭게 흥기하는 청의 세력을 알고 있으면서도, 단지 문화적 우위론 만을 내세워 스스로 화를 키워 온 조선의 대관들이 풍전등화와 같은 시점에서 여전히 주화를 할 것이냐 척화를 할 것이냐를 가지고 논란을 한다는 것은 그야말로 어불성설이 아닐 수 없는 것이었기 때문이다[26].

후에 주화파의 최명길(崔鳴吉)과 척화파의 김상헌(金尙憲)이 청의 수도인 심양 감옥에서 사형수의 신분으로 만나 서로가 최명길의 의리와 김상헌의 절개에 감탄하며 서로의 감정을 누그러뜨렸다고 하는 일화가 우리에게 전해지고 있는데, 과연 그들을 칭송할만한 일인가 하는 의구심을 지울 수가 없다. 구국을

---

25) 「助明害我」, 『淸太宗實錄』 卷31.
26) 『역사의 길목에 선 31인의 선택』, 푸른역사, 1999, 198-199쪽.

위한 방법의 차이에서 서로 반대되는 입장을 취했던 점을 이해 못하는 바 아니었지만, 이제 나라가 망하고 서로가 죽음 직전에 서야 서로의 의리와 절개에 감탄하는 것을 보면 그들이 얼마나 어리석고 우둔한 인간들이었나를 생각해 보지 않을 수 없는 것 이다. 즉 그들이 그와 같은 우국충정이 있었다면 보다 합리적이 고 진정하게 국가를 위기에서 구할 수 있는 방책을 사전에 의 논해야 했을 것이고, 이들의 생각이 비록 서로 달랐다 하더라도 현실적인 대책이 강구될 수 있었지 않았겠느냐 하는 점이다. 그 다지 직접적인 위험에 처해 있지 않을 때에는 자신의 입장 내 지 파벌의 입장만을 관철시키려 했다는 사실은 바로 우리가 이 들의 절개를 칭송하기 전에, 대세를 보는 혜안이나 어려움을 극 복해 나가는 지혜의 합일을 이루지 못한 그들을 보다 냉철한 역사인식을 통해 평가해야 할 것이다.

2) 동아시아세계의 중개자 조선

임진왜란 이후 아직 그 충격에서 벗어나지 못한 조선정부 는 민생문제에 대한 배려를 재대로 할 수가 없었다. 이에 피지 배계층인 농민들은 일부가 도시로 몰려들게 되었고, 이에 따라 도시와 상권이 형성되었으며, 상공업 활동을 촉진시킬 수 있는 기반이 도시를 중심으로 생기게 되었다. 이러한 사회적 움직임과 더불어 새로운 사회의 구축을 과제로 삼은 조선정부는 대동법(大同法)을 실시하기에 이르렀는데, 이는 마침 상공업이 활성화되어 가는 시점에서 이루어졌기에 이러한 상황을 더욱 뒷받침 해주는 정책이 되었다. 대동법의 실시는 각 지방에서 현물로 공납하던 많은 관수품을 공인(貢人)으로 하여금 민간에서 구입하거나 생산하여 납품하게 함으로써 공인이라고 하는 새로운 독점상인층과 수공인층을 성립 발전시키게 했다. 이러한 상황은 기존의 상인들에게도 촉진제가 되어 본격적인 상공업의 발전을 가져오게 했다27).

한편 대동미를 베와 광목으로 환납하거나 대납하게 하여 농촌 수공업을 발전시켰고, 교환경제를 발달시켰다. 이러한 상황은 농업경제도 활성화 시켜 농업의 생산력 증대에도 큰 영향을 미치게 하였다.

한편 이러한 상공업의 발달은 사회적 분업을 가져와 우연적이고 일시적인 상품유통에서 정기적이고 항시적인 상품유통이 전개되도록 하였으며, 또한 이러한 유통은 한강의 수로를 이용한 유통체계를 성립시켰다. 그리하여 서울을 중심으로 전국적인 유통망이 조직되었고, 이에 따라 한강 각 어귀에 있던 포구들은 조운(漕運)을 담당하던 기능에서 전국적인 상품유통의 중심지로 발전하게 되었던 것이다.

이렇게 발달하기 시작한 상공업의 성장은 임금노동을 발달

---

27) 崔虎鎭, 『韓國經濟史』, 博英社, 1970, 167쪽.

시켰고, 화폐를 보다 원활히 유통시키게 됐으며, 시장과 도시의 성장, 그리고 농촌의 소득증대 등 제반적인 사회경제에서의 변화를 가져오게 했다. 이러한 변화는 이후 조선사회에서 실학을 전개시키고 과학기술을 발달시키는 계기를 가져와 직업의식을 변화 등 18세기 조선 최고의 상공업 극성기를 출현시키는 계기가 되었던 것이다[28].

임진왜란 이후 일본에서 새로운 지배자로 등장한 도쿠가와 이에야스는 중국과의 통교를 위해서 조선의 힘을 빌리지 않으면 안되었다. 이러한 도쿠가와 정권의 외교와 무역을 담당했던 것은 조선과의 국교회복에 절대적인 공헌을 세웠던 쓰시마의 소씨(宗氏)였다. 그리하여 조선과의 국교를 회복하는 1609년(광해군 원년)에는 무역에 관한 기유조약(己酉條約)을 맺게 되는데 그 내용은 다음과 같았다.

① 일본으로부터 가는 사행선은 일본국왕(도쿠가와 장군)· 쓰시마 번주(藩主 : 宗氏)·쓰시마의 수직인(受職人) 3자로 한다.

② 쓰시마번의 세견선(무역선)은 20척으로 한정한다.

③ 쓰시마의 수직인은 전란 중이나 전란 후에 조선과의 우호에 공로가 있어 조선으로부터 관직을 수여 받은 자라야 한다.

---

28) 崔虎鎭, 앞의 책, 166쪽.

초량(草梁)의 왜관

　　그리하여 조선은 부산의 초량(草梁)에 왜관의 설치를 인정
했고, 이 왜관에 의해 모든 무역관계의 업무가 진행되었다.
　　초량왜관을 통한 무역의 형태는 3종류로 나눌 수 있다. 하
나는 '진상(進上: 후에는 '封進'으로 바뀜)' 이라는 것으로 쓰시
마 번주가 조선국왕에게 진상을 하면 이에 대한 답례품을 받는
식이었다. 이는 소씨가 예조참의(禮曹參議) 앞으로 서계(書契)와
진상품의 목록을 보내게 되면 이를 상회하는 물품이 회사(回賜)
되는 형식을 갖추고 있고 있었다. 두 번째는 공무역의 형식을

띠는 것으로 조선정부가 사들이는 형식이었다. 이것도 사행선의 경우와 같이 품목과 수량이 결정되어 있었다. 세 번째는 사무역인데 이는 조선 상인과 직접 거래하는 것으로 매월 3·8·13·18·23·28일에 왜관에서 「개시대청(開市大廳)」이 열리면서 이루어졌다.

쓰시마번에서는 조선무역을 위해 나가사키(長崎)에 출장소를 두고 조선에서는 없는 남방의 물산을 수집하였고, 조선으로부터 들여온 물품은 오사카와 교오토에 있는 쓰시마번의 출장소에서 매매되었다. 이러한 왜관 중심의 교역은 16, 7세기 전란과 이상기온 때문에 조선·일본 모두가 경제적으로 많은 피해를 입었지만 활발히 진행되었다.

또한 이러한 왜관 무역의 활성화는 일본과 중국과의 직교역이 중국의 해금정책으로 인해 이루어지지 않음으로써 나타난 이들 양국의 경제적·문화적 욕구불만을 조선의 중개무역을 통해 해갈할 수 있었기에 무역거래는 더욱 고조되었다. 당시 조선 상인들이 중개무역에서 취한 이득은 원가의 3배 정도로 엄청난 이익이었다. 특히 중국에서 은납제 실시 이후 은과 동의 필요가 더욱 많아짐으로서 이 중개무역의 결재 대금도 은과 동으로 치러졌기 때문에 이들 은과 동에 의한 환차액은 더 많은 이익을 남길 수 있게 되어 소선 최대의 무역시대를 맞이하게 되었던 것이다. 이러한 거래 총액은 일본의 나가사키에서 외국인들에 지불되는 액수보다 많았다. 사실과 비교해 보면 그 수입이 얼마나 많았었는가를 알 수 있다.

일본과 교역하는 상품가운데에서 이전 품목과 비교해서 달라진 것이 있다면 인삼이 들어가게 되었다는 점이다. 일본은 16세기말에 들어서 조선인들로부터 면화재배와 면포직조기술을 배움으로 해서 자급체제로 들어가게 되지만 실제 자체 충당이 가능하게 되는 것은 18세기 중엽이었다. 그러나 여전히 조선으로부터의 면포 수입은 많았으나 서서히 일본인들은 인삼에 관심을 가지게 되었는데, 그 원인은 17세기부터 인구가 갑자기 증가한데 있었다 인구의 발전은 농업경제의 발전도 동반하여 경제적 생활도 많이 나아진 일본은 이제 생활의 질을 높이는 의서(醫書)와 인삼에 대해 관심이 고조되어 이와 같은 결과를 낳았던 것이다[29].

이러한 추세에 따라 일본과의 교역은 17세기 후반에 들면서 더욱 본격화되었는데, 이를 뒷받침하게 된 것은 당시 한반도에서 여러 재해가 생겨나 피해가 크기도 했으나 17세기 중엽이후 대동법과 방납제가 본격적으로 시행되기 시작하여 상공업이 급속도로 발전한데 있었다. 따라서 이러한 대외적 교역의 증가는 이제 한반도 내에서의 자본축적을 기할 수 있게 되었고, 동시에 이는 새로운 차원의 상공업 발달을 가져오게 되는 원인이 되기도 했던 것이다.

중국과의 교역은 16세기부터 새로운 국면을 맞이하게 되었

---

29) 三宅英利, 『近世アジアの日本と朝鮮半島』, 朝日新聞社, 1993. 160-162쪽.

는데 그것은 중국의 동북지역이 대외무역의 권역으로 들어오게 됐다고 하는 점이다. 그 시점은 중강개시(中江開市)가 시작되면서부터였다. 임진왜란이 일어나 의주(義州)로 피신한 조선 조정에서는 엎친데 덮친 격으로 흉년이 들자 요서지역의 식량을 구입할 수 있도록 중강에서 시장을 열어줄 것을 명나라에 청하자 명이 이를 허락하면서 이루어지게 되었다. 당시 조선에서는 면포 1필로 피곡 1두 밖에는 살 수 없었으나, 요서의 곡식은 20두까지 살수가 있었다. 또 은이나 동으로 살 경우에는 10배 가까운 이익을 누릴 수도 있었다. 한편 명나라에서도 자국 군사들이 조선에 왔으므로 이러한 시장의 형성이 필요하다고 생각하여 이를 허락하게 되었는데 전란과 자연재해는 중국과 조선의 교역을 연결해주는 계기가 되었던 것이다.

이러한 명과의 국경교역은 17세기 중엽 청나라로 정권이 이양되면서도 점점 이 지역에서의 교역이 중시되었기 때문에 이러한 체제는 계속 유지되었다. 특히 동북지방에 근거를 두고 있던 청나라에서는 이미 이 지역에서의 경제적 비중이 커가자 조선과의 통교가 절대적으로 필요함을 느끼게 되어 이러한 교역을 더욱 촉진시켰다. 그리하여 동쪽에 있던 회령(會寧)과 경원(慶源)에서도 개시(開始)가 속속 생겨나게 되었다.

청나라외의 교역은 공무역과 사무역으로 나눌 수가 있는데, 공무역으로는 조공무역과 국경에서의 개시가 그것이었고, 사무역은 사행 대열에 동행한 통사나 잡부들에 의한 것과 국경에서의 밀무역인 후시(後市)가 그것이다. 공무역인 조공무역의 경우는 2년(1661)에 시작되었으나, 사무역인 책문후시(柵文後市)는 이보다 빨리 1660년에 시작되었다.

조공무역은 정례적인 사행일 경우와 별사(別使)의 경우 등에 따라 그 교역 품목이 약간씩 달랐다. 그러나 청대 조공무역의 특징은 사행으로 가는 사절들에게 여비로서 일정한 개인적 물품을 가지고 가도록 허용됐다는 점이다. 예를 들면 인삼 80근을 처음에는 가져갈 수 있었는데, 후에는 이들 인삼 대신 은을 가져갈 수 있게 되었고, 그 수량도 당상관의 경우는 은 3천량을, 당하관의 경우는 은 2천량을 가지고 갈 수 있도록 허락되었다. 그러다가 18세기 중엽이 되면 피물(皮物)과 잡물(雜物) 등의 지참도 허가되었고, 때로는 이들에게 정해진 액수가 청나라 궁중의 요구에 의해 초과되는 것이 인정되기도 하였다. 또한 청나라 권문세가들의 청탁에 부응하기 위해 통역관 등이 조선 유명 상인들에게 자금을 융통해서 다량의 은과 인삼을 가지고 가서 사무역을 하기도 했다. 한편 국경에서의 개시인 경우에 공인된 교역상품에는 소, 보습 등 농경을 위한 것들과 소금 등이 주였고, 그 외 다시마, 해삼, 면포, 포 등의 의류, 백지 등의 지류도 있었다. 중강후시가 폐지된 다음에 열린 책문후시의 경우는 책문에서 요동의 차호(車戶)와 의주·개성 상인들간의 통상으로 이루어졌는데, 매년 4~5차례에 걸쳐서 이루어졌다. 이들이 매 회 거래하는 금액은 10여 만냥 내외였는데, 이러한 대규모 교역은 양국 모두에게 좋지 않았기 때문에 이들의 밀매를 감독하는 단련사(團束使)를 두게 되었지만, 오히려 이들은 이들 상인들의 수령이 되어 단련사 후시라는 말도 생기게 되었다. 이처럼 후시에 대한 감독이 오히려 더 좋지 않은 영향을 미치자 영조 30년(1755)에는 이를 공인해 주는 대신 무역의 품목을 설정해 주었고 무역에 대한 세금을 철저히 물렸다. 동시에 감독을 철저히 했음은 당연한 일이었다. 당시 매 회마다 4만냥의 세금을 거둬들였던 것을 보면 얼마나 활발한 교역이 이루어졌는지를 알 수 있을 것이다. 그러나 18세기 후반인 정조 11년(1787)에는 은 유출이 너무나 많아지고 국내물자가 부족되자 이 후시를 폐지하게 되었으나 효과를 별로 거두지 못한 채 계속 되어 근대 개항 때까지 지속되었다. 당시 교역품으로는 조선 측에서는 금·인삼·종이·소가죽·모물(毛物) 등이 있었고, 청국 측에서는 비단·당목(唐木)·약재·보석 등이 있었다[30]. 이처럼 청나라와 국교가 성립됨에 따라 교역은 어떤 형태로든 활발하게 진행되었는데, 교역품의 주종은 중국에서는 비단과 원사, 조선에서는 은과 인삼이었다. 이러한 중국과의 교역은 성황리에 계속되어져 동북지역의 국경에서 이루어지는 사무역만 해도 왜관의 교역량과 대등했다고 하는 것을 보면 그 교역이 얼마나 활발히 진행되었는가를 알 수 있다.

---

30) 楊昭全,『中朝關係簡史』, 앞의 책, 참조.

3) 대일외교의 회복과 통신사의 역할

에도시대 전체를 통해 일본에 통신사가 파견된 것은 모두 13차례였다. 이 중 처음 3회는 회답겸쇄환사(回答兼刷還使)적 성격을 띠었고, 4회 이후는 도쿠가와(德川) 정권이 받아들이는 식으로 그 성격이 변화해 갔다[31].

통신사의 명칭에 대해서 한국 측에서는 12간지의 명칭을 따서 가는 해의 간지에 통신사를 불렀다. 예를 들어 정미(丁未) 통신사, 기해(己亥)통신사 하는 것들이 그러한 예이다. 그러나 일본에서는 당시 년호를 사용하여 불렀다.

통신사가 파견되는 경우는 주로 일본 장군이 취임하는 것 을 축하하기 위함이 주였는데, 때로는 일본 내에 경사가 있을 경우에 파견되는 경우도 있었다[32].

통신사가 파견될 때까지의 경위는, 먼저 일본 막부에서 장 군에 취임하는 자가 있게 되면 당시에도 정부의 두 번째 권력 자 로쥬(老中)가 쓰시마번의 에도지역 출장자에게 2년 후에 통 신사가 에도에 올 수 있도록 준비를 하도록 요구하게 된다. 그 리고 정부자체가 통신사를 맞이할 체제로 바꾸며, 동시에 각 지

---

31) 김세민 등 역, 三宅英利 著, 『朝鮮通信使와 日本』, 지성의 샘, 1996, 34-35쪽.
32) 田中健夫 『中世對外關係史』, 東京大學出版會, 1975. 참조.
   姜在彦, 『朝鮮の攘夷と開化』, 앞의 책, 119쪽, 참조.

방의 다이묘(大名)들에게 통신사 접대에 필요한 배·말·호위·음식 등을 준비할 것을 명하는 것이다.

쓰시마번에서는 이러한 명을 받으면 사신을 부산에 보내 장군이 취임할 것이라는 사실을 알리고, 그런 다음 재차 사신을 보내 정식으로 통신사의 파견을 조선정부에 요청했다. 이에 대해 조선정부에서는 통신사 파견 준비가 다 갖추어지면 쓰시마번에 통보하였다. 그러면 쓰시마번에서는 이들 통신사를 안내할 사신을 파견하고 평균 약 450여명[33]에 이르는 통신사를 먼저 쓰시마에 안내하여 이들에게 환대를 베푼다. 그리고는 쓰시마를 떠나 에도를 향하는데, 쓰시마번에서는 이들이 지나가는 길에 있는 다이묘들에게 사전에 알려줘 영접할 수 있는 준비를 하게 한다. 그리고 이들의 극진한 접대를 받으면서 에도에 닿았던 것인데 에도에 닿으면 일정한 형식절차, 즉 국서를 전달한다든가, 혹은 예물 교환을 한다든가 하는 형식을 마치고는 향연이 베풀어지며, 이러한 일정한 행사가 마치게 되면 귀국길에 오르는데 오는 길은 가는 길과 마찬가지의 길을 되돌아가며 귀로에도 각 지역의 다이묘들은 이들을 위해 다시 간소한 접대를 하곤 하였다[34]. 그리고 쓰시마를 지나 부산에 이르기까지 쓰시마의 사신은 통신사들을 호송하였다. 부산에서는 이들의 노고를 치하하여

---

33) 통신사의 인원수 문제에 대해서는 (김세민 등 역, 三宅英利 著, 앞의 책, 42-43쪽)을 참조.
34) 大坪藤代, 秋山照子, 「朝鮮通信使饗應食, 第5報, 饗應經費よりみた身分差」 『長崎女子短期大學紀要, 第16號』, 1992.

동래부사가 이들을 위한 접대를 하며 예물을 주곤 하였다. 그런 후 이들이 서울로 올라와서는 국왕을 알현하여 보고하는 것으로 모든 일정이 끝나는 것이었다. 이처럼 많은 절차와 형식을 차려야 하는 데다가 그 행로가 멀어서 짧게는 8개월에서 1년이나 걸리는 경우도 있었다.

1682년 조선통신사 정사의 행렬모습

이러한 여행은 여로가 긴 데다가 아직 덜 문명화 된 일본의 오지를 두루 거치는 험한 행로였기에 당연히 도중에 많은 병자와 사고를 수반하게 되어 당시 조선에서는 통신사의 행렬에 끼지 않으려고 하는 자들이 많았으며, 다행히 임무를 수행하고 귀국할 때면 환성을 지르곤 했다고 한다[35].

통신사는 대체로 여객선 3척과 화물선 3척에 분승하여 부산 영가대(永嘉臺)를 출발한 다음, 쓰시마의 서북쪽에 위치하고 있는 사스나(佐須奈) 또는 와니우라(鰐浦)에 도착한 다음 다시 쓰시마의 중심지인 이즈하라(嚴原)로 들어갔다. 이곳에서는 약 10일간 머무르는 동안에 통신사 일행이 앞으로 가야할 사항들을 자세히 브리핑 받은 후 이키(壹岐)섬으로 출발하였다. 그 후로부터는 해로를 이용하여 오사카까지 항해하였다. 이들이 가는 도중에 묵어야 하는 경유지는 다음과 같았다.

아이노시마(藍島)→시모노세키(下關)→가미노세키(上關)→가마가리(鎌刈)→도모(革丙)→우시마도(牛窓)→무로쓰(室津)→효고(兵庫)→오사카(大阪)[36]

이들이 이 지역을 경유하는데 필요한 시간은 대략 40일간이나 해상의 기상 등의 문제로 지연되는 경우도 많았다. 이들이 오사카에 도착하면 통신사 일행의 선박은 오사카항에 정박시켜 놓고는 주변의 다이묘들이 준비해 놓은 천어좌선(川御座船)을 타고 요도(淀)까지 간 다음 이곳에서부터는 육로를 이용해 에도

---

35) 김세민 등 역, 三宅英利 著, 앞의 책, 66쪽.
36) 「朝鮮通信使의 歷路圖」 參照, 出典 : 申維翰, 『海遊錄』, 姜在彦譯注, 平凡社東洋文庫, 1974

로 향했다. 이들이 에도까지 가는 동안의 숙박지는 다음과 같았다.

요도(淀)→교토(京都)→모리야마(守山)→히코네(彦根)→오가키(大坦)→나고야(名屋)→오카자키(岡崎)→요시다(吉田)→하마마쓰(변松)→가케가와(掛川)→후지에다(藤枝)→에지리(江尻)→미시마(三島)→오다와라(小田原)→후지사와(藤澤)→시나가와(品川)→에도(江戶=東京)37)

이들의 행렬은 450여 명의 통신사 일행 외에 이들을 호위하는 쓰시마의 호위무사와 지나가는 행로의 각 번의 호위병들도 가세했기 때문에 이 행렬이 다 지나가는 데만도 5시간이 걸렸다고 하니 그 광경은 그야말로 장관이었을 것이다. 그러기에 이들 행렬에 들어가는 재원은 모두가 수 십여 번들에게 할당되어 치러져야 했다38).

그리고 이들 행렬이 지나가는 모든 길은 깨끗이 청소되어 있는데다가 모래가 뿌려져 있어 일본인들의 정성을 엿볼 수가 있었고, 이들 행렬을 머리들고 바라보거나 담배연기가 밖으로 나와서는 안될 정도로 엄숙한 것이었다.

---

37) 「朝鮮通信使의 歷路圖」 參照, 申維翰『海遊錄』, 앞의 책.
38) 『朝鮮時代通信使』, 大韓民國國立中央博物館, 三和出版社, 1986.

3. 조선후기 새로운 세계와의 접촉

1) 예수회를 통한 조선과 서양과의 만남

예수회는 유럽에서 일어난 종교개혁에 반대하고 카톨릭교회 내에서의 개혁을 통해 자신들의 한계성에서 벗어나 새롭게 거듭나기 위해 만들어진 카톨릭 수도회(修道會)였다. 이 예수회는 1540년 로마 법왕에 의해 공식적으로 인가되었는데, 이 회를 만든 중심인물은 스페인 바스크 출신인 이그나티오·로욜라와 프란시스코·자비엘이었다. 이들은 스페인 바스크 지역의 몰락 귀족의 후예로서 파리에 있는 성발브학원에서 공부를 했고, 이중 로욜라는 군대에서 입은 부상 때문에 학교를 늦게 다닌 만학도였다. 이러한 그들의 경험을 통해서 규정한 예수회의 규율은 로마법왕에 절대적으로 복종하는 군대적 성격을 갖게 되었다.

이 예수회가 생겨나게 된 배경은, 문예부흥을 통해 나타난 이탈리아의 인문주의적 영향을 받은 독일인 루터와 프랑스인 캘빈에 의해 종교개혁이 일어나, 이로 말미암아 카톨릭 자체의 존속이 불가능할 정도가 되자, 이를 극복하기 위해 카톨릭 자체에서의 개혁을 통해 거듭나려고 하는 상황에서 나타난 카톨릭 일파였다[39].

이러한 그들의 개혁운동 가운데 중요한 것은 지금까지의 교육이 신학뿐이었던데 대해 이제부터는 세상을 이해하고 이를 토대로 세상의 변화에 추종하기 위해 당시 대두된 르네상스의 학문적 성과를 교육에 포함시켰다는 점이다. 그리하여 이러한 교육을 통해 그들은 천문학·역학(曆學) 등에 대해서도 많은 지식을 갖게 되었는데 이것이 그들이 동방 전도의 최초 국가였던 중국에 갔을 때 중국 사대부들의 절대적 호응을 받게 되는 중요 원인이 되었다. 이들은 특히 청빈·정결·복종을 주요 생활 자세로 하여 동방의 이교도들을 개종시킨다는 자세를 가지고 있었기에 이에 감동한 포르투칼 국왕 조안 3세의 전폭적인 지원을 받을 수가 있었다. 그리하여 자비엘은 포르투칼의 배를 타고 1541년 4월 리스본 항구를 떠나 인도의 고아를 지나 말래카 해협을 경유하여 1549년 8월 일본의 가고시마에 도착했는데, 그는 일본보다도 중국에서의 포교가 선행되야 한다고 생각해 광동성 부근 해상의 한 섬에서 포교의 기회를 살피던 중 병사하고 말았다.

1492년 콜롬부스의 아메리카 발견을 전후로 세계는 대항해 시대를 맞이하게 되었는데, 당시 이러한 해양으로의 진출을 리드했던 스페인과 포르투칼은 양국의 협정에 의해 서로 자신들의 영역을 분할했는데, 동쪽을 담당하게 된 포르투칼은 동쪽으로 원정대를 보내 무역의 거점을 삼으려했고, 이에 편승한 예수

---

39) 姜在彦, 『西洋と朝鮮』, 文藝春秋, 1994, 15-17쪽.

회 사람들도 포교를 위해 동선하게 됐던 것이다. 포르투칼은 1510년에 인도 고아를, 1511년에 말래카를 점령했고, 1557년에는 중국의 마카오에 진출하게 되었다.

스페인은 서양을 맡게 되어 대서양을 건너 아메리카를 정복했고, 다시 태평양을 건너 필리핀의 마닐라를 점령하여 무역과 포교의 거점으로 삼고 예수회를 지원했던 것이다.

원래 두 나라의 영토 분할은 서구에서의 개념으로 획분한 것이었기에 동방에서의 획분에는 애매한 점이 있어서 동방에서의 양국은 경쟁하지 않으면 안되었다. 그리하여 포루투칼은 향료인 후추를 서양으로 독점 수출했고, 스페인은 멕시코의 은을 동방으로 실어다 팔았다. 그리고 이들 양국은 동시에 자신들의 종교를 포교하는데 적극적인 지원을 했던 것이니, 이들의 세계 제패는 정신적으로도 물질적으로도 동시에 이룩한 쾌거였던 것이다.

17세기 초 조선과 서양을 만날 수 있도록 기회를 준 것은 예수회 소속의 선교사로서 1601년 북경에 들어왔던 마테오 리치였다[40]. 그는 1582년 마카오에 도착한 다음 1583년 광동에서 포교의 거점을 잡는데 성공한 다음 포교와 한역을 통한 서양학술의 소개로 생애를 바쳤다. 이러한 서양학술의 소개는 그의 본 업무인 포교를 위해 중국인들과 교류하기 위한 수단에서 시작되었다.

---

40) 姜在彦, 『西洋と朝鮮』, 앞의 책, 28-29쪽.

원래 예수회는 중국에서 전도를 할 때의 방침으로 중국의 전례(典例)·풍속·습관 등을 연구해서 중국의 현실에 맞추면서 포교하는 방식을 취하도록 결정하고 있었다. 그리하여 마테오 리치도 처음에는 승복을 입고 포교를 했으나 중국에서는 유교가 더 권위가 있음을 알고는 불교를 비판하며 스스로 한문을 익혀 유교경전을 공부하여 중국의 사대부들 마음에 들려했던 것이다. 나아가서는 그들이 모르고 있는 서양의 천문학·역법·수학 등 새로운 지식을 그들에게 알려줌으로서 그들에게 관심을 끌며 교류를 확대해 나갔던 것이다.

그는 정치·문화의 중심지인 북경에서의 포교를 목적으로 했기 때문에 북경에 입성하기 위해 온갖 노력을 다했다. 세계지도를 그려 지식인들의 호기심을 끌었고, 유학을 공부하기 위해 한문을 배워 유학을 아는 이국인이라는 명성을 날리게 하여 북경의 입성을 허락 받도록 노력을 하였다. 이 때 그는 명의 신종(神宗)에게 환심을 사기 위해 서양의 시계인 자명종 및 바이올린 등 중국에서는 볼 수 없는 특이한 선물들을 보내기도 하였다. 이러한 노력의 결과 특히 자명종에 관심이 많았던 신종은 자명종이 고장나자 그를 불러 수리하게 했고, 또 북경에 교회당을 짓도록 하는 등 그를 환대하며 북경으로 불러들였던 것이다[41].

이러한 가운데 서양이라는 개념이 한국에도 알려지게 되었

---

41) 姜在彦, 『西洋と朝鮮』, 앞의 책, 30쪽.

던 것이다. 그것은 북경에 들어간 마테오 리치의 저작물과 세계지도가 조선에 전달되면서 이를 통한 서양의 지식이 알려지게 됐던 것이다. 그의 저서 중에는 1603년 중국에서 공간된 『천주실의(天主實義)』가 있는데, 이는 중국인과 서양인이 천주교의 교리를 문답식으로 써 내려간 책으로 조선에 전해져 알려지게 되었다. 또한 자신의 과학지식을 한문으로 편집하여 한역서를 간행했는데 이들 서적이 매년 북경으로 왕래하던 조선의 사신들에 의해 조선에 전달되었던 것이다.

물론 이들 저서에 담긴 사상이나 지식이 성리학이 최고로 발달했던 조선에서 쉽게 받아들여 질 리는 없었고 다만 『천주실의』가 불교를 비판하고 있는데 대해 여기서도 논하고 있는 천당·지옥설 때문에 불교와 비슷한 정도의 책이라고 생각 할 정도의 반응이 있었을 뿐이다.

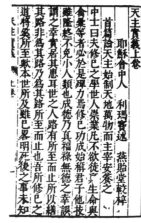

마테오 리치의 『천주실의』

다만 이러한 분위기는 1세기가 지나 북경에서 세례를 받고 조선으로 돌아와 1784년에 예수교회를 설립하는 이승훈(李承勳)이 포교를 시작하는 시기를 전후해서 조선에서는 이미 천주교에 내한 성리학적 교리비판이 심각하게 일고 있어 서학이 더 이상 조선인의 관심을 끌지 못하는 대상이 되었다[42].

---

42) 姜在彦, 『西洋と朝鮮』, 앞의 책, 162-165쪽.

한편 그가 만든 세계지도인 『곤여만국지도(坤輿萬國地圖)』는 1603년에 조선에 들어오는데, 당시까지 세계라는 개념이 동아시아 범위를 한정으로 하는 수준에 머물고 있던 조선인들에게 다른 세계가 있음을 알려주게 되어 새로운 세계지리에 대한 인식을 갖게 했으며, 이는 중국을 중심으로 한 주위 사방에 사이(四夷)가 있어 이로써 세계가 구성됐다고 하는 중화사상에서 깨어나 새로운 세계관이 정립되도록 하는 자극이 되었다. 이러한 충격은 조선인들에게도 큰 영향을 미쳤는데, 그 대표적 인물이 『서포만필(西浦漫筆)』을 쓴 김만중(金萬重)이었다.

　　이러한 사상체계의 변화는 이제 바야흐로「화이변태」라고 하는 동아시아세계의 질서체제가 지금까지와 같이 형식적인 틀이나 그 체계를 운용하는 요소가 변화하는 것에만 그치는 것이 아니라, 중국을 부정하고 중국의 그늘로부터 독립적으로 벗어나려는 변화를 시도하는 계기가 되었던 데 있다. 그러나 조선에서는 진정한 의미에서의「화이변태」는 일어나지 못했다. 그렇게 된 원인은 여러 가지가 있겠으나 역시 성리학 중심의 세계관과 도덕관이 권력의 중심인물들에게서 벗어나지 못한데 그 주요 원인이 있었던 것이 아닌가 생각된다. 이와는 반대로 17세기 이후 『화이변태』를 시도한 일본은 중국의 그늘을 자유롭게 벗어나 선진 유럽과의 교류를 통해 근대화를 신속히 이룩할 수 있었고, 그의 모델이 된 유럽제국을 따라 제국주의화 되면서 조선을 식민지화 해나갔던 것이니, 마테오 리치의 서학이 동양사회에 미친 영향이 얼마나 중요하고 컸었는가를 재삼 인식해야 할 것이다.

2) 박연(朴淵)과 하멜 일행을 통한 서양과의 만남

1653년 여름 일본의 나가사키를 향해 항해하던 네덜란드선이 태풍을 만나 침몰되었는데, 64명의 선원 중 36인이 제주도에 표착하여 잡히게 되었다. 1개월 뒤 붉은 수염을 단 조선병이 와서 이들을 심문하였는데, 그는 26년 전에 조선에 표착하여 조선 여성과 결혼해서 아이를 둘이나 낳았고 나이는 이미 60세 가까이 된 네덜란드인이었는데, 그의 한국명은 박연이었다.

그는 26년간 한국에 살면서 모국어인 네덜란드어를 거의 잊어버릴 정도로 한국인처럼 변해 있었다. 그는 1267년 나가사키로 가는 도중 전라도에 표류하다가 물을 구하러 육지로

제주도에 표류한 하멜일행

올라왔다가 현지인에 붙잡히게 되었고, 그러는 사이 자신이 타고온 배가 달아나 버려 홀로 조선에 남게 된 것으로, 당시 그의 나이는 33살이었다.

조선조정에서는 그를 훈련도감(訓練都監)에 예속시켜 임진 왜란에서 투항해 온 왜군과 한인을 통솔하도록 하였는데, 이는 그가 병서에 밝고, 화포 제작에도 능숙했기 때문이었다[43].

그러한 박연이 같은 동포들인 네덜란드인을 심문하러 제주도에 내려왔던 것이니 그의 감회는 매우 깊었을 것이나 말이 전혀 통하지 않아 그들과 1개월 가량 살면서 재차 배우고서야 겨우 의사를 전할 수가 있었다고 한다. 그는 그들에게 조선을 벗어나는 일은 무리라고 설득하고 그들이 천문과 역서에 능하고 조총이나 대포 등의 주조에도 특수한 능력이 있음을 알고 서울로 데리고 가서 병사가 되라고 설득하였다. 그 중 한 사람은 가는 도중에 병사하여 35명이 되었고, 서울에 온지 2년만에 그들은 청나라 사절이 온 것을 알고 그들에게 매달려 모국으로 돌아가게 해달라고 뇌물까지 바쳤으나 조선정부에 발각되어 결국 감옥에 갇히게 되었고, 이에 비관한 그들은 단식으로 저항하다 몇몇은 옥사하고 말았다. 조선정부는 중국사절들이 비밀로 서양인들과 접촉했다고 하는 오해를 살까봐 이들을 모두 전라도에 있는 병영으로 전출시켰는데, 그곳에서는 마침 전염병이 돌아 6년 후에는 그들 수가 16명으로 줄어들었다. 이들 16명은 3개소로 분산되어 생활했는데 서로 연락을 취하거나 주변 섬으로 배를 띄우는 것 등은 허락되었다. 그들 대부분은 조선여성과

---

43) Gari ledyard, The Dutch Come to Korea, Royal Asiatic Society, Korea Branch, 1971.

결혼하여 살고 있었다.

그러나 결국 이들은 탈출을 시도하여 자의로 남은 한 사람을 제외하고는 15명 모두 고국으로 돌아가게 되었다. 물론 이것은 조선정부가 그들의 희망을 들어주어 성사된 것이 아니라 그들 중 8명이 먼저 몰래 배를 타고 일본으로 도망가 네덜란드 상관을 찾아 그들의 도움으로 조선과 협의함으로써 나머지 7명도 인도되어 귀국할 수 있었던 것이다. 이 중 한 사람이었던 하멜은 후에 『조선표류기(朝鮮漂流記)』라는 책을 써서 당시 조선에서의 생활 모습을 기록하여 세상에 알렸다44).

이처럼 많은 네덜란드인들이 동양을 오가며 무역활동을 하다가 표류하는 일이 많았는데, 이들 표류인들의 물품을 보면 모두가 유럽의 귀한 물건들이기보다는 대부분 모피·향료 등 동양의 특산물로서 당시 동서 무역에서 동양의 특산물이 차지했던 비중이 어느 정도나 됐었는지를 알 수 있고, 또한 이들을 통한 유럽의 사정과 그들이 가지고 있던 과학적 기술이 어느 정도 동양사회에 알려지게 되어 동양 근대화에 훌륭한 자극을 주었다는 점을 상기해야 할 것이다.

그러나 조선에서만은 이러한 자극이 전혀 통하지 않았던 것이다. 1654년 5월 서울로 호송된 하멜 일행은 제주도에서 탈출을 시도하다가 발각되는 바람에 엄중한 감시를 받으며 의복과 식사를 지급받고 중국인 집에 분가하여 유숙했다.

---

44) 『조선표류기』는 『朝鮮幽囚記』 또는 『하멜표류기』라는 이름으로 출판됨.

당시의 조선은 왜란과 호란 등 두 병란을 막 끝낸 상태라 사회적 분위기는 어수선하기 짝이 없었다. 그러는 가운데 문신 송시열(宋時烈)과 무신 이완(李浣)을 기용한 효종은 부왕인 인조의 굴욕을 복수하기 위해 비밀리에 북벌계획을 세우고 있었다. 당시 이완은 하멜 일행이 소속되어 있는 훈련도감의 장관인 훈련대장이었다. 그리고 이들이 천문학·역학·의술·조총 및 대포의 제작 기술 등에 아주 뛰어난 재능을 가지고 있음을 잘 알고 있었다.

이러한 모든 조건은 이들을 굳이 서울로 데리고 온 조선정부의 의도가 무엇인지를 알게 해주는 단서라고 평할 수도 있을 것이다. 그러나 실제로 우리가 생각하는 바와는 달리 당시의 어떤 기록에도 이들의 기술을 배우려 하거나 아니면 이용하려 했던 기록이 없음은 의아스럽기 그지없다. 그러면 이렇게 된 원인은 모든 것을 비밀리에 진행했기에 일반인들이 몰랐던 건지, 아니면 조선정부의 북벌계획이라는 것이 하나의 명분론에만 맴돌았던 것인지 라고 하는 의문이 생기지 않을 수 없다. 그러나 하멜의 『표류기』에 조차 이러한 사실을 밝히지 않은 것을 보면, 효종의 북벌계획은 하나의 제스쳐에 불과했던 것이 아닌가 한다45).

이처럼 고도의 과학기술 문명을 몸소 지니고 있던 이들에 대해 조금의 관심도 두지 않은 조선의 모습에서 서학을 수용하

---

45) 姜在彦, 『朝鮮儒教の二千年』, 朝日新聞社, 2001, 349-353쪽.

여 조금이라도 사회적·군사적 발전을 도모하려는 자세를 찾을 수가 없음은 바로 조선이 갖는 한계성이 아니었을까 여겨진다.

이렇게 된 원인은 조선이 창업시기부터 유학을 중시한 문치주의를 정책의 기본 이념으로 삼은 데에 있다고 하겠다. 그리하여 실학을 잡학으로 보고 기술을 「말기(末技)」라고 하여 멸시했던 것이다. 따라서 유교만을 강조하는 통치자들은 오직 중국만을 의식했고, 소위 남만(南蠻)이라고 업신여긴 유럽인들에 대해서는 전혀 관심을 두지 않았던 것이다. 이러한 관념은 덩달아서 그들이 가지고 있던 놀라운 과학문명에 대한 가치조차도 관심을 두지 않았던 것으로, 이는 한국의 유교가 갖는 사상체질에서 비롯된 현상이었다고 할 수 있을 것이다. 그러나 일본과 비교할 때 이러한 비실리적 학문만을 추종한 조선인들의 후손인 우리 입장에서 볼 때 애석한 마음을 금할 길이 없으니, 역사적 슬픔이란 이런 것을 두고 말하는 것이 아닐까 한다.

3) 북학파를 통한 신문물의 수용과 한계

「소중화」라는 말은 순수 한족에 의해 세워졌던 마지막 왕조인 명나라가 망하자 오직 유일하게 「예」를 아는 나라가 조선뿐이라고 하는 조선 지식인들의 자화자찬적 관념을 말한다. 즉 '대중화'인 명나라가 망하자 그들 정신의 맥을 잇는 유일한

「예의지국」이라는 것으로, 여기에는 이족으로서 무시하던 여진족이 청을 세우고, 명분론을 앞세워 명에 접근하던 조선을 침공하여 엄청난 굴욕감을 주자 이에 대한 내면적 저항감과 문화적(성리학적 세계관) 우월감을 의식했던 조선 지식인들의 자족적(自足的) 이념이라고 할 수 있다.

이처럼 여진족에 의해 치욕을 당해야 했던 조선에서는 북벌론을 주장하며 청나라에 대한 보복을 준비했지만, 결국 현실적인 한계 앞에서 중단될 수밖에 없었다. 그것은 당시 엄청난 군사력으로 중국을 제패한 청나라를 이긴다는 것은 생각할 수 없는 현실적 한계였기 때문이었다. 그러나 내면적으로는 그들이 야만인이라고 하는 멸시와 비하가 팽배해 있었고, 스스로 중화주의의 정통이라고 하는 자기 기만적인 생각이 조선인들에게는 정착되어 있었던 것이다.

그러나 이처럼 내면적으로는 「존명배청론(尊明排淸論)」을 대의 명분으로 하면서도 겉으로는 청조에 대해 신하의 예를 취해야 하는 현실적 모순은 조선사회 내부에서 서서히 반론을 제기하는 일련의 계파를 출현시키고 있었다. 이들은 조선에서 팽배하고 있는 자기 모순을 떨치고 진정한 조선의 장래를 위해 나름대로 새로운 진로를 찾으려 했던 계파로, 서학과 청의 새로운 문물을 배워 조선에서의 당면한 사회경제적 문제를 해결해야 한다고 하는 주장을 폈던 사람들인데, 역사학에서는 이들을 실학파라고 하였다. 이들 실학파에는 서학과 서교를 수용하려

했던 재야인들을 중심으로 구성된 성호학파(星湖學派)가 있었고, 현직 관료로 있었기에 예년적으로 북경에 왕래하는 사신(燕行使)들의 수행원으로 북경에 가 청의 새로운 문물을 시찰하고 청나라 학계에 많은 우인을 두게 되어 그들의 새롭고 실리적인 현실적 시무(時務)를 배워야 한다고 주장한 북학파가 있었다[46].

이들을 사상적으로 구분한다면 성호학파는 제도적 개혁을 통해 「경세치용(經世致用)」을 하자고 주장하였던 데 대해, 북학파는 주로 생산과 생활개선을 위한 「이용후생(利用厚生)」을 청으로부터 배워야 한다고 주장하였다. 이들 북학파의 대표자로는 연암(燕岩) 박지원(朴趾源)·그의 문인인 초정(楚停) 박제가(朴齊家)·덕보(德保) 홍대용(洪大容) 등을 들 수 있다.

북학파는 비록 청나라가 야만족이라고 멸시했던 여진족이 세운 나라지만 그들이 현재 갖고 있는 사회경제적 제도와 문물은 조선보다 훌륭하므로 조선은 이러한 새로운 문물을 배워서 국민생활을 개선하는데 이바지해야 한다고 하는 자신들의 의견을 조선 정부와 국민에게 관철시키려고 설득력 있는 논리로 자신들의 의견을 제시하려고 하였다. 그러한 일면을 볼 수 있는 것이 박제가가 쓴 『북학의(北學議)』의 서문에다 자신의 의견을 제시했던 박지원의 문장이다. 이러한 그의 주장을 축약해서 살펴보면 다음과 같다.

"학문하는 길에는 방법이 따로 없으므로 모르는 것은 길가

---

46) 姜在彦, 『西洋と朝鮮』, 앞의 책, 166-181쪽.

는 사람을 잡고서라도 물어보아야 한다. 비록 종이라 하더라도 나보다 글자 한 자라도 많이 알면 그에게 배우는 것이 도리이다. 자신이 남과 같지 않음을 부끄러워하여 자기보다 나은 사람에게 물어보지 않으면 이는 평생토록 답답하고 무식함의 속박 속에 자신을 가두어 두는 것과 같은 것이 된다. 순 임금은 밭을 갈고 질그릇을 구우며 물고기를 잡는 것에서부터 임금이 되기까지 남이 잘하는 것을 배우지 않은 것이 없다. 공자도 자신이 어릴 때 천하게 지냈으므로 밭일·그릇 굽는 일·고기 잡는 일에도 능하다고 하였다. 이처럼 순임금과 공자가 성인이 된 것은 남에게 묻기를 좋아하고 배우려 하는데 있었다. 그러나 우리 나라 선비들은 세계 한 구석에서 태어난 관계로 선천적으로 편견을 갖는 습성이 있는데, 한 번도 중국을 가지도, 또 눈으로 보지도 못하고 평생을 이 조그만 땅에서 살다가 죽는 관계로 예를 말하면서도 예를 모르고 있다. 즉 더러운 것이 검소한 것인 줄 알고 있거나, 이재에 약해 날로 가난해 지고 있으니 이는 학문의 근본을 모르기 때문이다. 따라서 우리는 우리보다 잘 사는 중국을 배우지 않으면 안 되는데, 이런 말을 하면 지금의 중국은 오랑캐 나라이니 그들에게서 배우는 것은 부끄러운 일이라 하여 배우려 하지 않는다. 그러나 그들의 출신이야 어떻든 일단 그들은 소위 예전의 중화지역을 통치하고 있으니 이들도 중화라 할 수 있으므로 그들의 제도와 법이 훌륭하면 비록 오랑캐라 할지라도 진정한 스승으로 삼아야 한다[47])"고 하여, 여진족이 세운 청나라에 대해 존명배청하는 조선사회의 풍조를 비난했던 것이다. 그의 논조는 다시 말해 비록 현재의 중국을 지배하는 것이 오랑캐인 여진족이지만, 이들이 지배하는 국토나 민족은 모두 중국의 전통적 문화와 문명이 살아 있는 속에 있는 만큼, 비록 지배민족이 오랑캐라고 하더라도 그들이 갖고 있는 법과 제도가 훌륭하기 때문에 조선은 이를 배움이 마땅하다고 하는 주장이었다.

이상에서 볼 때 「북학」이라고 하는 것은 북학파가 자신들이 평상시에 관심을 갖고 연구했던 사실들을 북경에 연행사로 가면서 그러한 사실 하나 하나를 확인하게 되자, 당시 조선정부에서 추진하고자 했던 북벌론에 반대하고 오히려 북쪽의 것을 배워야 한다고 하는 필요성을 강조했던 사상이라고 할 수 있다

4. 조선과 주변국과의 국경문제

1) 정계비를 둘러싼 청과의 대립과 간도지역의 상실

백두산 정계비는 숙종38년(1712)에 타생오라총관(打牲烏喇總管) 목극등(穆克登)이 청나라 강희제(康熙帝)의 명에 의해 조

---

47) 박제가 저, 김승일 역, 『북학의』, 범우사, 1995, 참조.

선측의 관리와 함께 백두산 정상에서 동남방으로 약 4km 떨어진 지점에 세운 중국과 조선의 국경을 획정하는 비석을 말한다. 그러나 이 비석의 설치는 청나라 측의 임의대로 세워진 비석이기 때문에 양국의 국경을 결정짓는 데는 여러 가지 문제를 내포하고 있어 정확한 국경을 획정짓는 역할은 하지 못했다. 그래서 조선에서는 이 비를 세운 목극등의 이름을 따서 목비(穆碑)라고 불렀다. 그러다가 정계비(定界碑)라는 말이 쓰여진 것은 『조선왕조실록』 숙종 38년 5월초에 실리게 된 기사에서 시작되어 오늘날까지 쓰여지고 있다[48].

청조의 발상지인 중국의 동북지방은 청조가 자신들의 종족인 여진족의 순수한 혈통을 보존한다고 주장하면서, 이 지역에 대한 경외심을 갖게 하기 위해 이 지역을 넘나드는 것을 철저히 통제해 왔다. 그러나 청조가 처음 일어설 무렵에는 자신들이 중국의 내륙지방을 통일하는 것이 문제였기 때문에 명나라를 완전히 정복하기 전까지는 거의 이 지역에 대해 신경을 쓸 여지가 없었다. 그러는 와중에서 러시아의 세력이 이곳으로 신속하게 확대해오자 중국은 이들의 남하를 막아 자신들의 발상지를 보호해야 했고, 나아가 국가 차원에서도 영토의 침입을 막을 필요가 있었다. 그리하여 네르친스크 조약을 시작으로 러시아와의 국경문제 해결에 박차를 가하게 되었다[49].

---

48) 楊昭全, 孫玉梅, 『中朝邊界史』, 吉林文史出版社, 1993, 172-193쪽.
49) 『中俄邊界條約集』, 27-28쪽.

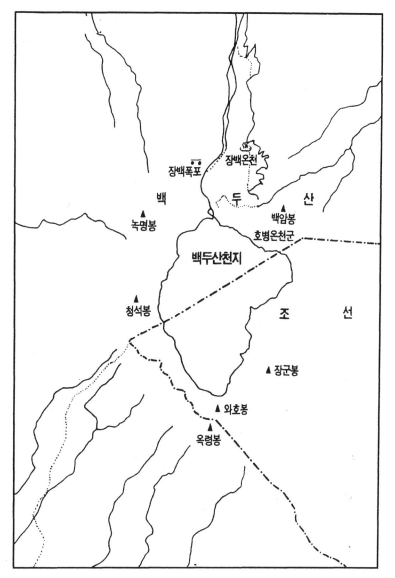

1963년 4월 북한과 중국간 맺어진 백두산 분할선

그러나 이러한 러시아와의 국경문제가 발생하기 이전에 이미 조선과의 국경문제가 대두하고 있었다. 그것은 청조가 러시아와의 국경문제보다도 조선인들의 월경으로 인해 사건이 자주 일어나자 자신들의 성역을 문란케 한다는 관념상에서의 발상에서 비롯되었다. 원래 조선과 중국은 세종 때부터 국경선을 정하여 지켜왔으며, 청조에 이르러서는 양국의 교류를 위해 의주·회령·경원 등 세곳을 국경에서의 공식 외교창구로 정하고 이곳에서의 의법절차를 거친 후 서로 교류하도록 하였다. 그리고 이를 어기는 자에게는 중벌을 내렸다.

그러나 조선의 북방에 살고 있던 조선족들은 이 지역의 토지가 척박한데다 기후도 좋지 않아 농사를 짓는데 적당하지 않았기 때문에 이 지역에서 수렵과 산삼 등의 채취로 살아가는 사람들이 많았다. 따라서 자주 국경을 넘어 중국의 동북지역으로 넘어가는 경우가 많았는데, 이를 청조는 아주 싫어했던 것이다50). 그러나 조선 측의 입장에서 보면 이 지역은 역사적으로 조선인들의 생활의 장이었으므로 이 지역에 여러 행정구역이 설정되어 있을 정도로 많은 상주인구가 있었다. 또 여진족에게도 귀화하는 자에게는 토지와 관직을 주어 그들이 살 수 있는 여건을 만들어 주는 등 이 지역에서의 소요를 줄이기 위한 유화책도 폈고, 때로는 이들을 일망타진하는 강경책도 쓰곤 했던

---

50) 金澤中, 『韓民流移東北之硏究(1860-1910)』 대만정치대학역사연구소석사 논문, 1985.

지역이었다. 이러한 사실들은 여진족 입장에서도 조선측 입장에서도 삶의 장으로서 아주 중요한 지역이었음을 의미하는 것이다. 따라서 양 민족간에는 서로의 경제적 필요성에 의해 월경하는 자들이 많았는데, 조선후기에 들면서부터는 조선인들의 월경하는 경우가 더 많은 편이었다. 따라서 이들을 일일이 막을 수도 없었고 한편으론 관습적으로 이들을 인정하고 있었기 때문에, 이들에 의해 문제가 야기됐을 때는 청조와의 불화가 조성되곤 하였다[51].

그리하여 자신들의 정신적 고향인 이 지역에 대한 방비가 더욱 중요했던 청조는 급한 나머지 조선측과 공동조사를 편다는 구실아래 여러 차례 국경문제를 해결하기 위한 조사를 실시했지만 원론적인 결과가 안 나자 일방적으로 백두산에다 정계비를 세우게 된 것이다. 그러나 이 정계비를 세우게 된 직접적인 원인은 조선인에 의한 살인사건이 계기가 되었다.

1710년 평안도 청원군 위원(渭原)마을에 살던 이만기 등 9명이 강을 건너 청나라 사람들이 삼을 캐기 위해 설치해 놓은 막장을 급습하여 청인 5인을 살해하는 사건이 일어났다. 그러나 이들 중 한 사람이 요행히 살아나 자신들의 동료를 불러모은 후 북문으로 가서는 한국 관아에 이의를 제기하였다. 이들이 9일 동안이나 소란을 떠는 도중 조선인 순라장이 그들에게 붙들려 가는 형국도 벌어지게 되었다. 당시 이 지역의 군수인 이후

---

51) 吳祿貞, 陳昭常, 『延吉邊務報告』, 臺北, 文藝出版社, 170-171쪽.

열(李後悅)은 늙은데다 겁이 많아서 이들에게 술을 대접했으며, 은과 쌀 등의 뇌물도 주곤 하여 무마시키려고 애를 쓰던 중 잡혀간 순라장도 도망쳐오게 되어 이 사건은 일단 마무리를 짓는 듯했다. 그리하여 이 사건을 감영에 보고도 하지 않고 있던 참이었는데, 이 사건에 대한 소문이 점차 퍼져나가 감영에까지 들리게 되자 그때서야 다시 범인 5명을 체포하여 이들을 압송하게 되었다. 이들을 호송하는 도중에 1사람이 도망치고 말아 4명만을 끌고 가는데, 도망간 자가 이들의 가족을 동원하여 급습하자 호송인들은 도망가고 이들 죄인 모두는 도망치게 되었다.

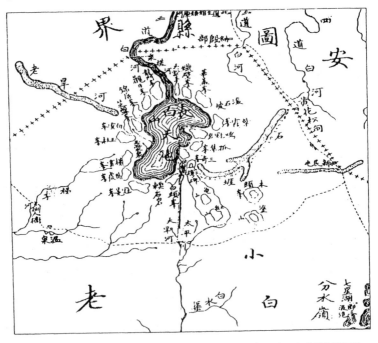

백두산 정계비를 세운 뒤 청국측에서 간행한 지도〈長白府區域詳圖〉

그러자 조선 조정에서는 엄청난 현상금을 내걸고 이들을 색출하게 되었고, 결과적으로 이들 범인을 체포한 다음에 이들 모두를 참수하고 가족들을 노예로 만든 다음 재산을 몰수하였다. 그리고 이와 관련한 모든 관원들을 파면·귀향 등의 조치를 취했다.

그러나 이 사건에 대해 청조는 그 동안 살인사건 등 문제가 야기되면 조선 측에 일임했던 전례와는 달리 직접 조사단을 파견하여 조사하면서 국경을 재조사하여 경계를 확정하자고 하는 제의를 해오게 됨으로서 변계문제가 새로운 국면으로 접어들게 되었던 것이다.

백두산 정계비가 세워지는 과정을 추적해 보면 우리의 선조들이 많이 살고 있던 간도지역을 잃게 되는 원인을 알 수 있다. 먼저 정계비란 성격이 국경을 확실히 정하는 경계표시석인데, 여기에 기록되어 있는 수계(水系)가 확실하지 않다는 데서부터 기인했다. 즉 백두산 천지를 굽어보면서 동남쪽으로 4Km 떨어진 곳으로 내려와 강물이 인(人)자처럼 갈라지는 곳을 찾아 폭 2척, 길이 3척쯤 되는 비석을 세우고, "서쪽으로는 압록(鴨綠), 동쪽으로는 토문(土門)이 되는 분수령 지점에 정계비를 세운다"라는 내용의 비를 세웠던 것이다. 이 비석을 세운 장소는 천지주변으로부터 동남쪽으로 4km내려 온 해발 2200m지역으로 추정되는 곳이었다. 그런데 문제가 된 것이 바로 토문이라고 하는 수계의 해석문제였다. 즉 중국 측에서는 같은 발음의 도문강

(圖門江=두만강)을 잘못 적은 것이라 하여 지금의 두만강으로 해석하는 것이고, 조선 측에서는 토문은 간도를 감싸고돌고 있는 토문강이라고 해석하는 데서 오는 견해의 차이였다. 간도는 바로 토문강과 두만강 사이에 있던 땅으로 토문강의 동남방 쪽에 있기 때문이었다. 이러한 해석상의 문제를 해결하기 위해 조선정부는 1880~1900년 사이에 이중하(李重夏)와 이범윤(李範允)을 파견하여 수 차례 청조와 협의했으나 해결되지 못한 채이 문제의 담당은 한국을 병탄한 일제의 손으로 넘어가게 되었다[52].

그리하여 일제가 동북지방 침략을 위해 간도에 파출소를 설치하며 동정을 살피던 중 안봉선(安奉線) 철도의 개축문제를 둘러싸고 청조와 일본이 첨예하게 대립하게 되자, 청조가 간도를 양보하면 동북지역에서의 이권을 일본에 주겠다고 하는 조건으로, 일제가 우리의 의사와는 관계없이 간도를 청조에 넘겨주는 바람에 청조의 영토로 확정되고 말았던 것이다. 그 후 일본은 만주를 점령하고 이 정계비를 없앴기 때문에, 이 정계비가 세워졌던 위치조차 확인하고 있지 못한 실정이다[53].

이처럼 간도지역을 잃게 된 데에는 조선정부의 대책과 이 문제에 대처했던 관리들의 책임감이 적었던 데서 야기되었다. 청나라가 자신들의 영산으로 간주하고 백두산을 차지하기 위해

---

52) 楊昭全, 孫玉梅, 『中朝邊界史』, 앞의 책, 203-207쪽.
53) 王藝生, 『六十年來中國与日本』 第5卷, 216-221쪽.

외교공세를 취해올 때, 조선정부는 당황하기만 했고 적절한 대처를 취하지 못했으며, 다만 그들이 조선 영내로 넘어오지 못하도록 방해만 할뿐이었으니, 그러한 전략이란 시간이 지나면 어쩔 수 없이 받아들여야 했음에도 별다른 대책을 강구하지 못하였던 것이다. 그러나 1711년 3월 청조로부터 관리를 파견하여 국경을 조사하겠다는 통지를 조선정부에 해 온 이래, 조선정부는 여러 가지 방책으로 그들이 조선 영내로 들어오는 것을 방해하는 데는 성공했지만, 결국 1712년 4월말에 목극등이 이끄는 조사단이 후주(厚州)에 도착함으로서 이러한 방해책도 소용이 없게 되었다. 그러나 이 1년간의 기간 동안 적절한 대책을 강구하지 못한 조선정부의 안일한 태도는 결국 후일 간도를 잃게 되는 근본적인 동기가 되었다. 이러한 조선정부의 미온적이고 소극적 태도는 이 문제를 담당했던 관리들에게 그대로 전달되었다. 목극등과 함께 백두산에 올라 정계비를 세울 지역을 탐사하던 조선 측의 책임자인 접반사 박권과 감사 이선부는, 탐사도중 목극등이 자신들의 임의대로 경계지를 결정할 작정으로 이들에게 험난한 산행에 노구의 몸으로 무리라고 하여 따돌리려 하자 이를 그대로 곧이 듣고 중도에서 떨어지는 등 자신의 책임을 다하지 못했던 것이다. 이처럼 책임자가 없는 상태에서 결정권이 없던 한국측 조사단은 청측의 일방석인 의견을 받아들이게 되어 결국 정계비 상의 애매한 문구가 들어가는 데 동의하였던 것이다. 이에 따른 해석상의 문제로 경계지역에 대한 확실한 고증이 미루어지다가 결국 일제에 의해 간도지역을 포기하고 마는 결과를 빚어내게 된 것이니, 스스로 문제를 야기시킨 꼴이 되었던 것이다. 그러나 국가간의 경계문제는 민족적인 자긍심과도 같은 문제이므로 앞으로 국제법에 의한 해결이 기대 되지만, 이에 앞서 이 문제에 대한 많은 연구가 진행되어야 할 것이다.

2) 녹둔도(鹿屯島)를 둘러 싼 조선과 러시아와의 대립

녹둔도는 두만강 하류에 삼각주 형태로 조성된 조그만 섬이다. 그 위치는 함경북도 조산(造山) 부근인데, 섬둘레는 2리 정도이고, 높이는 수면에서 10자(尺)정도 되는 작은 섬이다. 그러나 지금은 자연적 현상에 의해 러시아 지역으로 붙어버리게 되어 섬으로서의 형태는 없어지고 말았다. 그러나 역사적으로 녹둔도는 조선에 속해 있었음을 각 종 자료 및 지도에서 알 수 있다. 이 섬이 정식으로 기록된 것은 『세종실록지리지』인데, 처음에는 여진족들이 사용하던 말을 따서 사차·사혈·사혈마 등으로 불리다가, 세종때 6진 개척 이후 북쪽 변방의 지명을 다시 지으면서 이 섬을 녹둔도라고 부르기 시작했던 것이다[54]. 이 지역은 두만강의 대안에 있었기 때문에 여진족들이 물자가 부족

---

54) 『세종실록』 「지리지」

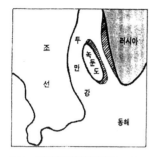

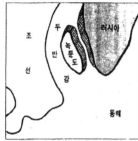

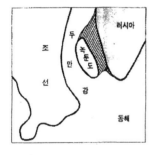

녹둔도의 連陸과정

해지면 이 섬을 통해 국내로 잠입해서 약탈하곤 하던 중간 거점으로 사용하곤 하였다. 또 이 섬 자체에서도 보리·밀·옥수수와 각종 어류와 청백염(靑白鹽)이 산출되었으므로 이를 약탈해 가곤 하였다. 그리하여 조선정부는 이 섬안에 1,246자의 토성을 쌓고 높이 6자의 목책을 둘러 병사들이 방비했으며 농민들은 배를 타고 들어가 농사를 짓곤 하였다. 그것은 이 섬에 상주하지 못하도록 한 조선정부 방침 때문이었는데, 이는 또한 여진족들의 침입에 의한 살상을 방지하기 위함이었다.

선조 때에는 녹둔도가 국방상으로 중요한 지역인데다 농민들의 수확을 지키기 위해 이 지역에 둔전을 설치하며 방비해야 한다는 주장이 대두되기도 했으나 이루어지지는 않았다. 이러한 주장이 대두됐던 것은 여진족들의 침입이 선조대에 들어 제법 군대적 격식을 갖춘 상태에서 침입했기 때문에 대두된 의견이었다. 즉 1857년(선조 20년) 9월에 있었던 여진족의 녹둔도 침입은 아군에게 많은 사상자와 물적 피해를 주어 이후 조선정부가 대병력을 출동시켜 이들을 철저히 토벌했던 일이 그것이었다.

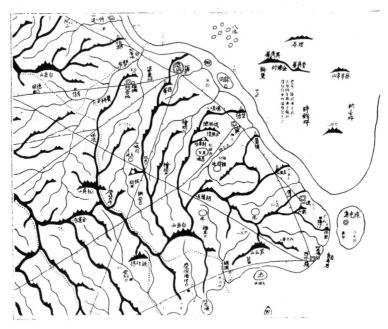

김정호의 〈대동여지도〉(1861)

이처럼 녹둔도에 대한 조선정부의 관심이 깊었던 것은 조선의 북쪽 변계를 확정짓는데 중요한 경계점이 됐을 뿐만 아니라, 두만강을 우리의 영속강으로 확정하는 데도 중요한 역할을 했기 때문이다. 더욱이 여진족들을 방비하는 전초기지로서도 중요했던 것이다.

그러나 19세기 중엽까지 연해주지역으로 남하해 온 러시아가 1860년 북경조약을 계기로 연해주지역이 공식적으로 러시아의 영토로 인정되는 바람에 그 동안 자연적 상황에 의해 연육되어 있던 녹둔도가 슬며시 러시아 영토로 되어버리고 말았다. 이렇게 되자 1884년 러시아와 정식으로 수교한 조선정부는 당시 러시아공사 웨베르에게 요청하여 이 섬을 되돌려달라고 하였다. 이에 대해 웨베르는 정부에 알려 선처하겠다고 한 이후 아무런 소식도 없이 흐지부지되다가 1904년 러시아와 단교되면서 전연 교섭이 진행되지 않더니 그 상태대로 현재에 이르고 있는 것이다.

그러나 이 녹둔도 만큼은 러시아로의 명확한 귀속 여부가 인정되고 있지 않고, 이를 인정할 만한 어떤 역사적인 사건도 없었던 데다, 우리가 역사적으로 만들어 온 지도나 사서에 명백하게 우리의 것으로 명시되어 있으며, 이러한 상황을 주변 국가들도 인정하고 있기 때문에 앞으로 러시아와의 교섭이 중요한 과제로 되고 있다.

한편 이제 녹둔도는 한국·중국·러시아 삼국의 이해가 첨예하게 대립되고 있는 국경의 최극단에 위치하고 있어 군사전략적으로 중요할 뿐만 아니라, 두만강 개발계획 등을 위시한 경제적 위치로서도 아주 중요한 의미를 지닌 곳이기 때문에, 이 녹둔도는 반드시 우리의 것으로 되찾아 내야만 할 것이다.

녹둔도가 우리의 영토임을 가장 명확히 나타내주고 있는 것으로는 1861년(철종 12년)에 제작된 김정호의 「대동여지도」

이다. 그리고 녹둔도가 러시아 지역으로 연육된 후인 고종 때
신선욱·김광훈이 왕명으로 러시아지역에 건너가 이 곳을 답사
하고 제작한「아국여지도(俄國輿地圖)」에도 녹둔도의 상황을
자세히 명기하고 있어 녹둔도가 우리의 것이라는 확실한 인식
을 뒷받침 해주고 있다. 그리하여 고종 23년(1886)에는 조선·
청·러시아 세나라가 공동으로 국경을 조사하자는 삼국공동감
계안(三國共同勘界案)을 요구하게 되었는데, 청국이 고의로 이
를 묵살했고, 러시아 측도 고의적으로 지연시켜 우리측과 합의
된 약속을 지키려 하지 않았다.

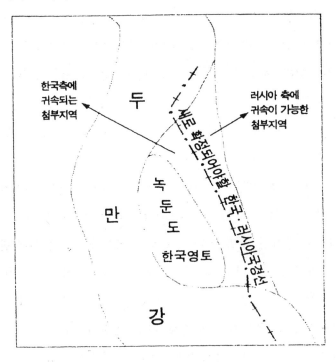

이처럼 그들이 회피 내지 지연시킴으로서 이 문제에 대한 직접적인 해결을 도외시했던 것은 앞으로 우리가 이 지역을 찾는데 있어서 중요한 역사적 근거로서 제시할 수 있을 것이다. 그러나 녹둔도를 되찾기 위해서 우리가 준비해 두어야할 과제가 있다. 그것은 먼저 이미 연육되어 있는 녹둔도를 국제법상으로 어떻게 해석하여 인정을 받아야 할 것인가 하는 점이다. 국제법상 국토의 영역을 설정하는데 있어서 연육되어 있는 부분을 국토로 간주하기 때문에 앞으로 이 문제를 설득시킬 수 있는 국제법상의 해석을 어떻게 논리적으로 풀어나갈 것인가 하는 문제이다. 두 번째는 녹둔도와 이해관계가 얽혀 있는 국가들을 어떻게 협상테이블로 끌어내는가 하는 방법인데, 이를 위해서는 녹둔도 문제에 대한 연구가 먼저 충분히 이루어져 이론적·역사적 근거설정이 선행되어야 하겠고, 그런 다음 첨예화되어 있는 이 지역에서의 이해관계를 희석시킬 만한 대체적 의안을 우리가 마련하여 이 문제를 자연스럽게 제안할 수 있는 역량을 갖추어야 할 것이다.

자신의 개인적인 토지에 관심을 두 듯 우리의 국토에 대해서도 관심을 가져 그 동안 사대주의적, 혹은 주변 강국의 강압에 의해 빼앗기는데 이력이 나 있는 우리 민족이긴 하나 이제 발달된 국력을 바탕으로 역사적으로 당했던 우리의 불행한 과거를 이제는 되찾을 수 있도록 관심을 고취시켜야 할 것이고, 또한 이를 해결하려는 적극적 행동양식을 갖추는 것이 앞으로 우리 민족이 취해야 할 선행 조건이라고 본다.

3) 일본의 독도 점령 계획

1877년 3월 29일 당시 일본정부의 최고 의결기관인 대정관 (大政官)은 울릉도와 독도가 일본의 영토와는 관계없다는 사실의 내용을 담은 지령을 내려 울릉도와 독도는 일본의 영토가 아니라는 사실을 확인하였다[55]. 이후 일본은 30년 동안 지령을 칙서한 적이 없었는데, 1905년 1월에 들어 별안간 일본정부는 각의를 통해 독도를 「본방소속(本方所屬)」이라고 결정하고 말았다. 이것은 당시의 복잡한 국내외 정세를 이용한 기습적인 결정이었다. 즉 당시는 조선에 대한 식민지화가 진행되고 있어 조선이 이 문제에 대해 관심을 둘 겨를조차 없었고, 동시에 러일전쟁이 일어나는 바람에 이 전쟁의 귀결에 대해 촉각을 곤두세우고 있던 국제사회는 이 문제에 별 관심을 둘만한 여유가 없었던 것이다. 이러한 일본정부 각의의 결정은 이후 독도를 자신들의 것이라고 주장하는 근거가 되고 있는데, 사실 이러한 각의결정을 하기 위해 일본은 일찍부터 독도에 대해 비상한 관심을 두고 이 지역의 영토화를 위한 제반 준비를 진행한 끝에 이런

---

55) 「日本海內 竹島와 一島地籍의 編纂方伺」, 太政官編『公文錄』, 內務省之部, 1877年 3月伺 1의 16(慎鏞廈『獨島의 民族領土史研究』, 知識産業社, 1996, 164-171쪽) 참조.

결정을 내린 것이었다.

즉 일본은 장차 한반도 및 중국을 지배하고 아시아제국 전체를 지배한다는 야심 아래 이를 침략하는데 필요한 지역 설정 및 군대파견지를 확인하고, 동시에 물자와 자원을 운반하기 위한 도로와 철도의 건설, 그리고 항만을 정비하기 위한 제반 조사가 필요하게 되었다. 그리하여 일본정부는 먼저 가장 인접해 있는 조선의 육지와 해안에 대한 지형을 살피기 위해 조선지도와 해역수로도를 작성하는데 힘을 기울였다.

강화도 사건

이를 위해 일본은 먼저 1876년 병자수호조약을 맺어 일본 정부와 일본 해군이 주축이 되어 조선의 연안을 측량하기 시작하였다56). 이러한 측량의 본격적인 시작은 1877년 4월부터였는데 실지로는 아직 준비가 덜 되어 제대로 진행되지 않았다. 그러다 10월에 들어 군함 다카오마루(高雄丸)가 입항하여 일을 시작하려 했으나 선원들이 콜레라에 걸리는 바람에 이 해에는 결국 측량을 실시하지 못하였다. 그러다가 1878년 2월 20일 외무부 데라시마 무네노리(寺島宗則)는 태정대신(太政大臣)에게 해군으로 하여금 함경도, 전라도, 충청도 해안에 측량선을

56) 「朝鮮近海測量ノ儀伺」, 『公文錄』, 海軍省之部, 1876年 4月, 참조.

파견해 줄 것을 부탁하자, 이에 응한 태정대신은 해군선에 지시를 내려 4월 8일 군함 아마기호(天城號)가 부산을 경유하여 원산 및 북청 지역에 와 이들 지역을 측량하고 5월 29일 울릉도를 일주하였다. 이 때 아마기호는 울릉도 측량이 일본이 처음 울릉도를 측량한 것이었고[57], 독도까지는 가지 않았다. 그 후 아마기호는 부산을 경유하여 나가사키로 돌아갔다가 다시 1880년 7월에 다시 울릉도에 가서 이 곳을 측량하며 소위「마츠시마(松島)」가 울릉도라는 사실을 확인하였다[58].

이후 이 문제에 대해 일체 관심을 두지 않는 듯 보이던 일본 각의가 영일동맹을 통해 국제적으로 청국과 조선의 침략에 대한 보장을 받게되자, 1904년 5월 30일 원로회의를 열어「대한시설강령」이라는 결정을 통해「한국 내지 및 연안에 있어서 군략상 필요한 지역을 수용하는 것은 국방상 필요하기 때문에 한일 협약에 의해 한국의 독립 및 영토 보증을 이미 한 이상 제국정부가 그것을 시행하는 것은 당연하고 또 필요한 권리라고 생각한다」고 하였다[59]. 그러던 차에 시마네현(島根縣)에 사는 나카이 요이치로(中井養一郎)라는 사람이 내무·외무·농상무대신에게 "량코도 영토편입 및 대하원(貸下願)"라는 청원서를 보내는 일이 일어났다[60]. 여기서 말하는 량코도란 바로 독도를

---

57) 北澤正誠, 「竹島版圖所屬考」, 『日本外交文書』第14卷, 394쪽.
58) 앞의 책, 394쪽.
59) 日本外務省編, 「日本外交年表主要文書」上, 原書房, 1965, 文書 225쪽.
60) 「帝國版圖關係雜件」, 外務省外交資料館藏. 그런데 이 청원서 자체가

말하는 것으로, 이 청원서에는 "될 수 있는 한 빨리 본도를 본방(本邦)의 영토로 편입하여 주시고 동시에 10년 간 차용할 수 있도록 부탁드립니다"라는 내용이 들어 있었다.

이를 빙자하여 일본 정부 각의에서는 1905년 1월 28일 독도를 본방 소속으로 하고 이름을 「다케시마(竹島)」라 하고 시마네현 소속으로 하고 이는 은기도사(隱岐島司)가 관리한다고 결정하고, 2월 22일부로 발행된 「현고시(縣告示) 제40호」에 공시하여 5월 3일 관유지 대장에 등록하였다.

이 당시까지 일본인들은 울릉도를 다케시마(竹島) 혹은 이소다케시마(磯竹島)라고 불렀고 독도에 대해서는 일반적으로 마쯔시마(松島)라고 불렀었는데, 이제 독도는 송도가 아닌 죽도로 불리게 되었던 것이다. 물론 당시까지 독도에 대한 정확한 명칭이 일본 내에는 없었고 다만 관습적으로 일본인들이 독도를 마쯔시마라고 불렀던 것인데, 이제 다케시마로 명칭이 확정되게 되었던 것이다.

그런데 이러한 결정은 공식적으로 대내외에 발표되지도 않았고, 또한 이는 시마네현 청내에만 공시하였기 때문에 외국에서는 그 누구도 이런 사실을 알 수가 없어 이에 대한 항의조차할 수 없었던 것이다[61]. 그러나 일본의 국제적 학자들은 이 당

외무성 용지로 작성되어 있다는 점에서 이 청원서는 외무성이 의도적으로 근거를 남기기 위해 작성한 것이 아닌가 의심이 간다.
61) 이러한 사실은 이런 사실이 결정된 1905년 2월 22일 이후에 일본에서 발행된 각종 지도에 독도에 대한 이름이 '다케시마'로 나타나지 않고

시 아무런 항의가 없었다는 식으로 강변하며 이는 국제적으로 승인됐음을 의미한다는 식으로 독도의 자국영토임을 긍정하고 있다[62].

이를 국제적으로 승인받기 위해 일본해군은 1905년 6월 24일 독도의 '리양꼬르드 모퉁이'에 무학진수부(舞鶴鎭守府)가 관할하는 망루를 설치하고 8월 19일부터 이를 사용하기 시작하였는데, 러일강화조약이 체결된 지 얼마 안된 10월 19일 폐지해 버렸다.

이런 일이 있은 후 일본은 더욱 신중을 기하기 위해 미국의 필리핀 식민지화를 승인하여 미국으로부터 조선의 지배를 승인 받는가 하면, 이를 기초로 하여 한국보호조약을 체결하여 일본의 보호국으로 삼게되었다. 1905년 같은 해에 일어난 이러한 일련의 사건은 일본으로 하여금 국제적으로 자신감을 갖게 해주었고, 이를 토대로 하여 1906년 3월말에 그들은 드디어 시마네현 관리로 하여금 울릉도 군수 심흥택(沈興澤)에게 독도를 정식으로 점령할 것이라는 사실을 통고하기에 이르렀다. 그러자 심흥택은 대한제국정부에 이 사실을 알리게 되었는데, 이 때에

'리양꼬르암'이라든가 '이랑꼴드'도 혹은 '竹嶼' 등으로 쓰여져 있는 사실에서 알 수 있다. 특히 足立栗園, 「朝鮮新地圖」, 積善館刊 1911年 4月 4版 10쪽에는 '獨島'를 '竹嶼'라고 하고 '朝鮮의 島嶼'라고 기록하고 있다.

62) 芹田健太郎, 「日本領土の變遷」, (國際法事例研究會, 『領土』, 慶應通信, 1990) 11쪽. 皆川洸, 『國際法研究』, 有斐閣, 1985, 228-229쪽.

서야 대한제국정부는 비로소 독도에 대한 일본인들의 음모사실을 알게 되었던 것이다.

이러한 독도점령이 현실적으로 나타나게 된 것은 대한제국의 외교권을 가지게 되는 통감으로 이토 히로부미가 한국에 부임하게 되면서, 일본의 독도 점령에 아무런 대항할 힘을 갖지 못한다는 사실을 감지한 일본측이 이의 실현을 감행했던 것이다.

이후 일본은 과거 시모노세키조약으로 빼앗은 중국 요동반도를 삼국간섭에 의해 반환해야 했던 아픔을 되살리지 않기 위해 철저한 계산아래 독도를 자신들의 영토로 귀속시키는 공작을 진행하였다. 즉 1907년 일본은 프랑스와 상호간의 지위와 영토권을 지키는 협약을 체결하고 인도차이나에 있어서 프랑스의 지배를 확인해 주는 대신 일본이 대만과 조선을 지배하는 것을 승인하는 협약을 맺었다. 이러한 프·일간의 협약이 체결된 바로 그 다음달인 7월 24일 일본은 한국의 행정·사법·입법권을 박탈하는 협약을 맺었다[63].

이러한 일련의 과정을 지나치면서 일본의 독도 점령은 다른 제국주의국가들에게 묵시적으로 인정을 받게된 것이 아닌가 하고 생각된다. 왜냐하면 이들 국가들이 일본의 독도점령 사실을 알고 있었는지 모르고 있었는지는 확인되지 않지만, 어떤 나

---

63) 독도연구보존협회, 『독도영유권과 영해와 해양주권』, 독도연구보존협회, 1998, 21-27쪽.

라도 일본의 독도 점령 사실에 대해 이의를 제기하는 일은 일어나지 않았기 때문이다. 이런 사실 속에서 일본의 독도 점령을 위한 계획이 얼마나 치밀하고 은밀하게 이루어졌는지를 알 수 있다.

이러한 국제적인 묵시적 승인을 습득한 일본은 드디어 1939년 4월 독도를 은기도(隱岐島) 오개촌(五箇村)에 편입시켰고, 1940년에는 일본해군의 용지로 삼았으며 무학진수부가 이를 관할토록 하였다. 그런 후 1945년 11월 1일 독도를 대장성이 소관하는 일본 국유지로 편입시켜버림으로서 자국영토화의 계획을 완성했던 것이다[64].

---

64) 독도연구보존협회, 『독도영유권과 영해와 해양주권』, 앞의 책, 27쪽.

제5장
동아시아세계 질서의 분열과 해체(19세기)

제5장
동아시아세계 질서의 분열과 해체(19세기)

1. 동아시아세계의 해체경향에 대한 각국의 반응

1) 일본의 동아시아세계 해체 노력

전근대의 동아시아는 중국과 주변국과의 조공관계를 축으로 해서 자율적으로 완성된 하나의 역사적 세계였다. 그러나 19세기 중엽 이후에 이르면 서양열강의 포함외교와 자본주의 상품에 의해 동아시아세계는 침식되게 되었고, 결국 이러한 작용에 의해 해체되고 말았다. 이로 인해 동아시아의 각 지역은 자본주의세계 체제의 주변부에 종속적으로 말려들어 가게 되었고,

이러한 과정의 틀 속에서 중국과 사대관계를 유지하고 있던 조선의 외교는 서서히 엄청난 풍랑 속으로 휩싸여 들어가고 있었다.

이처럼 동아시아세계의 변태된 질서는 서로간에 중화적 네트워크를 건설하며 자기를 중심에 놓다보니, 외면적인 질서유지만 이루어졌지 내면적인 협력은 제대로 이루어지지 않고 자의식만 높아가는 상황으로 일관되게 되었다. 이러한 중화질서의 변형은 결국 서구세력의 침투가 가능하도록 허점을 보이는 원인을 제공했으며, 일단 이들이 침입한 이후에 이들에 대한 공동대처도 사실상 불가능하게 되었던 것이다.

특히 조선과 청조는 자의식 속에 빠져버린 나머지 급변하는 국제적 환경변화를 주시하지 않고 전통적 중화의식만을 추구하다 보니 국제사회의 발전에 어깨를 견줄만한 근대화가 늦어지게 되었다. 이에 비해서 일본은 국제적 상황에 자의반 타의반으로 적응하게 되어 결국 자신들도 제국주의화 하며 중화세계에 대한 도전을 반복하게 되는 상황을 연출하였다.

즉 일본은 동아시아 내부세계로부터 이러한 체제의 해체를 더욱 부채질했던 것인데, 그들은 메이지유신의 기치를 높이 들고 근대화를 지향하는 가운데 자신들의 의도대로 일을 진행해 나갔던 것이다. 즉 일본은 1868년 메이지 신정부의 성립을 알리는 최초의 외교문서로부터 전통적 관례를 무시하고 자신들의 위상을 높이는 변신을 하기 시작하였다.

즉 종래 일본이 조선과의 관계에서 외교문서상에 사용하지 않던 「황(皇)」과 「칙(勅)」 등의 용어를 사용함으로서 자신들의 일방적인 위상제고를 강조했던 것이다.

이러한 새로운 노선을 취하면서 자신들의 독자노선을 걷기 시작한 일본정부에 대해 조선정부는 당연히 이를 거부할 수밖에 없었다. 즉 조선정부는 일본이 어떤 저의에서 이러한 용어를 쓴 건지를 헤아리고는 재차 일본정부에 대해 구래의 교린관계를 지속하는 것이 양국의 우의에 좋다는 것을 요구하며 외교문서의 교환을 거절하였던 것이다.

'한·일 통상수호조약체결 기념연회도' (1883 심전 안중근)

이러한 조선정부의 반응은 일본이 생각했던 것과는 반대로 조·일 양국의 관계를 급격히 냉각시켰다. 그러자 이러한 관계를 타개하기 위한 조치로 일본정부는 청정부와의 교섭을 서둘러 시도하게 되었다. 그리하여 1871년 청일수호조약을 조인하게 되었다. 그러나 이 조약은 근대적인 국제법에 기초해서 대등한 조약을 체결하는 결과가 되어 전통적 동아시아 국제질서를 해체하는 의미를 가지게 되었고, 이는 바로 일본의 중국에 대한 공공연한 도전이기도 했다. 그러나 일본측이 더욱 겨냥했던 목적은 청조와 대등한 조약을 체결함으로써 조선에 대한 우위적 입장을 확보하려는 일본의 의도가 더욱 강했던 것이다. 그러나 이러한 일본의 외교적 의도를 파악한 조선정부가 그대로 묵인하면서 들어줄 리는 없었다. 그러자 일본은 무력행사를 통해서 조선과 조일수호조규를 체결하게 되는데, 그 제1조가 「조선은 자주국이며, 일본과 평등한 권리를 가진다」 라는 조문이었다[1]. 이 조문을 바탕으로 일본은 조선과 청과의 종속관계를 단절시켜 조선에 대해서 청과 동등한 관계를 가짐을 내외에 알리게 되는 것이다.

2) 동아시아세계의 해체흐름에 대한 중국과 조선의 대응

이러한 일본의 노골적인 도전에 대해 위기감을 느낀 청조는 동아시아세계의 질서를 방어하려고 절치부심하지만, 일본의

---

1) 이현종, 「수호통상조약의 체결과 개항장」, 『한국개항장연구』, 일조각, 1975, 참조.

교묘한 술책과 그들의 무력적 강권은 결국 조선과 청과의 종속 관계를 변질시키게 되었다. 이홍장(李鴻章)의 양무파(洋武派) 정권은 구미열강을 견제하기 위해 조선정부에게 일본에 개항할 것을 강요하기에 이르렀고, 류큐문제를 처리한 후의 일본의 움직임을 견제하기 위해 구미제국에도 개항할 것을 강요하게 되었다[2].

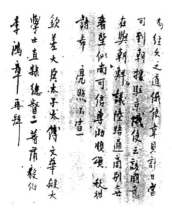

이홍장이 고종황제에게 보낸 公文

이러한 청국의 내면적 의도는 바로 조선과 청과의 종속관계를 대외적으로 부각시키려는데 있었던 것이다. 그리하여 1882년 조선과 미국과의 조약체결 교섭과정에서 이홍장은 스스로가 이를 주도하였고, 이 조약을 조인한 후에는 조선 국왕이 청국에게 종속되어 있음을 선포하도록 하여 청국이 어떤 존재인가를 세상에 알리게 하였다. 더구나 이홍장은 같은 해 한중상민수륙무역장정(韓中商民水陸貿易章程)에서 이러한 청국의 의도를 더욱 노골적으로 표현하고 있는데[3], 즉 조공체제는 화이사상을 원리로 하는 것이 아니고 다만 명목적이고 의례적

---

2) 權錫奉, 「李鴻章의 對朝鮮列國立約勸導策에 대하여」, 『역사학보』 21, 1963, 참조.
3) 김종원, 「한·중상민수륙장정에 대하여」, 『역사학보』 32, 1966, 참조.

인 것이므로 내정과 외교에는 자주성을 갖는 것이 원칙이라고
하여, 속국일지라도 자주적인 권리가 있음을 내외에 천명하여
자신들이 종주국 입장에 있음을 더욱 명백히 하였던 것이다[4].
그러나 이러한 청조의 의도는 일본측의 철저한 파괴전략에 따
라 변화되지 않으면 안되게 되었다.

한편 조선에서는 전통적 외교관계의 파괴에 대해서 근본적
인 저항을 시도했던 집단은 위정척사파(衛正斥邪派)였다. 서구
문명의 침략을 예의 주시하고 있던 이들은 「왜양일치(倭洋一
致)」라고 하는 인식 하에서 일본에 대한 개국을 반대했고, 구
미제국에 대한 개국에도 반대하는 상소를 올렸다. 이들은 임오
군란을 통해 대원군을 부활시키는 일시적인 성공을 거두기도
하였다. 이에 대해서 개화파들은 일본에 대한 개항을 어디까지
나 구래의 교린관계의 부활로서 인식하는 가운데 개항을 지지
했다. 이러한 입장은 여전히 청나라를 축으로 한 사대적 외교관
계라는 인식이 아직도 변화하지 않고 있음을 말해주는 것이었
다. 다시 말해 그동안 조미조약(朝美條約)을 체결할 때 중국에
대한 종속관계를 명확히 한 것이나 무역장정을 체결하면서 나
타냈던 종속관계도 조선정부 입장에서는 주체적인 선택의 결과
였던 것이다[5].

---

4) 송병기, 「銚植, 李鴻章의 保定·天洋會談 - 韓美條約 締結(1882)을 위
   한 朝淸交涉 -」 (상, 하), 『동방학지』 44, 45, 연세대, 1984, 참조.
5) 박일근, 『근대한미외교사』, 박우사, 1968. 참조.

임오군란 후에 청국 군대가 조선에 주둔하면서 조선정부에 대해 간섭을 강화하려고 하자, 청조로부터의 독립을 외쳤던 김 옥균을 중심한 급진개화파가 등장하지만, 이들이 일본의 원조를 기대하면서 주도했던 갑신정변이 실패로 끝나고 말아 청국과의 종속관계는 계속 유지되게 되었다.

이러한 상황을 통해 볼 때 조선의 외교적 입장은 당시까지도 동아시아 질서체제를 견지하는 것이 외부로부터의 압력에 대처하는 가장 좋은 수단이라고 생각했던 것이다. 그리고 이러한 정책을 주도해 나간 것은 온건개화파와 위정척사파 등 수구·개화 양세력의 공통된 의견이기도 했다. 이것은 다시 말해 조선의 국제적 시각이 유교적 왕도사상에 입각하여 패도적인 근대문명과 그 국제체제를 근본적으로 비판하는데 있었음을 말해주는 것이기도 했다.

3) 한국의 근대화에 대한 중국과 일본의 방해

한국과 중·일 양국과는 상당히 오랜 기간을 상호의존하며 지내왔었다. 그러나 시대적 변화에 따른 자신들의 필요에 따라서 그들은 언제나 한반도에 대한 정책을 변화시켜 왔었다. 물론 이러한 변화에 적절한 대처를 하지 못한 한국인의 의식도 문제이긴 하지만, 언제나 자신들만의 이해관계를 내세워 과거의 교린관계를 저버린 양국의 처사에 대한 연구는 앞으로 더 심도 있게 다루어져야 할 것이다. 이는 그만큼 앞으로의 삼국관계를 위해서도 중요한 것이기에 이에 대한 정확한 평가가 이루어져 새로운 관계정립을 이루어야 할 것이다.

　이러한 양국의 조선에 대한 처사는 근대에 들어서도 마찬 가지였다. 즉 중·일 양국은 자신들의 욕망을 달성하기 위해 조 선을 자신들의 방패막이로 이용하였다. 즉 당시 한국 내에서는 자주적 근대화를 이룩하려는 움직임이 계속해서 일어나고 있었 는데, 이들 세력이 능력을 발휘할 수 있도록 정치적 안정을 이 룩하기 전에 일본과 중국이 조선의 국정을 간섭함으로서 모든 것이 혼란에 빠지는 결과로 변화해 버렸기 때문이었다[6]. 다시 말해 자본주의를 막 시작한 일본이 자신들보다 늦게 출발한 후 진 자본주의 국가들을 침략하려 했던 것인데, 이들은 이러한 침 략야욕을 드러내기 위해 고대의 신화·봉건적 영토확장 등을 구실로 조선을 침략하게 되는 것이었고, 중국은 구미열강들의 경제적 침략에 의한 식민지국으로의 전락을 두려워하여 그 예 봉을 피하기 위한 방편으로 조선을 전면에 내세워 방패막이로 삼았던 것이다[7].

　일본은 이러한 침략야욕을 이제 적나라하게 드러내놓고 조 선을 침략하기 시작하는 것인데, 그들이 먼저 취한 조선의 사회

---

6) 坂野正高, 『中國近代化と馬建忠』, 東京大學出版會, 1985, 참조.
7) 浜下武志, 『近代中國國際的契機 - 朝貢貿易近代』, 앞의 책, 235-241쪽.

경제 분야에 혼란을 가중시키는 방법으로서는 조선 쌀의 일본으로의 강제적 유출이었다. 원래 강화도조약을 통해서 쌀의 일본에 대한 유출은 한국의 상황에 맞추어 하기로 한 것을, 한국외교의 허술함을 이용하여 조약문을 조작하는 방법으로 한국의 사정과는 관계없이 일본이 필요한 만큼 얼마든지 유출할 수 있도록 하였던 것이다. 이러한 유출은 흉작으로 인해 조선의 식량부족 현상을 부채질했고, 한국의 사회와 경제 분야에서의 혼란을 격화시켜 근대화를 지향하던 한국의 기세를 완전히 꺾어 놓았던 것이다. 이러한 상황에 의해 일어난 정치적 사건이 바로 임오군란이었는데[8], 이는 민씨세력을 뒤엎고 대원군이 재차 정권을 잡게 되는 구실을 마련해 주었을 뿐만 아니라, 대원군 또한 청나라 군대에 의해 천진으로 납치되어 버리는 국난으로까지 비화되었던 것이다. 아무리 청나라의 책봉을 받아 국왕에 오른다고는 하지만 한 나라의 국왕아버지를 파견돼 온 외국군대가 마음대로 체포하여 자신의 나라로 데리고 간다는 것은 전세계 역사적으로 전무후무한 야만적인 행동이라는 점에서 볼 때, 당시 조선의 국정이 얼마나 어려웠겠는가를 충분히 짐작할 수 있는 것이다[9].

더구나 한 술 더 떠서 청·일 양국은 조선을 보다 효과적으로 이용하기 위해 조선의 정치세력을 이간질시켜 두 파로 나

---

8) 신국주, 「임오군란의 성격」,『조명기박사화갑기념불교사학논총』, 1965, 참조.
9) 이양자, 「청의 대조선정책과 원세개」,『부대사학』5, 부산대, 1981, 참조.

뉘게 하여 서로 대립케 함으로써 내부의 갈등을 조장시키기도 하였다. 이러한 내부적 갈등에 의해 개화파인 김옥균 등 신진 청년귀족들에 의한 정치적 쿠테타인 갑신정변이 일어나게 되었는데, 이들은 자신들이 예상한대로 일본의 후원을 받지 못한데다 청국에 의지한 수구파들을 척결하기 위한 목적에서의 정변이었기에 결국 청과 대항하는 양상으로 전개됐고, 더구나 일반 민중들에게 충분한 홍보 내지 그들과의 연계가 없는 상태에서 일으켰기에 이들의 시도는 3일만에 끝나고 말았다[10].

두 나라로부터의 침략으로 말미암아 전국토가 초토화되기를 수 없이 많이 되풀이하였음에도 이들을 의지하여 자신의 정권획득을 획책하려 했던 조선 관료들의 행동은 이제 이들의 간섭을 더욱 부채질하는 꼴이 되어 이제 그야말로 조선의 조정은 정치적 소용돌이에서 헤어나지 못하게 되었고, 결국 근대화의 노력도 이러한 상황에서 조용히 사라지고 말았던 것이다.

이처럼 중·일 양국의 경제적·정치적 농간은 조선의 내부 갈등을 첨예화시켜 결국 조선의 자주적 근대화 노력을 흐트려 버린 역사적 과오를 조장함으로서, 이제 그들 자신도 비정상적인 장래를 맞이하게 되어, 동아시아의 역사적 위대함은 20세기에 들어서면서부터 사리지고 말았던 것이다.

---

10) 이광린, 「갑신정변에 대한 일 고찰」, 『개화당연구』, 일조각, 1973, 참조.

2. 일본의 동아시아세계 해체론

1) 메이지 유신과 정한론

19세기 중엽 외국의 낯선 배들이 일본 근해에 자주 나타나자 도쿠가와막부는 이들에게 공격명령을 내렸다. 이러한 조치는 자신들이 그 동안 추구해 왔던 쇄국정책을 고수하려는 방편이었지만, 미국의 막강한 페리함대가 에도(江戶)의 코앞에 있는 우라가만(浦賀灣)에 도착하여 함포를 들이대며 시위를 하자 결국 손을 들고야 말았다. 이처럼 일본 땅에 들이닥친 페리의 고자세는 일본인들의 비위를 상하게 하는 것이었지만, 아편전쟁에서 그 막강한 중국이 졌다고 하는 사실을 이미 들어 알고 있던 일본정부는 조용히 그들의 요구를 들어줄 수밖에 없었다. 만일 대항했다가는 막부 자신들의 지배권을 위협받을 수 있다는 생각에서 그들은 미국의 압력을 인내하게 되었고, 그러다가 5년 후에는 결국「미일수호통상조약」을 체결하게 되었다. 이러한 미국과의 조약체결은 이후 네덜란드・영국・러시아・프랑스 등과 봇물 터지 듯 연속적으로 체결하게 되었다. 더구나 이들 조약들은 외국인들에게 치외법권을 인정하고 수입품에 관세를 물리는 관세자주권을 박탈당하는 불평등조약으로 일관되었기에 일본국민들의 고통은 그야말로 심각한 경지에까지 이르렀다11).

이러한 조약에 의한 구미제국의 상품은 싼 가격으로 일본에 들어와 일본상품은 이들 상품에 의해 완전히 배척 당하게 되자 일본 경제는 완전히 파산하게 되었다. 예를 들어 일본화폐의 가치는 땅에 떨어져 통화가치가 없어져 버렸고, 물가는 10년 내에 9배로 오르게 되어 국민들의 생활은 고통 그 자체였다.

이렇게 되자 막부의 처신에 화가 난 일본 국민들은 서로 연합하여 정부에 대해 강력하게 저항하게 되었는데, 이러한 국민적 요구를 이용하려는 죠슈번(長州藩)과 사쓰마번(薩摩藩)은 이들 구미제국주의자들을 끌어들인 원흉이 막부라고 하여 이제 막부의 명령을 듣지 않게 되었다. 그리고는 이들 외국선을 공격하였는데 이들의 공격에 가만히 있을 리 없는 4개국 연합함대는 이에 대한 보복공격으로 1864년 시모노세키에 있던 죠슈번의 군사기지를 공격하여 초토화시킴으로서 자신들의 우위를 일본인들에게 확인시켜주었다. 이러한 전쟁 결과 막부를 포함한 일본국민들의 의식 속에는 하루속히 개국을 하여 근대화를 추진한 다음 이들에게 대항할 수밖에 없다고 하는 의식이 확대되게 되었다.

그러나 이미 자신들의 정치력을 상실한 무신정권인 막부는 자신을 잃고 스스로 천황에게 권력을 이양해 주어 국민적 통합을 이루어 열강에 대처하려는 방법을 취할 수밖에 없었다. 이때까지 천황이란 존재는 8세기이래 교토에 줄곧 살아오면서 국

---

11) 宮地正人, 『國際政治下の近代日本』, 近現代, 山川出版社, 1987, 31-37쪽.

민들의 마음속에서 잊혀졌던 존재였지만, 이제 이러한 상황을 타개하기 위해서는 천황을 정점으로 하여 남아 있던 번들이 연합하여 합심으로 열강에 대적하는 수밖에 없었으므로 천황을 다시 추대하기 시작했던 것이다[12]. 그러나 이를 각 지방의 번들도 이미 이 시기에 들어오면 자신을 지탱할 기반이 없어져 버렸기 때문에 사실 번들의 영향력도 한계에 다다르고 있었다. 따라서 이제는 막부차원의 통치 대신 중앙정부 차원의 중앙집권화로 전환될 수밖에 없었던 것이다. 이러한 시대적 요구에 따라 일본의 신진정치가들은 정부에서 관리를 임명하여 통치하는 근대적 행정체제로의 전환을 추구하게 됐던 것이다. 이렇게 하여 비교적 강력한 통치권을 행사할 수 있는 근대적 정부가 태동하게 된 것이고, 이를 통해 당시의 현실을 극복하기 위한 근대화운동을 전개하는 것이니 이를 메이지유신이라고 하는 것이다[13].

4개국의 연합함대가 죠슈번을 포격할 때 그저 불꽃놀이 구경하듯 바라보아야 했던 일본인들의 마음속에는 일본의 앞날에 대한 회의심으로 가득차게 되었다. 그러나 무사집단만은 이러한 위기상황을 벗어날 궁리를 하였는데, 그 궁리란 민중들을 전쟁으로 끌어들이는 방법이었다.

이러한 방법이 실천화 된 것이 바로 신정부가 발포했던 징병제와 신학교제도의 실시였다. 그러나 국민들 입장에서 볼 때

---

12) 中塚明, 『近代日本と朝鮮』, 三省堂選書, 1994, 15-20쪽.
13) 宮地正人, 『國際政治下の近代日本』, 앞의 책, 38-44쪽.

학교에 다녀야 하는 것은 집안에서의 노동력을 빼앗아 가는 것으로 인식하게 됐고, 그 외에 학비를 내야 하는 이중적 부담을 가져야 했기에 이에 대한 불만은 아주 대단한 것이었다. 그리하여 주민들은 서로 연합하여 학교를 급습하여 파괴하곤 하였고, 징병에도 끌려가지 않기 위해 온갖 수단을 다 사용하게 되었다.

이러한 사회적 분위기가 만연되자 일본정부는 오직 국가를 위해 죽어야할 필요성을 강조하는 교육을 위주로 하게 되었고, 이는 이후 일본이 제국주의로 화해 가는데 있어서 국민의 지지와 지원을 끌어내는 국민들의 인식구조를 바꾸는 직접적 원인이 되었던 것이다.

이러는 가운데 메이지정부의 관료들은 이제 서서히 외국으로 눈을 돌려 자신들의 국내적 모순을 밖에서 해결하려고 하는 수단을 취하기에 이르렀다. 그러나 일본정부 내에서도 이러한 방법에 반대하는 사람들도 있어 일본정부는 자연히 두개 파로 나뉘어져 서로의 주장을 내세우며 대치하게 되었다. 그러는 중에서 가장 중요한 쟁점으로 비화된 주제는 전통적으로 선린관계를 유지하고 있던 조선과의 관계문제를 어떤 식으로 유도해 가느냐 하는 문제였다. 그러는 가운데 급진파들의 주장이 더욱 강경하여 먼저 조선에 대한 열등의식을 우월의식으로 바꾸어야 한다는 계획을 세우게 됐고, 이를 실현시키려는 방법으로서 먼저 조선 측에 일본정부의 의사를 전달하여 조선정부의 반응을 보며 외교적 공세의 실마리를 풀어가자는 것이었다.

그리하여 일본정부는 왜관을 담당하고 있던 부산의 동래부사에게 한국의 입장을 완전히 무시한 외교문서를 전달하게 되었다. 이 문서에서는 내용도 내용이지만 상대국보다 우위적 입장을 내세우기 위해 그 동안 전통적으로 중국에서만 사용되던 「황(皇)」자라든가, 「칙(勅)」자 등을 사용하여, 마치 조선에게 조공을 하라고 강요하는 듯한 내용으로 일관되어졌던 것이다.

이러한 일본의 처사에 대꾸할 가치조차 느끼지 못한 조선정부가 일본에게 공손히 일본의 태도를 받아줄 리가 없었음은 당연한 귀결이었다. 그래서 조선정부는 회답을 요구하는 일본사신에게 아주 냉랭하게 대해주었고, 문서자체를 무시해 버렸다. 이러한 상황을 보고받은 일본의 집권자들은 오히려 성질을 내며 조선 정벌을 주장하였는데, 이러한 분위기가 고조되는 가운데 일련의 일본인 지식층들이 중심이 되어 조선정벌의 필요성을 변명하듯 늘어놓게 되는 의론을 정한론이라고 하는 것이다[14].

물론 이에 대해 아직 시기적으로 일본이 더 성장해야 하고, 열강과의 불평등조약이 해소되지도 않은 시점에서 조선에 대한 정벌은 시기상조라고 하는 의견도 대두되었지만, 결국 이들 모두는 조선을 정벌하는 쪽으로 의견이 모아져갔던 것이다. 그리고 이처럼 정벌 쪽으로 의견이 모아지게 된 것은 당시 열강들

---

14) 時野谷勝, 「明治初年の外交」(岩波講座, 『日本の歷史 15』近代 2, 岩波書店, 1971), 225-235쪽.

의 경제적 침략 하에서 정부에 대해 불만이 가득 차 있던 국민들의 마음을 다스리기 위한 가장 좋은 방법으로 여겼기 때문이었다. 다시 말해 외국과 정쟁을 일으키면 국민들의 마음을 이쪽으로 쏠리게 하여 국내적 요소에 신경 쓸 틈을 주지 말자는 의도였던 것이다.

자기 국민을 지배하기 위한 수단으로 타국민을 지배하는 방법을 택한 일본 관리들의 가증할만한 전략과 이에 동조한 일본 국민들의 의식이야말로 우리가 결코 잊어서는 안될 일이므로 언제나 이러한 사실을 정확히 가르쳐서 우리의 교훈으로 삼아야 할 것이다.

2) 「주권선」 · 「이익선」 의 설정과 한국의 중립화론

1890년 일본정부는 1889년 「대일본제국헌법」의 선포에 이어 제국의회가 개원되었는데, 당시의 수상이었던 야마가타 아리토모(山縣有朋)는 제1회 의회석상에서 시정연설을 통해 「주권선」 과 「이익선」 이라는 새로운 국토방위 개념을 제시하였다. 이러한 방위개념은 일본의 독립과 자위를 위해 필요한 일정 수위를 제시한 것이었는데, 즉 주권선이라는 것은 글자 그대로 자신들의 주권을 지키는데 있어서 가장 필요한 최소의 권리를 지키는 내면적 수위를 말하는 것이었고, 이익선이란 자기들의 주권선을 지키기 위한 외연적 방어개념이었다[15]. 이는 다시 말해 한국을 자신들의 주권을 지키는 이익선의 최전방으로 하여 한국을 대외열강들의 침략에 대비키 위한 제1차적 방패로 사용하겠다는 뜻이었다. 따라서 이러한 이익선인 조선을 보호하기 위해서는 막대한 군비가 필요한데, 이러한 정부의 정책에 대해 국회가 적극적으로 협조해야 한다고 하는 취지의 연설이었다.

강화도 조약 체결 장면

다시 말해 이러한 막대한 군비가 필요하다고 하는 것은 당시 조선에 대해 종주국으로서의 지위를 자랑하고 있는 청국을 몰아내고 한국을 자신들의 보호국으로 만들기 위해서는 청국과 한 판의 전쟁을 벌여야 함을 예견하고 이를 위한 군비증강을

---

15) 中塚明, 『近代日本と朝鮮』, 앞의 책, 52-53쪽.

이미 설정해 놓고 이의 실행을 위해 국회를 설득하였던 것임을 알 수 있다. 물론 이러한 의도를 처음 밝힌 것은 1876년 강화도 조약의 제1조에 "조선은 자주국으로서……" 라고 하며 청국의 조선에 대한 종주권을 인정하지 않는다고 하는 시기부터였음을 알 수 있다[16].

그러나 이러한 의도가 그리 쉽게 이루어질 리는 없는 것이었다. 이는 청국측이 먼저 이러한 일본의 의도를 알아차리고 이에 대한 외교적 대책을 추진하고 있었고, 동시에 일본 국내에서도 국내 정치에 대한 반발, 일본의 대청에 대한 군사적 열세, 동시에 열강들의 동태 등등 여러 요소들이 아직 완전하게 일본 정부의 의도대로 진행되어갈 수 없도록 되어 있었다.

이러한 가운데 그들이 차선책으로 내놓은 것이 한국의 중립화론이었다. 이는 한국을 중립국으로 해 놓으면 한국에서 행세하고 있는 청국의 세력을 배제시킬 수 있을 것이라고 보았기 때문에 나타난 정략이었다. 야마가타도 이러한 한국의 중립론을 통해 청국을 제지하려고 했는데, 이는 이익선을 보호하기 위해 당시의 일본 입장에서 한국의 중립이 가장 적절한 정략으로 평가하고 있었기 때문이었음을 알 수 있다. 이러한 일본 정부의 의도를 보게 되면 한국의 중립화를 주창했던 원인은 아직 열세에 있던 자신들의 입장에서 한국에서의 이권을 자신들이 차지하려고 하는 고도의 외교적 전술에서 비롯되고 있었음을 알 수

---

16) 한국사연구회, 「청일전쟁과 한일관계」, 일조각, 1985, 참조.

있다. 따라서 이들의 중립화 주장이 한국의 자주 독립을 위해 주장되지 않았던 것임을 명백히 볼 수 있는 것이다[17].

3) 조선중립화론에서 청일전쟁 불가론으로의 전환

야마가타가 쓴 『외교정략론』을 보면 이 때까지도 그는 러시아가 시베리아철도를 완성하게 되면 한국의 독립이 위험하다고 하는 인식을 갖고 있기는 했지만 아직까지는 한국을 자신들이 지배해야겠다고 하는 의식까지는 없었던 듯하다. 그러한 상황에서 먼저 열강들과의 균형을 유지하며 한국의 독립을 존속시키는 것이 급선무라고 생각했던 것 같다. 즉 자신들이 먹기에는 아직 이르고 다른 나라가 먹는 것은 배가 아팠기에 우선은 현상태를 유지케 하며 언젠가 자신들의 자신감이 생길 때 독점하자고 하는 정략이었던 것이다.

그리하여 그는 일본·청나라·영국·독일 등 4개국에 의한 「한국 연합 보호책」을 주장하기에 이르렀고, 이러한 주변 열강과의 관계를 통해 가장 경계하려고 했던 나라는 청나라였던 것이다[18].

당시 아직까지는 주변 열강들과의 경쟁력에서 밀리고 있던

---

17) 中塚明, 『近代日本の朝鮮認識』, 研文出版, 1993, 45-49쪽.
18) 박준규, 「淸日戰爭과 列國外交」, 『동아문화』 2, 서울대, 1964, 참조.

일본은 주변 열강들의 동향을 살피는 것과, 자신들의 실력을 증강시키는 것이 가장 중요했다. 특히 이러한 상황은 더욱 심화되어 청국이 조선과 마찬가지로 종주국임을 선언하고 있었던 베트남이 프랑스의 공격을 받아 그들의 지배하로 들어가게 되었고, 영국이 조선의 거문도를 점령하여 한반도에서의 새로운 적으로 등장했으며, 러시아는 시베리아철도의 건설을 시작하여 동아시아에 대한 위협을 가중시키고 있었다.

이에 크게 조바심을 느끼게 된 일본은 우선 일본을 유럽과 같은 제국주의 나라로 만드는 것이 시급하다고 생각하게 되었고, 열강들과 외교관계를 공고히 하여 청나라에 대한 견제를 하면서 한반도에 대한 접근을 막으려 하였다. 한편 일본 국내에서는 지식계층들에 의해 일본정부의 정책을 비호하는 "탈아론(脫亞論)" 등이 대두되어 국민적 여론을 청국과의 전쟁쪽으로 몰아가고 있었는데, 이러한 시점에 맞추어져 나왔던 주장이 야마가타의 군비증강에 대한 국회적 차원의 지원 요청이었던 것이다.

이렇게 하여 차근차근 군비를 증가시켜 가던 일본정부는 청국과의 전쟁도 불사하겠다는 자신감을 표출하기에 이르렀다. 이는 자신들이 메이지유신 때부터 추구해온 대동아공영론의 실현을 위한 준비태세가 계획대로 이루어져 온 결과였다. 그리하여 야마가타는 공공연하게 육군은 전쟁을 위한 모든 준비에 철저히 하고 있어 일이 발발하면 곧 수 만명의 병사를 출병시킬 수 있다고 호기를 부릴 수 있는 상황으로 발전했던 것이다. 이처럼 그가 호언장담할 수 있던 시기가 1893년 가을 경이었다는 점을 생각하면 그들은 이미 청일전쟁 1년 전에 전쟁준비가 다 갖추어져 있었음을 알 수 있다[19].

이렇게 되자 이제 한국의 중립화론은 사라지게 되었고, 한국으로의 군사적 진출만을 호시탐탐 엿보게 되었다. 이러한 때 동학농민운동이 일어남에 따라 청국이 조선의 요청에 의해 군대를 파견하자 일본도 제물포조약의 제5조인 "일본 공사관·영사관 및 거류민의 생명과 재산을 보호한다"는 구실아래 군대를 파병하게 되었고, 이러한 가운데 청일전쟁으로 비화되어 갔던 것이다.

3. 동아시아세계의 해체과정

1) 일본의 청에 대한 도전

메이지유신 이래 한반도에 대한 침략을 내심 구상하고 있던 일본 정부는 강화도조약을 시작으로 한반도로의 침략을 서서히 구체화 시켜나가고 있었다. 더구나 이를 위한 군비확장과

---

19) 中塚明, 「日淸戰爭」, (岩波講座, 『日本の歴史 15』 近代 2, 岩波書店, 1971), 119-128쪽.

국민적 정서를 대외 쪽으로 유도하는 정책을 계속 추진해오던 일본정부는 그 동안 정치외교적으로 무리수를 두는 바람에 국내외적으로 고립화되어가는 추세에 있었다. 그리하여 이러한 모든 긴장정국을 풀어갈 수 있는 방법으로 대외적인 어떤 계기를 만들려고 노력하였고, 이러한 기회를 찾기만 하면 전력으로 자신들의 위상을 헤쳐나가는 발판으로 삼으려고 벼르고 있었던 것이다. 이러는 가운데 한국에서 갑오동학농민운동이 일어나자 그들은 처음부터 한눈을 팔지 않고 예의 주시하고 있었다.

이것은 당시 한국의 정세를 환히 꿰뚫고 있던 그들이 농민운동의 여세가 점점 커져 한국정부가 이를 스스로 극복할 수 없을 것이라고 생각하고 언젠가는 청나라에게 요청하여 청나라 힘으로 이를 극복할 수밖에 없을 것이라는 사실을 알고 있었기 때문이다. 그러는 가운데 1894년 5월에 들어서 농민들의 움직임이 더욱 강화되어 가자 이제 일본정부는 농민군의 동향보다는 청나라의 움직임에 혈안이 되어 이를 예의 주시하였다. 그것은 청군이 한반도로 들어가기만 하면 자신들도 곧바로 준비하여 한반도로 출병하겠다는 의도에서였다.

이러한 움직임은 당시 일본 정부 내에서의 동향을 살펴보면 곧 알 수 있다. 즉 가와카미 소로쿠(川上操六) 참모차장은 이미 5월 20일부터 부하를 한국에 파견하여 한국이 청나라에 군대파견을 요청하는 시기가 언제인가를 파악하도록 했으며, 한편으로는 출병준비를 비밀리에 준비하고 있었는데, 그 한 예로

6월 1일 육군의 대연습이라는 명목 하에 우편수송선을 징병하는 등 한반도로의 군대파견을 위한 제반 준비를 서두르고 있었다. 한편 귀국해 있었던 한국주재 일본 공사 오도리 게이스케(大鳥圭介)도 이미 출병을 의중에 두고 있던 당시 외무대신 무쓰 무네미쓰(陸奧宗光)에게 출병의 결단을 내려야 한다고 종용하고 있었으며, 이토 히로부미 수상도 참모총장인 타루히도 친황(親皇)과 출병에 관한 협의를 진행하고 있었다[20].

이러는 와중에 마침내 한국 정부가 청나라에 군대 파견을 요청했다는 사실이 일본에 전해지게 되었다. 일본 정부는 즉시 각의를 열어 자신들의 행동에 제약이 되고 있는 의회를 해산시키고 동시에 일본군 혼성 1개 여단을 한국에 출병시킬 것을 결의하였다. 당시 일본 정부는 물론 자신들의 한국 침략 의도를 숨기기 위해 제물포조약 제5조에 있는 공사관·영사관의 생명과 재산을 지키기 위한 자위적 수단이라고 둘러댔으나 그들의 의도를 모르는 사람은 거의 없을 정도로 국내외적으로 소문이 파다했던 것이다.

예를 들어 외무차관이었던 하야시 다다스(林董)는 당시 "이번에는 무슨 수를 써서라도 청나라를 제압하여 임오군란과 갑신정변 때 입었던 손실을 만회하지 않으면 안되므로 이번 파견에는 청나라보다 많은 병력을 파견해야 할 것이다. 이렇게 우리가 병력을 파견하게 되면 지난번 승리했던 청나라가 자만하여

---

20) 陸奧宗光 著, 金勝一 譯『蹇蹇錄』, 汎友社, 1992, 參照.

우리를 공격해 올 것이므로 이를 기회로 평양근처에서 청군을 제압하고 강화를 맺어 한국을 일본의 세력 하에 두어야 한다"고 무쓰 외무대신과 가와카미 참모차장과 이야기했던 것에서도 알 수 있다. 이는 열강이 간섭할 새가 없도록 속전속결로 전쟁을 마치겠다는 일본 정부의 의도를 알 수 있는 대화라고 할 수 있다.

이러한 의도는 그대로 반영되어 일본정부는 6월 4일 오도리 공사를 한국으로 귀임시켰고, 동시에 5일에는 히로시마에 대본영을 설치하여 전쟁시 지휘본부로서 기능하도록 조직을 체계화했으며 제5사단에 대해 동원령을 내렸다.

그리고 오도리 공사가 10일에는 해군 육전대 420명과 대포 4문, 그리고 순경 20명을 인솔하고 서울에 입경하였으며, 일본 육군의 선발부대 1천여 명도 인천에 상륙 곧바로 서울로 들어와 해군 육전대와 임무를 교대했고, 그리고 오시마 요시마사(大島義昌) 소장이 이끄는 후속부대 2,700여 명도 16일 인천에 상륙하게 되었다. 이러한 일들은 청나라 군대가 한국에 온지 4일 후에 모두 일어났던 것이다. 더구나 청국군은 서울에서 멀리 떨어진 남부지역에 주둔하고 있어 농민전쟁의 추세에 따라 행동하려고 했던데 대해, 일본군은 수도 서울과 인천에 모두 집결해 있었던 것을 보면 한반도에서의 주도권을 쥐려는 일본측의 의도를 엿볼 수 있는 것이다.

그러나 일본측의 의도대로 청나라와의 전쟁은 일어나지 않았다. 그것은 아산에 주둔하고 있던 청국군이 움직이지 않은 채 여전히 사태를 주시하는 쪽에 있었고, 농민군에 의한 전쟁여파가 서울과 인천부근까지는 거의 미치지도 않았으며, 더구나 전주를 점령하고 있던 농민군이 철수해버려 이제 농민전쟁은 수습단계에 들어가고 있었기 때문이었다. 이러한 상황은 청일 양국의 군대파견에 대한 명분을 잃게 하였다.

1885년 이토 히로부미와 이홍장 간에 체결된 천진조약에서 청일 양국이 한반도에서 변고가 생겨 군대를 파견하게 되더라도 모든 것이 평정되면 곧바로 군대를 철수시키자고 합의했었기에 조선정부는 청일 양국에 군대의 철수를 요구하게 되었고, 청나라 원세개(袁世凱) 또한 일본의 의도를 알고 있었기에 강력하게 동시 철수를 요구하였다.

그러나 일본의 의도는 처음부터 달랐던 것이다. 즉 그들은 한반도에서 어떻게 하든 청나라와 전쟁을 벌여 국내에서의 반정부적 여론을 무마시켜 자신들의 정권을 연장시키려는 계획과 국제적으로도 고립되어 있는 자신들의 열세를 회복하기 위해서는 어떤 구실이 필요했기 때문에 일본정부는 어떻게든 군대를 철수하지 않고 청국으로 하여금 전쟁을 도발시키게 하는 궁리만을 하였던 것이다.

그리하여 8월 15일 일본은 청국이 분명히 거부할 것을 예상하면서 한국에 대한 내정개혁을 청국에 제안하였다. 당연히 청국에서는 일본의 의도를 알고 있었기에 이를 거절했던 것이고, 이렇게 될 줄을 알고 있었던 일본은 단독으로 개혁을 실행하게 되었으며, 군사적 우위를 보여 청국을 위협하기 위해 대기하고 있던 후속 육군부대를 한국으로 급파시켜 자신들의 위력을 과시하였다. 그럼에도 불구하고 청국은 군사적으로 일본을 저지하려는 자세를 취하지 않아 결국 일본의 의도대로 이루어지지는 않게 되었다.

그러나 청국보다도 이러한 일본측의 의도를 보고 그대로 좌시할 열강들이 아니었다. 그리하여 러시아는 일본군의 철병을 강력히 요청했고, 영국은 자신들의 이권을 지키기 위해 청국과 일본간의 긴장을 중재하려고 했기 때문에 일본의 전쟁 유발 의도는 더욱 어렵게 되는 상황으로 전개되어 갔다. 사실 일본측에서 볼 때 가장 골치 아픈 문제는 열강들의 간섭이었는데, 이것이 현실적으로 나타나자 일본은 새로운 전략을 강구하지 않을 수 없었다.

이 때 새로운 발상을 내놓은 이가 외무대신이었던 무츠 무네미츠였다[21]. 그는 러시아와 영국과의 사이가 안 좋은 것을 이용하여 이들을 이간질 시켜 영국으로 하여금 일본측에 동조를 요청하여 오도록 했던 것이다. 그리고 영국에 환심을 사기 위해 진행 중에 있던 조약 개정 교섭에서 양보에 양보를 거듭하는 등 주변 열강들의 간섭을 어떻게든 돌려보려고 노력했다.

그러면서도 청국으로 하여금 도발해오도록 모든 묘안을 강

---

21) 陸奧宗光 著, 金勝一 譯, 『蹇蹇錄』, 앞의 책, 參照.

구하고 있었다. 그러다가 결국 청나라를 움직일 수 있는 유일 가능한 수단으로 생각한 청나라의 한국에 대한 종주권 문제를 다시 한 번 이용하자는 것이었다. 그러나 이러한 문제는 이미 오래 전부터 거론되어 왔던 것이라 다시 이 문제를 가지고 문제삼게 되면 비난을 면치 못할 것이라 생각하여 같은 문제지만 방법을 달리 하기에 이르렀다. 그것은 바로 청국군이 속방을 보호한다는 구실로 한국에 주둔하는 것은 한국을 자주국이어야 한다고 규정한 한일수호조규 제1조에 위반되는 것이므로 한국 정부는 청국군을 철수시켜야 한다고 주장했던 것이며, 만약 한국 정부가 힘이 없어 이를 못하게 되면 일본이 이를 대신할 테니 한국국왕은 일본정부에 공식적인 의뢰서를 보내라고 강요하는 억지책이었던 것이다.

그러나 한국 국왕이 이에 응할 리가 없었다. 그러자 일본군은 7월 23일 이른 아침 한국 왕궁을 점령하여 대원군으로 하여금 정권을 잡게 하고 한국 국왕과 정부를 일본의 종속 하에 두게 되었다. 그리고는 서울에서 청국으로 통하는 전신선(電信線)을 절단하고 아산에 주둔하고 있던 청국군을 공격하기 위해 남하했다. 그리고 일본 내에서는 이미 7월 19일 개전명령을 내리고 연합연대가 사세보(佐世保)에서 출항했고, 7월 25일에는 일본 함대가 인천 근교에 있던 풍도(豊島) 앞바다에서 청국 함대와 교전을 하게 됨으로서 청일전쟁은 우리 한반도에서 치루어지게 되었던 것이다.

이상에서 살펴보았듯이 청일전쟁은 일본 정부가 국내외적으로 어려운 처지에 직면해 있던 상황을 자체적으로 해결하려 하지 않고 국외에서의 전쟁도발을 통해 국민들의 관심을 집중시키면서 또한 외국 열강과의 관계에서도 변명의 구실을 댈 수 있도록 청나라를 대상으로 하여 일으킨 전쟁이었음을 알 수 있다.

청일전쟁의 전개

2) 조선왕궁의 침입과 명성황후(明成皇后)의 살해

시모노세키조약의 조인식

일본을 비롯한 열강들의 외압에 정부가 제대로 대처하지 못하고 오히려 자신들의 안위만을 생각하여 국민들을 희생시키고 있는 현 실정에 분노하여 일어났던 농민운동은 이제 일본의 침략야욕을 미연에 방지하기 위해 스스로 운동의 강도를 낮추고 정세를 주시하게 되었다. 이러한 것은 일본에게 침략의 빌미를 주지 않기 위해서였는데 이제 청일전쟁에서 승리한 일본이 노골적으로 한국을 지배하려 하자 분노가 극에 달한 전국민은 대대적으로 의병운동을 일으키는 정국으로 치닫게 되었다.

이러한 상황에서 농민들은 일본군의 병참기지를 습격하는 등 그 기세는 가히 병사들 못지 않았고, 한편 동학농민운동 당시 이들의 운동에 반대했던 유생들도 이제는 거국적인 차원에서 들고일어나 이들의 운동에 동참하게 되었다. 더구나 일본군이 왕궁을 점령하는 등 만행의 수위가 이제 인간으로서의 도를 넘어서자 전국민이 분노하여 모두가 일본에 적극적으로 대항하게 되었다. 이러한 한국국민들의 반일본운동은 이제 관리들에게까지 영향을 주어 지방의 관리들은 일본이 요구하는 물자 및 노동자 동원에 대해 노골적으로 반대를 표시했고, 중앙의 고관들도 눈치나 보던 자세에서 벗어나 정식으로 일본에 반기를 드는 태도를 취하기 시작했던 것이다[22].

이러한 반일기세에 더욱 열을 올릴 수 있도록 해주는 사건이 일어났다. 소위 삼국간섭이라는 것으로 이는 시모노세키조약이 체결된 지 1주일이 되는 날로서 요동반도의 분할을 둘러싸고 러시아·독일·프랑스와 일본의 대립이 분명해지자 이에 용기를 얻은 한국인들은 대대적인 반일운동을 거행하기에 이르렀던 것이다.

1895년 7월 6일 일본측의 후원으로 내무대신에 올랐던 박영효가 왕비를 살해하려 했다는 이유로 정부 직위에서 쫓겨나 간신히 목숨을 부지한 채 일본으로 망명하는 사건이 일어났다. 이러한 것은 대내외적인 반일본 정서에 따른 공공연한 반일 움직임을 대변하는 일이었다. 이러한 한반도에서의 경향은 일본 제국주의자들에게 청일전쟁에서 승리하여 간신히 얻게된 이권을 그대로 송두리째 포기케 하는 것은 아닌지 하고 일본인들을 점점 불안하게 만들었다.

그러나 정작 일본인들은 어떻게 해서 한국인들이 이처럼 심하게 반일운동을 폈는지에 대한 핵심을 파악하지 못하고 있

---

22) 조동걸, 「의병운동의 한일민족주의상의 위치」 (상), 『한국민족운동사연구』 1, 지식산업사, 1986, 참조.

었다. 그들은 이러한 한국인들의 반일운동이 외국의 사주에 의해서 일어난 것인 줄로만 알았지, 한민족의 마음에서 우러나오는 민족적 감정에서 나타나고 있었음은 몰랐던 것이다. 이것은 일본인들이 섬에서만 살아왔기 때문에 외부로부터의 침략을 받지 않았고, 받았다 하더라도 곧 전쟁이 수습되었기 때문에 외부 민족에 의해 지배당했던 경험이 없었기 때문이었다. 그리하여 피압박 민족의 고통을 이해하지 못하였기 때문에 한국인들의 반일운동의 본 뜻을 감지하지 못했던 것이다. 이러한 일본인들의 피압박민족에 대한 인식의 부족은 오늘날까지 그대로 이어져 현재까지 자신들의 행위가 어떤 것이었는지를 반성하지 못하며 자신들만의 이익을 추구하는 일본인들의 고질적인 민족성이 고착화되는 배경이 되었던 것이다.

이러한 비인간적인 일본인들의 인식은 자신들의 행위가 어느 정도로 비인간적인 것인지를 모르는 원인이 되었는데, 이러한 인식의 대표적 표현으로 나타난 것이 바로 조선의 왕비인 명성황후를 무참하게 살해한 경우였다. 청일전쟁이 끝나고 반년이 지난 10월 이노우에의 후임으로 부임한 미우라 고로(三浦梧樓) 공사는 공사관 직원 및 일본군에 명하여 명성황후를 살해하는 계획을 세우도록 하였다. 이들은 10월 7일 자신들의 말을 듣지 않는 명성황후 대신 정적인 대원군을 등용시키고 대신 8일 새벽에 경복궁으로 숨어들어 민비를 살해하였다. 순경・일본 서울 수비대・공사관원・그리고 깡패들인 일본의 사무라이들을 동원하여 칼을 휘두르며 궁중에 난입한 그들은 궁녀 3인을 살해했는데 그 중 명성황후가 있음을 확인한 다음 문 앞에 있던 소나무 숲에서 그의 시신을 태워버렸던 것이다[23].

그리하여 민씨일파가 주도하던 세력들이 일소되었고, 대신 친일계열이었던 김홍집을 수반으로 하는 내각이 다시 구성되었다. 이 일이 끝난 후 미우라 공사는 이제야 한국은 일본의 것이 됐다고 말하면서 안도의 숨을 내쉬었다고 하는데, 이러한 일화는 그들이 얼마나 노심초사하며 한국의 지배를 염원해 왔었는가를 알려주고 있다고 볼 수 있다.

그러나 문제는 타국의 국모를 해치고도 이에 대한 죄의식을 전연 느끼지 않은 그들의 야만성에 있었다. 당시 일본에서는 국제적인 질책을 염두에 두고 미리 이들 명성황후살해 사건에 연루된 자들을 처벌하려고 하였다. 물론 이것은 사건을 조기에 마무리지으려는 제스처였지만, 이러한 정부의 의도조차도 그들은 불만스러워 했다. 즉 미우라 공사는 자신들의 명성황후 살해 사건과 청일전쟁 전에 일어났던 오도리공사와 이노우에 등에 의한 조선왕궁점령사건과 같은 맥락으로 보고 러시아에 의지하여 통치하고 있는 민씨계열을 억압하려는 과정에서 일어난 단순사건인데 이를 빌미로 자신을 처벌하려는 일본정부의 처사는 불공평하다고 반발하고 있는 점에서 그들의 진면목을 볼 수 있는 것이다.

---

23) 中塚明, 『歷史の僞造をただす』, 高文硏, 1997, 37-70쪽.

명성황후가 시해된 장소에 세워진 유적비(경복궁)

　이처럼 일본인들은 남의 왕궁을 점령하고 더구나 남의 나라의 국모까지 살해했으면서도 이를 다른 사건과 별반 다를 게 없다고 하는 인식은 인간의 탈을 쓴 악마와도 같은 존재들이었던 것이다. 오히려 그들은 이러한 죄악행위를 위대한 승리로 선전하여 점점 더 일본 국민들까지 전쟁의 소용돌이로 이끌어가고 있었던 것이다.

　그러나 미우라 공사 등 당시 명성황후살해 사건에 관계했던 모든 이들의 한결 같은 생각이었던 "이제야 간신히 한국을 자신들의 손아귀에 넣을 수 있었다"고 하는 생각은 오히려 정반대적인 결과를 가지고 왔다. 즉 일본을 더욱 어려운 궁지로 몰아넣었던 것이다. 왜냐하면 한국인들의 분노가 이제는 극에 달하게 되었고, 이러한 사실을 목격하고 있던 주위 열강들도 이를 그대로 좌시하지 않게 되었던 것이다.

일본정부는 이러한 내외적 상황이 어렵게 돌아가자 신속히 이 사건에 참여했던 자들을 모두 귀국시키고 형식적으로 재판에 회부해 이 문제를 더 이상 확대시키지 않으려고 하였다. 물론 그 후 이들 관계자를 한 사람도 처벌하지 않았음은 당연한 일이고 오히려 이들에게 여러 가지 혜택을 주었다고 하는 것은 이미 알려진 사실이다. 즉 군인들은 군법회의에서 전원 모두 무죄를 선고받았고, 일반인들은 증거미비로 전원 불기소 처분되었으며, 주모자인 미우라공사 같은 경우는 이 사건을 일으킨 공로가 인정되어 일본정부의 정책방향을 결정하는 추밀원의 고문에까지 추대되게 되었다. 다시 말해 만행을 저지르게 되면 오히려 고관의 지위에 오를 수 있는 전형을 만들어 놓음으로서 일본인들은 더욱 더 포악하게 만들었고, 이러한 인식의 확대는 곧 한국과 중국, 그리고 동남아시아지역을 침략하는 제국주의 형태로 일본을 전환시켜 갔던 것이다.

3) 러일전쟁의 발발과 일본의 승리

동아시아는 의화단 사건을 겪으면서 20세기를 맞이하게 되었다. 의화단의 저항은 열강의 연합세력에 의해 저지당했지만, 이 시기는 세계적인 혼란 상태가 어느 정도 안정기를 찾는 그런 시기였다. 그러나 의화단 사건의 진압을 주도했던 일본과 러시아의 입장은 그만큼 강화되고 있었다. 그러는 가운데 이들 두 나라의 세력은 극동지역을 중심으로 자연히 첨예한 대립을 하게 되었는데, 그 장소는 역시 그들이 인접해 있던 중국의 동북지역과 한반도에서였다.

당시 러시아는 의화단 사건이 끝났음에도 동청철도(東淸鐵道)의 보호를 위한다는 구실 아래 중국의 동북지방에 군대를 그대로 유지시키고 있었다. 더구나 자신들의 세력을 한반도에까지 미치려는 야욕이 일본정부의 눈에 비치자 일본은 러시아에 대해 강력히 반발하게 되었다.

이러한 상황에서 일본과 관계를 유지하고 있던 영국은 자신들이 이권을 가지고 있던 인도 북방·중국·서아시아 등 지역을 러시아에게 위협받는 상태가 되어 있었고, 발칸반도에서는 독일과 아프리카에서는 프랑스와 아메리카대륙에서는 미국과 대립하는 상황이 되어 국제적으로 상당히 고립화되어 있었다. 그리하여 자신들의 힘을 제대로 미치게 할 수 없던 중국에서의 이권을 계속 유지하기 위해서는 일본을 이용할 수밖에 없었다. 그리하여 당시 영국에 있어서 가장 골치 아팠던 중국의 민족운동과 러시아의 중국진출을 일본에 떠넘겨 이를 막으려는 계획을 했던 것이다. 그리히여 체결된 것이 영일동맹이었다. 그리고 미국도 만주지역에서의 철도 부설을 계획하고 있었기 때문에 일본에 대해 호의를 보였던 것이다.

러일전쟁의 전개

　　한편 러시아의 경우는 러불동맹을 맺고 있었기에 프랑스의 지원을 받을 수 있었고, 발칸반도에 대한 진출을 유리하게 전개시키기 위해 러시아를 극동지역으로 관심을 유도시키는 것이 중요하다고 판단한 독일의 지원을 또한 받을 수가 있었다. 이러한 국제관계의 양대 구조를 대표했던 러시아와 일본이 서로 대치하게 되었다가 전쟁으로 치닫게 되는 것은 자연스런 현상이었다. 이렇게 하여 러일전쟁은 1904년부터 시작되었다[24].

이렇게 시작된 러일전쟁은 먼저 인천항과 여순항에 포진해 있던 러시아함대를 공격한 일본이 기선을 잡았다. 그리고는 이러한 기세를 유지하며 이제 전쟁 범위를 만주지역으로 확대시켜 나갔던 것이다. 그러나 러시아의 저항도 만만치만은 않았기에 고전에 고전을 거듭하지 않을 수 없었다. 그런 상황에서 간신히 여순을 함락시키게 되었는데, 때는 1905년 1월이었다. 그리고 3월에는 봉천(奉天)싸움에서 승리했고, 5월에는 동해에서 러시아의 최고 함대인 발틱함대를 물리치는데 성공하였다[25].

그러나 이러한 전쟁을 수행하는 동안 일본의 전비는 그야말로 엄청나게 불어나서 비록 일본이 승리했다 해도 이러한 재정을 보충할 수는 없었던 것이었다. 그리하여 자체적으로 충당할 능력이 없던 일본은 영국과 미국으로부터 차관을 빌어 대체해야 했다. 따라서 재정적으로 더 이상 전쟁을 지속하는 것은 불가능하게 되었고, 영국과 미국도 일본이 더 이상 강대국화 되는 것을 달갑지 않게 여겼기 때문에 일본의 대러시아 공세는 더 이상 지속될 수가 없었다. 이러한 일본의 정세를 알고 있었던 러시아가 일본에 대해 역공세를 취하지 못했던 것은 러시아 내부의 문제 때문이었다.

이러한 내부의 문제란 전쟁과 귀족들의 부패한 정치 때문에 생활상의 고통을 받아야 하는 농민과 노농자들이 정부에 대

---

24) 金炳來,「러시아의 極東進出과 露日戰爭」,『軍史』8, 國防部, 1984, 참조.
25) 朴殷植 저, 김승일 역,『韓國痛史』, 汎友社, 2000, 참조.

해 반발하기 시작했다는 것이었다. 이들은 황제에게 탄원서를 내어 자신들의 어려움을 호소했으나 러시아의 황제가 이를 받아들지 않자 궁전 앞에 모여 항의 시위를 했는데, 이들을 저지하기 위해 러시아 군대가 발포를 했던 소위「피의 일요일」사건이 일어났던 것이다. 러시아에서는 이 사건이 계기가 되어 혁명적 분위기가 고조되고 있었고 각 지역에서는 노동자들의 평의회인 소비에트가 결성되어 농민들의 반정부 연대투쟁이 점점 열기를 더해갔으며, 이러한 노동자·농민들의 반정부운동에 군대까지 합세하여 이제 러시아는 자체적으로 붕괴되는 형편에 처하고 있었던 것이다. 따라서 이러한 상태에서 전쟁을 지속한다는 것은 무리였기 때문에, 이들 러일 양국은 전쟁을 더이상 치를 수가 없게 된 것이다. 그리하여 러일전쟁은 일본이 의도한 대로 결속되었기 때문에 일본이 이긴 전쟁으로 기록되어 있지만, 실제로 끝까지 전쟁이 지속됐더라면 국력에서 뒤지고 있던 일본이 결과적으로는 참패했을 가능성이 충분히 있었던 것이다[26].

러일전쟁은 결과적으로 조선과 중국의 동북지방을 식민지화하기 위해 싸운 제국주의 전쟁이었다. 그러나 이 전쟁은 비록 일본과 러시아 양국의 전쟁이긴 했지만 이들이 싸운 곳은 한반도와 중국이었기 때문에 이들의 전쟁은 그 승패가 어디에 있는가를 불문하고 이들 양국이 받아야 했던 자체적인 전쟁 피해는

---

26) 金炳來, 「러시아의 極東進出과 露日戰爭」, 앞의 책, 참조.

전혀 없었던 것이고, 대신 전장이 됐던 중국과 한반도는 엄청난 희생을 감수하지 않으면 안되었다. 특히 한반도의 경우는 청일전쟁과 러일전쟁 두 차례의 전장이 됐음으로 그 피해는 말로 형용할 수 없을 정도였다.

그러나 문제는 한반도와 중국의 피해로만 끝나지 않았다는 데 있었다. 당시 러일전쟁에서 일본이 승리하자 일본은 중국 대륙에 진출하는 기반을 닦은 셈이 되어 점점 대륙으로의 진출야욕을 나타내게 되었는데, 이는 만주진출을 계획하고 있던 미국과 중국에 큰 이권을 가지고 있던 영국과 대립하게 되는 결과로 비화되었다. 이처럼 같은 지원국끼리 재대립하게 되는 경향을 보면 당시 제국주의 열강들이 얼마나 겉과 속이 다른 가운데 이합집산을 하고 있었는지를 알 수 있다. 이러한 경향은 러시아와 동맹관계를 맺고 있던 다른 나라에도 같은 상황이었다[27].

그러나 러일전쟁의 더 큰 영향은 다른데 있었다. 즉 일본이 승리하자 러시아는 아시아에서의 야욕을 감추는 대신 발칸반도로 침략 야욕을 전환하게 되었다. 이렇게 하여 나타난 러시아의 남진책은 유럽 열강들의 이해관계가 첨예하게 대립되고 있었던 지역이었기 때문에 걷잡을 수 없는 상황으로 치닫게 되었고, 급기야는 제 1차 세계대전을 야기시키는 결과로 나타나게 되었다.

---

27) 宋麟在, 「韓半島를 圍繞한 列强間의 交涉關係(1895-1902)」 『省谷論叢』 7, 1976.

이처럼 아시아 한 쪽 끝에서의 전쟁이 세계대전으로까지 비화되는 역사의 아이러니에서 러일전쟁이 갖는 역사적 의미를 다시 한 번 새겨보아야 할 것이다.

제6장
동아시아 협력의 필요성과 미래 예측

제6장
동아시아 협력의 필요성과 미래 예측

1) 동아시아세계의 종언과 미래세계

제국주의의 침략에 의해 동아시아는 자주적 힘에 의한 근대적 개편이 아닌 타율적 구미 국제질서로 전환되어 가야했다. 그리하여 화이질서의 유교적 세계상과 원리에 기초해 있던 조화와 공존의 이념이 퇴색되게 되었다. 그러자 구미국제질서의 권력정치에 의해 촉발된 「힘(力)」에 의한 정복=복종의 현실주의와 편협한 중화의식(화의의식)에 의한 침략주의와 배외주의가 만연하여 개화파와 보수파로 나뉘어 내분으로까지 치닫는 결과를 가져와 동아시아세계의 분열은 더욱 가속화되었다.

특히 일본의 교묘한 외교책략과 각국에 대한 음모, 그리고 경제와 군사력으로 침략을 시작하는 단계에 들어서는 배신감을 느끼면서도 이에 대한 대응은 이미 늦어진 상태였다. 그리하여 조선은 그들의 식민지가 되어갔고, 중국도 청일전쟁에서 전패하는 것을 기점으로 완전히 중화질서의 주역에서 물러남으로서 동아시아의 전통적 세계질서는 완전히 사라져버리고 말았다. 그리하여 이제는 세계화 된 구미국제질서로 변화되고 말았던 것이다.

그러나 이러한 제국주의적 세계질서는 평화적 발전을 지향하는 것이 아닌 그야말로 침략에 의한 질서파괴였기 때문에, 세계 제국주의국들조차 두 차례의 세계대전을 치르면서 전쟁과 침략주의를 부정하기 시작하였다. 그 결과 식민지해방이 시작되었으나, 이제는 민주주의와 공산주의라는 두 개의 이데올로기에 의해 전세계는 냉전체제로 진입하고 말았으니, 미소 양국의 패권주의, 자유주의권과 사회주의권의 대립·갈등, 세계 각 국가별 권력정치와 현실주의가 지속되는 극한 대립으로 치닫게 되었다. 이러한 냉전체제 속에서 전쟁의 소용돌이를 막기 위해 국제연합이 평화주의를 제창하였고, 이를 중심으로 세계 각국의 협조와 공존을 강조하며 20세기가 지탱되어 왔던 것이다. 그러다가 20세기 3/4분기에 들어서며 사회주의 국가들이 붕괴하면서 냉전이 종식되는 것으로 20세기 역사의 대미를 장식하게 되었고, 동시에 미래 세계에 대한 새로운 국제질서의 신축론이 제기 및 요구되고 있는 것이다[1].

그러나 이처럼 미래지향적인 희망찬 계획만 있는 것이 오늘날의 세계는 아니다. 21세기가 시작된 현재도 국제질서의 변용이 엄청나기 때문이다. 즉 국제정치 및 경제의 변용에 따라 국제사회의 기본적 시스템이나 메카니즘의 변용, 국가 이외의 다국적기업, 비정부조직, 개인 등 국제주체의 증가에 의한 조직의 다양성, 국가의 규모·능력 및 역할의 다양화·계층화, 국제주체간의 상호의존의 진전에 따른 상호작용의 다원화 및 유동화 등에 의한 국제문제의 국내화, 국내문제의 국제화가 한데 어우러져 혼돈을 가중시키고 있기 때문이다.

이러한 가운데 이제는 어느 한 국가와 한 민족만의 문제가 아닌 지구차원의 문제로 등장하게 된 것이다. 즉 문명의 갈등 및 충돌 가능성이 팽배해졌고, 구미중심적 가치관에 기초해서 해결 불가능한 문제들이 증가하고 있는 것이다. 예를 들면, 남북문제, 무역마찰문제, 무기 및 기술의 이전문제, 민족, 인구, 인권, 환경, 핵 등의 문제가 바로 그것들이다.

그리고 이러한 문제를 해결하기 위해 국제사회를 조율하고 있는 국제질서도 이제는 한계점에 와 있다. 즉 현실주의자들이 말하는 권력정치론과, 신현실주의자가 말하는 탈국가적인 상호의존론으로는 이런 문제를 해결할 수 없다는 말이다. 왜냐하면 이들이 가지고 있는 이론의 원리만으로는 구미중심적인 국제질

---

1) 天兒慧, 「アジア太平洋地域の安全保障と新秩序形成」(『アジアの21世紀 - 歷史的轉換の位相』앞의 책 6)) 231~256쪽.

서가 남긴 「부의 유산」을 청산하지 못하기 때문이다[2].

따라서 앞으로의 세계에서 예상되어지는 국제질서는 대체로 다음과 같은 4개의 종류로 예측될 수 있다. 첫째는, 미국, 유럽, 일본 등 3극(極)에 의한 안정체제의 유지인데, 이는 현실적으로 가장 가능성이 높다고 하겠다. 둘째로, 이들 3극이 서로 갈등을 벌일 수 있는 체제의 출현을 점칠 수 있다. 이 또한 자국의 이익만을 추구하는 현시점에서 본다면 현실적으로 상당한 가능성이 있음을 예상할 수 있다. 세 번째는, 3극 이외의 세계가 이들 3극에 대해서 도전하는 체계로 전환된다는 것인데, 2001년 9월 11일에 있었던 반미세력의 미국 본토에 대한 테러가 그러한 한 예라고 할 수 있다. 그리고 네 번째로, 3극과 이들 이외의 세계와의 조화·공존체제로의 이전 가능성인데, 사실 앞으로 실행되어져야 할 국제질서의 가장 바람직한 방향인 것이다.

따라서 이 네 번째의 질서체제가 실현되기 위해서는 탈구미중심적 원리에 기초한 국제질서의 모색과 구축에 의해서만 실현가능하고, 이 원리는 동아시아지역 질서의 새로운 체계를 모색·재편할 때 적용되었으면 하는 바람이기도 하다[3].

2) 한반도를 둘러싼 국제관계의 균형과 갈등

---

2) 李鍾元, 『東アジア冷戰と韓美日關係』 東京大學出版會, 1996, 參照.
3) 井出靜, 「新たなアジア的アイデンテイテイへの摸索 - 中華世界の新たな 展開を中心に」 (『アジアの21世紀』 앞의 책 6)) 193~223쪽, 참조.

한국의 역사를 통해 보면 한반도의 지정학적 특징은 한반도의 국제정치적 상황을 규정하는 요인이 되어 왔음을 알 수 있다. 한반도는 대륙세력과 해양세력의 중간 지점에 처해 있는데, 전통적으로 대륙세력은 중국의 변방을, 해양세력은 일본으로 지칭되면서 이들의 도전을 받아왔다. 그러나 근세 이후에는, 대륙세력은 중국과 러시아로, 해양세력은 일본과 미국으로 바뀌면서 더욱 많은 고통을 감수해야 했다. 이러한 상황은 오늘날까지 계속 이어져 양 세력이 대결하는 각축장(shatter-belt)으로서, 또 양측의 긴장을 막아주는 완충지대(buffer-zone)로서의 역할을 하고 있다4).

냉전체제 하에서의 한반도의 세력구조는 북한과 중국 및 소련을 연결하는 하나의 삼각형과 한국과 일본 및 미국을 연결하는 다른 하나의 삼각형이 대립하는 구조였다. 그러나 냉전체제가 붕괴된 이후에는 한국이 북방정책을 통해 중국 및 러시아와 수교함으로서 한국·중국·러시아를 연결하는 또 다른 하나의 삼각형이 형성되었는데, 이는 한반도의 주변 4대 강국으로서 북한을 에워싸는 포위정책 또는 봉쇄정책이었다고 할 수 있었다.

이러한 한국의 북방정책에 대해 북한은 현재 일본 및 미국을 연결하는 또 하나의 삼각형을 이루고자 시도하고 있다5). 비

---

4) ヴォルフガング・パペ編, 田中素香/佐藤秀夫譯,『東アジア21世紀の經濟と安全保障』, 東洋經濟新聞社, 1997, 196쪽. 參照

록 아직은 이러한 연결고리가 합법적인 승인을 받지는 못하고 있지만, 이러한 삼각형이 형성되고 있다는 점은 누구도 부정하고 있지 않다. 남북한 쌍방은 상대방의 전통적 관계를 이용하여 상대방을 통제하려고 하는 이 같은 교차동맹정책(cross alliance politics)을 실시하는 방향으로 나아가고 있다[6].

이러한 상황을 보다 구체화시키려고 하는 의도에서 주도권을 쥐기 위한 방법으로 북한이 택한 것이 바로 핵과 미사일 문제이다. 즉 핵(미사일) 문제는 단순히 핵(미사일) 문제에 불과한 것이 아니고, 향후 한반도 주변 및 전세계에 걸친 국제정치 구조를 어떻게 편성하는가 하는 하나의 실험을 위한 기도라고 할 수 있다.

이러한 한반도 상황에 대한 4강의 시각을 살펴보면 다음과 같이 분석할 수 있을 것이다. 먼저 미국의 경우를 보면, 미국은 사회주의가 붕괴되자 유일한 초강대국의 지위를 확보하게 되었고, 그러한 위치를 이용하여 자본주의 경제를 운용해 세계경제를 지배하고 있으며, 이는 바로 시장경제를 통해 세계질서의 위계를 정립하려고 하고 있는 것이다. 그 대표적 예가 301조를 무기로 하여 세계 무역 정책을 재편한 WTO체제로, 이는 2차 대전 직후 미국이 구축했던 「브레튼우즈 체제」의 연장이라 할

---

5) 朝鮮史研究會, 『朝鮮の歷史』, 三省堂, 1995, 367쪽.
6) Larry. A. Nikschm "North Korea's Campaign to Isolate South Korea" Foreign Affairs, Vol. 19, no. 1 (Spring 1995), pp.29-39.

수 있고, 신자유주의적 세계경제체제의 구체적 표현인 것이다. 이처럼 세계를 미국적 질서로 만들어가려고 하는 그들의 목적은 당연히 경제적 관점에만 국한되는 것이 아니라, 군사적·정치적·외교적 측면과도 일맥상통하는 것이다. 그런데 그러한 첨예한 이해관계가 가장 치열하게 일고 있는 곳이 한반도를 둘러싼 주변정세인 것이다. 따라서 지금의 한반도는 앞으로 미국이 추구하는 노선을 성취할 수 있는가 없는가를 확인해 줄 수 있는 열쇠를 가지고 있는 곳이라고 할 수 있다.

이에 대해 러시아는 구소련 붕괴 후 경제적 자원의 고갈로 개혁개방 정책이 제대로 이루어지지 않고 있는 데다가, 서방과의 관계개선을 통한 위기극복 노력이 수포로 돌아가게 되어, 당면한 문제해결을 위해서는 보수적 노선으로 회귀를 해야 하는 실정이다[7]. 그러한 상황에서 미국과 대등하던 국제적 지위를 상실한 그들이 보수적 회귀에 의한 지위회복을 겨냥할 때, 그 일차적 관건 역시 한반도 문제에 대한 개입으로 나타날 것이고, 그 간섭의 강도에 따라 자신들의 위치 확보가 좌우될 것이므로, 이는 앞으로 한반도에서의 통일문제 및 경제개발 등 문제에 엄청난 영향을 미칠 것이다.

이러한 가운데 미국이 추구하고 있는 미국 중심의 세계질서에 저항하는 주된 세력은 중국이라고 할 수 있다. 중국이 서구적 질서로부터 탈피하려고 한 것은 이미 냉전시기부터 시작

---

7) 「'러시아 쇼크' 미·유럽도 강타」 『중앙일보』, 1998년 8월 29일,

되는데, 그것은 그들이 외교노선으로써 이론적 기초가 된 제3세계론이나 중간지대론 등에서 엿볼 수 있다[8]. 이러한 중국의 동향은 미국의 노선을 단절시키는 가장 큰 장애물이 되고 있는데, 최근 중미 양국간의 날카로운 대립은 여기서 비롯되고 있는 것이다. 더구나 세계에서 드문 빠른 경제성장을 토대로 이미 미국 다음가는 경제대국으로 부상하고 있고[9], 이에 상응하는 군사력을 갖추고자 군비를 증강하고 있다[10]. 그리고 이를 위한 기술지원의 필요성에서 한국과 일본에 대한 접근이 이루어지고 있고, 자원 문제를 해결하기 위해 동남아 지역에 영향력을 확대하고 있는데[11], 이러한 점은 동아시아지역 전체에서의 국제적 분쟁이 야기될 수 있는 충분한 조건을 제시하고 있다고 하겠다.

이러한 상황에서 명실공히 세계 제2위의 경제대국으로서의 위치를 유지해왔던 일본이 제3세계국들에 의해 그 지위를 추월당하고 있는 위기의식은, 결국 군사력 강화로 이어져 이미 군비면에서 미국 다음으로 많이 투자하고 있으며, 실질적인 무장 강화를 위해 최근에는 북한의 핵(미사일)에 대한 자위라는 명목하에 엄청난 투자를 하고 있다[12]. 더구나 자신들의 안전을 위해

---

8) 등소평 저, 김승일 역, 「평화공존 5원칙을 기준으로 하여 국제적인 새질서를 건립하자」(『등소평문선』하, 범우사, 1994, 132-135쪽.
9) 濱下武志 編『東アジア世界の地域ネットワーク』山川出版社, 1999, 10-13쪽.
10) 「21세기를 노리는 12억 경제」『중앙일보』1998년 12월 8일.
11) 「실리 앞세운 남북 등거리 외교」『중앙일보』1998년 12월 29일.
12) ヴォルフガング・パペ編, 田中素香/佐藤秀夫譯, 『東アジア21世紀の經

중국과 러시아의 남하를 막아주는 한반도에 대한 자신들의 이해관계와 일치하고 있는 미국과 연합하여, 새로운 군사강국으로 나아가고 있는 실정이다[13].

냉전체제 붕괴 이후 이러한 한반도 주변의 세력판도 하에서, 북한이 핵문제를 일으킨 저의가 어디에 있는지 충분히 짐작할 수 있을 것이다. 북한은 현재 한반도 주변 4강국 사이에서 고도의 자율성을 구가하고 있다. 그러나 문제는 북한이 이들 나라에 필요한 만큼의 만족을 충족시키면서 자신들의 자율성을 계속 유지해 갈 수 있겠는가 하는 것인데, 그렇지 않으면 이들로부터 소외될 가능성도 많은 것이다. 이러한 사실은 북한의 핵(미사일)문제가 쉽게 해결될 수 없다는 것과도 상통하고 있다. 따라서 한반도의 긴장은 당분간 더 지속될 수밖에 없는 것이며, 긴장 해소는 북한이 이러한 자신의 소기의 목적을 달성하든지, 아니면 내적인 한계에 이르러 붕괴하든지 양자택일이 될 가능성이 많다. 특히 후자의 경우에 이르게 되면 한반도에서 전쟁이 일어날 가능성까지 있는 것이다.

현재 남북한간의 국력차이는 실로 엄청나다. 그러나 중국과 러시아가 한반도에서 전쟁이 일어나 강대국간 충돌이 일어나는 것을 원치 않는다 해도 현실적으로 북한을 원조하는 일은 어려

濟と安全保障』, 東洋經濟新聞社, 1997, 60-61쪽.
13) Takashi Shiraishi, "Japan and Southeast Asis" in Peter J.Katzenstein and Takashi Shiraishieds., Network Power : Japan and Asia, Ithaca : Cornell Univ. Press, 1977, pp.186-188. 참고

운 상황이라, 그들은 북한이 일정한 수준으로까지 군사력을 강화하는 일을 반대하지는 않을 것이다. 이러한 점에서 그러한 이해관계가 첨예하게 맞물려 있는 것은 미국뿐이라고 할 수 있다. 그렇기 때문에 미국은 한 개의 한국이던 두 개의 한국이던 이는 별로 중요시하지 않으며, 한반도에서 기존의 세력 균형이 유지될 수만 있다면 또 하나의 친미적 정권을 기꺼이 확보하려 할 것이다[14]. 이것이 북미간의 협상을 가능케 하는 기초인데, 북한은 미국에 대해 협상현안의 전부 혹은 일부를 수용하는 대가로 경제지원 및 경제제재의 철회를 요구하고 있는 것이다.

그런데 만약 북한이 미국에게서 원하는 바를 얻지 못하고, 또 내부적으로 버티기가 어렵게 되면, 이러한 문제의 해결은 제3자의 개입에 의존할 수밖에 없다. 그러나 이 제3자의 개입에는 하나의 전제조건이 있는데, 그것은 중립적 입장을 견지할 수 있는 능력이 있어야 한다는 것이다. 만일 한국이 이러한 입장이 되려고 한다면, 우선 이들 사이에서 등거리외교를 실행할 수 있

---

14) 최근 북미협상에 있어 북한이 한국을 배제하고 미국과의 직접협상을 전개하고 있는 과정을 지나치게 강조한 나머지 공산권의 전반적인 붕괴 이후 북한이 중국에 접근하여 체제유지를 꾀하기보다는 오히려 전통적으로 적대시해왔던 미국에 편승하여 체제유지 및 대남 세력균형을 꾀한다는 점에서 북한의 외교정책을 대미 편승외교(band-wagoning)로 보는 관점도 있으나(장노순, 「양소국의 갈등적 편승외교: 북한의 통미봉남 정책」『한국정치학회학보』, 제33집 1호, 1999년 봄, pp, 397-398), 이는 교차동맹 정책에서 나타나는 두 개의 삼각형을 전체로서 파악하지 못한 오류라 하겠다.

어야 하고, 또 북한이 필요로 하는 바를 충족시킬 수 있는 경제력이 뒷받침되어야 한다. 그러나 불행히도 한국은 이러한 조건을 가지고 있지 못하고 있다. 이에 대해 일본은 이 두 가지 조건을 충족하는 조건을 가지고는 있지만, 다른 3강국에 대항할 수 있는 새로운 주도권을 확립할 수 있어 다른 강국들이 반대할 것이다.

이처럼 제3자의 개입도 현실적으로 용이한 것은 아니다. 다시 말해 어떤 나라도 북한의 핵(미사일) 문제를 중심으로 한 한반도의 상황을 단독으로 해결하기는 어렵다는 말이다. 다만 주변의 모든 당사국들이 전쟁의 발발에 대해 부정적 이해관계를 가지므로 전쟁 억제를 위해 모종의 공동보조를 맞춰야 한다는 필요성 및 가능성은 높다고 하겠다.

이러한 교차동맹적 상황하에서 한반도는 새로운 세력균형이 형성되고 있는 것이다. 이러한 국제정치적 상황에 대해 한국정부는 다각적으로 노력을 하고 있지만, 한국이 처한 상황 자체가 스스로의 주도권을 제한하고 있기에 실로 속수무책인 것이다. 따라서 현재 한국정부가 할 수 있는 일이란 그다지 많지 않다. 즉 어떤 수단을 강구할 때 한국은 치러야 할 스스로의 몫을 준비해야 하는 것은 당연하겠지만, 강대국들이 그들의 몫마저 직접 간접으로 전가시킬 우려가 있다는 말이다.

따라서 남북한의 현 문제 해결방법은 결국 자신들의 관계 개선을 통해 점차적으로 해소해 나갈 수 있는 주도권을 확보해

가는 것이고, 주변국들이 그들의 부담을 감수하지 않을 극단적인 경우 유발되는 전쟁의 위험에 대응하기 위해 자신의 힘을 키우는 수밖에는 없는 것이다. 이처럼 현재의 한반도 정세는 냉전체제 때보다는 탄력적인 세력균형이 형성되어 가고 있지만, 여전히 냉전시대의 잔재를 청산하지 못하고 있는 것이다[15].

3) 동아시아 협력의 필요성과 21세기 조망

이상에서 살펴본 바와 같이 21세기가 시작된 현 시점에서 우리들이 극복해야 할 문제점은 산재해 있다. 그러나 그 문제를 어떻게 처리해야 할 것인지에 대한 방법은 여전히 제시되어 있지 않고, 오히려 자기 지역만의 이익을 얻기 위한 이합집산에만 골몰하고 있는 상황이다. 따라서 이러한 현실에 대처하고 나아가 전세계적으로 이들 문제에 대해 공동적으로 대처하기 위해서는 근대이전까지 세계의 국제관계 패턴의 전형이었던 동아시아세계의 질서구조를 현대적 의미로 승화시켜 이를 세계적 관계에 도입시킨다면 문제해결의 실마리가 풀어지지 않겠는가 생각된다. 그런 차원에서 지금까지 살펴 본 동아시아세계 질서의 실질적 의미는 무엇인지를 정리해 보면 다음과 같다.

---

15) 이러한 한반도의 현상황을 냉전 재2기 지대로 표현하기도 한다. David Eisenhower, "Politics and Foreign Policy in 1996: The Year of the Weary Electorate" Orbis, Vol40, no1, (WEinter, 1996), p. 27.

근대이전의 동아시아세계 질서를 우리는 화이관념에 기초한 질서 즉 화이질서라고 불러왔다. 그러다 보니 이 질서를 중화를 정점으로 한 주변제국과의 조공, 책봉체계(tributary system)로서만 이해하고 있는 듯하다. 비록 이 질서가 중국 고대의 경천사상(敬天思想), 화이질서에 기초한 사위인식(四圍認識)에서 비롯된 천하관념으로, 중원(中原)을 비롯해 동아시아 전제국을 포함하여 중국문명을 중심으로 하는「자기완결적인 문화권(동아시아세계)」이기는 했지만16), 조공·책봉체제가 중국을 정점으로 하여 주변국이 조공–책봉관계에 의해 종속됐다고 하는 중화세계질서의 단일원리에 기초해 만들어진「자기완결적 체제」로써 이해해서는 안된다는 말이다.

이러한 현상은 중화세계질서를 유지해온 다양한 외교체제 중의 하나에 불과하며, 동아시아지역 및 그 질서에 대한 일부 혹은 일면적인 파악에 불과한 것이다. 다시 말해서 동아시아세계는「자기완결적 문화권」이라는 새로운 시각의 정립이 필요한 데, 동아시아지역은 중국의 직접 혹은 간접통치지역과 동아시아제국 각각의 다양한 문화·문명과 자율적 발전성을 가지고 공존했던 역동적인 지역인 것이다. 즉 많던 적던 중국의 문화·문명의 영향을 받아, 이를 도입·계승했다는 의미에서는 공동의 문화·문명권이지만, 중국 문화·문명자체가 변형되어 들어왔고, 다른 지역·국가가 그 변형된 것을 자신들의 고유 문화·문명

---

16) 金鳳珍, 앞의 책 10), 34쪽.

에 이용하고 구축·유지했다고 하는 의미에서는 「자기완결적인 문화권」인 것이다.

그렇기 때문에 동아시아세계의 질서는 중화세계질서의 전형이긴 하나, 여기에만 기초하여 만들어진 「자기완결적인 질서」는 아니라는 말이다. 즉 동아시아세계는 화이질서라고 하는 구조와 중화의식(화이의식)이라는 관념을 공유하면서, 각각의 고유한 전통적 국제질서를 형성해 왔는데, 이런 의미에서 우리가 흔히 생각하는 화이질서는 동아시아 제지역의 다양한 질서 중의 하나임을 알 수 있다.

이러한 「국제질서」로서의 「화이질서」의 특징은 다음과 같다. 즉 구미의 국제질서와 같이 외교나 국제관계에의 인식구조나 국경선의 확정에 의한 영토관계가 아니고, 「화」와 「이」의 구별은 지역보다는 문화를 중시하는 중화관념(화이관념)에 의해 결정되는 것이다. 그렇기 때문에 「내」와 「외」의 구별은 영토관념이 아니라 판도관념에 의한 「애매」한 것이라고 할 수 있다. 그러나 자기판도를 갖는 지역·국가는 「내정·외교」에 있어서 자주권을 가지고 있었고 화이질서 하에서는 천하주의·대동주의·문화주의·사대교린 등의 조화·공존의 이념에 의해서 타지역·국가에 개방되어 있었다.

한편 이념과 현실·윤리성과 정치성·왕도와 패도·유가와 법가사상 등 양면성을 포함하고 있었기에, 화이질서가 조화·공존의 이념에 기초해 있었다 하더라도 현실적으로는 각종의 탄력적인 정책·교섭수단이 이용될 수가 있었던 것이다. 또한 현실적으로 유교이념에 의한 「예」 뿐만이 아니라, 「형(刑)」 「력(力=武)」에 의한 통치술도 규정되어 있었던 질서였기에 만약 타지역·국가가 덕치(德治)·예 등의 조화·공존의 이념에 따르지 않는 경우에는 회유·기미(羈縻: 상대의 요구를 일부는 들어 주면서 이쪽의 의향에 따르게 하는 것)·정복·복종 등의 수단을 사용했고 다른 지역·국가가 화이질서를 위협할 경우에는 배외주의에 의해 저항하는 이중적 민족주의를 가지고 있었던 것이다[17].

특히 한·중·일 삼국은 화이질서의 이념과 현실을 공유하였는데, 삼국은 유교적 세계상의 차이에 의해서, 크게 청국·조선의 중화질서세계, 일본형 화이질서 등으로 나눌 수 있었다. 그 중에서 청국과 조선은 상기의 유교적 세계상을 거의 공유하는 것처럼 되었고, 화이질서의 이념면을 중시했는데, 특히 조선이 이를 중시하였다. 일본의 경우는 덕의 지배와 인치(人治)보다는 「무위(武威)」·천자의 교화(敎化)와 예의 유무보다는 「형(刑)」 또는 「력(力)」, 사대부(官僚)에 의한 문화적 지배보다는 무사계급에 의한 무력적 지배로의 경향이 강해서 화이질서의 현실면을 중시하는 쪽이었다[18]. 이러한 차이가 근대화의 차이를

---

17) 浜下武志, 앞의 책 31), 237쪽.
18) 産本七平 저, 김승일·이근원 역 『日本 資本主義의 精神』 범우사, 1998, 168~200쪽.

가져오는 동기가 되기도 했던 것이다.

이처럼 다양하면서도 유기적 관계를 지켜온 동아시아 세계는 서로 분리되어 있는 듯하면서도 서로 깊은 내면관계를 가지고 있어 거의 일원적인 시스템에 의해서 역사가 진행되어 왔음을 알 수 있었다. 본문에서 제시한 각 시대별 변화 상황이 그러한 면을 대변해 준다고 하겠다.

그러나 이러한 유기적 관계가 근대 이후부터는 서구열강과 일본의 제국주의에 의해 깨어지면서 서로 다른 이념과 체제를 가지면서 나아가다 보니 서로간에 갈등과 경쟁심만 커졌고, 때로는 원수와 같은 적대적 사이가 되기도 했다. 그러다가 냉전체제가 서서히 무너지면서, 또 중국의 개혁개방이 주도되면서 서로 국교를 재개하게 되어 현재의 상황에 이르고 있고, 일본과는 북한의 군사적 행동에 대해 공동적으로 대처하는 관계로 진전되고 있는 상황은, 마치 과거 동아시아질서 체제를 새로 구축해가는 것과 같은 느낌을 들게 할 정도다. 그러나 현실의 벽은 크고 내면적 앙금은 여전히 존재하고 있는 것이 사실이다. 그러나 이제 세계의 움직임은 이러한 과거의 역사적 과실이나 현재의 이해관계에 의한 경쟁과 갈등에만 매달려 있게 두지 않는다. 그만큼 냉혹한 국제관계에 서 있는 것이 오늘날의 실상인 것이다.

따라서 이러한 국제사회의 현실에 대응하기 위해서, 혹은 전통적 동아시아질서의 이념을 범지구적 국제관계 이념으로 끌어 올려 인류의 평화와 발전에 공헌하기 위해서, 혹은 구미 제국에 의한 독단적인 국제질서의 장악 행위에 대처하기 위해서라도 동아시아세계의 협력은 절대적으로 필요한 것이다.

그러기 위해서 이제부터라도 우리가 해야 할 일은 지금까지 전개되어온 국제질서의 원리에다, 1세기 가량 묻혀온 화이질서(調和·共存의 이념)의 본질적 성격에 대한 재발견이 필요하며, 오늘날까지 이어지고 있는 편협한 각각의 중화의식(화이의식)을 지양하고, 본래의 중화의식의 갱생이 필요하다고 하겠다. 그리고 구미중심적 원리인 세계관·인간관·가치관 등을 보충하기 위한 방편으로 동아시아질서의 유교적 원리에 대한 새로운 해석이 필요한 것이다[19].

종합적으로 말해서 이제 우리는 먼저 동아시아지역의 평화·공존·공영의 지역질서를 모색하고, 거기서 나타나는 새로운 이념의 정립을 토대로 새로운 국제질서의 구축을 위해 노력하는 자세가 필요하며, 동시에 이를 실천하기 위한 구체적 협력방안을 모색하고 추구해야 할 필요성이 있는 것이다.

---

19) 정문길 등 엮음, 『동아시아, 문제와 시각』 문학과 지성사, 1996, 391~399쪽.

참고서적 ━━━━━━━━━━━━━━━━━━━━━━━━━━━

1. 大藏友利『アジアを讀む地圖』講談社、1995。
2. 西嶋定生『日本歷史の國際環境』東京大學出版會、1992。
3. 加藤祐三『近代日本と東アジア』筑摩書房、1995。
4. 浜下武志・川勝平太編『アジア交易圈と日本工業化』Libro、1994。
5. 宮崎市定史『アジア史槪說』中公文庫、1992。
6. 로날드 토비 저, 速水融, 永積洋子, 川勝平太 譯, 『近世日本の國家形成と外交』創文社, 1991.
9. 池田長三郎『近代化と傳統文化』巖南堂書店, 昭和57年.
10. 中村 哲『東アジア專制國家と社會・經濟』靑木書店, 1993.
11. 谷川道雄『前後日本の中國史論爭』河出出版社, 1993
12. 申採湜『東洋史槪論』三英社, 1993년.
13. 퍼킨스저, 양필승 역『中國經濟史』신서원, 1998년.
14. 小島晉治『歷史と近代化』岩波文庫, 1989.
15. 巾古宙三『中國の近代』河出書房, 1990년.
16. 오상훈 역『중국현대사』한길사, 1980년.
17. 『講座中國近現代史』東京大學出版會, 1978년.
18. 張玉法『中國現代史』台北, 東華書局, 민국72년.
19. 浜下武志『近代中國の國際的契機』東京大學出版會, 1990년
20. 荒野泰典 等 編『アジアのなかの日本史』東京大學出版會, 1992년.
21. 三宅英利,『近世アジアの日本と朝鮮半島』朝日新聞社, 1993.
22. 堀敏一『中國と古代東アジア世界 - 中華的世界와 諸民族』岩波書店、1993.
23. 李鍾元,『東アジア冷戰と韓美日關係』東京大學出版會, 1996.
24. 정문길, 최원식, 백영서, 전형준 엮음, 『동아시아, 문제와 시각』문학과시성사, 1996
25. 楊昭全, 韓俊光,『中朝關係簡史』, 遼寧民族出版社, 1992.
26. 朝鮮史硏究會,『朝鮮の歷史』三省堂, 1995.

27. 西嶋定生, 『中國史を學ぶということ － わたくしと古代史』古川弘文館, 1995.

28. 李鍾元, 『東アジア冷戰と韓美日關係』東京大學出版會, 1996.

29. 金田一郎, 『環日本海經濟圈』NHKブックス, 1997.

30. 移藤潔, 『臺灣 － 4百年の歷史と展望』中公新書, 1993.

31. 마크엘빈 저, 이춘식 등 역, 『中國歷史의 發展形態』신서원, 1989.

32. 峨山社會福祉事業財團, 『21世紀의 挑戰, 東洋倫理의 應答』三和出版社, 1998.

33. 岩波講座, 『世界歷史』第4卷, 古代4, 1970.

34. 三田村泰助, 『明と淸』(『世界歷史』14, 河出書房新社) 1990.

35. 天兒慧, 『アジアの21世紀 － 歷史的轉換の位相』1998.

36. 山本七平 저, 김승일·이근원 역 『일본자본주의의 정신』범우사, 1998.

37. 義江彰夫, 『日本通史 1 － 歷史の曙から傳統社會の成熟へ』山川出版社, 1990。

38. 黃仁宇 저, 홍광훈·홍순도 역 『巨視中國史』까치, 1997.

39. 松岡正剛 저, 김승일·박관선 역 『정보의 역사를 말한다』넥서스, 1998,

40. 高良倉吉, 『アジアのなかの琉球王國』, 吉川弘文館, 1998.

41. 권혁수, 『19세기말 한중 관계사 연구』, 백산자료원, 2000.

42. 李進熙, 姜在彦, 『日朝交流史』, 有斐閣選書, 1995.

43. 書嶋定生著, 李成市編, 『古代東アジア世界と日本』, 岩波現代文庫, 2001.

44. 『アジアのなかの日本史』Ⅰ～Ⅵ, 東京大出版會, 1992.

45. 村井章介, 『東アジア往還』, 朝日新聞社, 1995.

46. 川勝守, 『日本近世と東アジア世界』, 吉川弘文館, 2000.

47. 김구춘 편, 『중조일관계사』, 연변대학출판사,1994.

48. 『중국과 동아시아세계』, 국학자료원, 1995.

49. 三田村泰助, 『明と淸』, 世界의 歷史 14, 河出書房新書, 1990.

50. 변태섭, 『한국사통론』, 삼영사, 1982.

51. 中塚明, 『近代日本と朝鮮』,三省堂選書, 1994.

52. 姜在彦, 『朝鮮の歷史と文化』,大阪書籍, 1987.

53. 『고려사』

54. 『해동제국기』

55. 『동국이상국집』

56. 『비변사등록』

57. 『원사』

58. 『수서』

59. 『구당서』

60. 『신당서』

61. 『조선왕조실록』

62. David Eisenhower, "*Politics and Foreign Policy in 1996: The Year of the Weary Electorate*" Orbis, Vol40, no1, (WEinter, 1996)

63. Larry. A. Nikschm "*North Korea's Campaign to Isolate South Korea*" Foreign Affairs, Vol. 19, no. 1 (Spring 1995)

Takashi Shiraishi, "*Japan and Southeast Asis*" in Peter J.Katzenstein and Takashi Shiraishieds., *Network Power: Japan and Asia, Ithaca:* Cornell Univ. Press, 1977,

64. Gari ledyard, *The Dutch Come to Korea*, Royal Asiatic Society, Korea Branch, 1971.

66. ヴオルフガング・パーペ編, 田中素香/佐藤秀夫譯, 『東アジア21世紀の經濟と安全保障』, 東洋經濟新聞社, 1997,

찾아보기

한민족과 동아시아 세계

초판 1쇄	인쇄	2016년 2월 1일
초판 1쇄	발행	2016년 2월 10일
지 음	김승일	
발 행	김승일	
펴 낸 곳	경지출판사	
출판등록	제2015-000026호	

판매 및 공급처 / 도서출판 징검다리/경기도 파주시 산남로 85-8
Tel : 031-957-3890~1 Fax : 031-957-3889
e-mail : zinggumdari@hanmail.net

ISBN 979-11-86819-05-0   03320